LE TRAVAIL ET SES PROBLÈMES

DU MÊME AUTEUR À LA MÊME LIBRAIRIE

Hegel. La naturalisation de la dialectique, collection « Bibliothèque d'Histoire de la Philosophie », 2001.

É. Dufour, Fr. Fischbach et E. Renault (dir.), *Histoires et définitions de la philosophie sociale*, collection « Recherches sur la philosophie et le langage », 2013.

Connaître ce qui est. Enquête sur le présentisme hégélien, collection « Bibliothèque d'Histoire de la Philosophie », 2015.

E. Boztepe avec E. Renault, *Philosophie des arts martiaux modernes*, collection « Matière étrangère », 2017.

Fr. Fischbach, A. Merker, P.-M. Morel et E. Renault (dir.), *Histoire philosophique du travail*, collection « Bibliothèque d'Histoire de la Philosophie », 2022.

Fr. Fischbach et E. Renault (dir.), *Textes clés de philosophie du travail. Activité, technicité, normativité*, collection « Textes clés », 2022.

PROBLÈMES & CONTROVERSES
Directeurs : Franck FISCHBACH et Sandra LAUGIER

LE TRAVAIL ET SES PROBLÈMES

BIOLOGIE, SOCIOLOGIE ET POLITIQUE CHEZ JOHN DEWEY

par

Emmanuel RENAULT

PARIS
LIBRAIRIE PHILOSOPHIQUE J. VRIN
6 place de la Sorbonne, V^{e}

2022

Imprimé en France

ISSN 0249-7875
ISBN 978-2-7116-3088-2

www.vrin.fr

LISTE DES ABRÉVIATIONS

Textes de Dewey en anglais

EW, MW, LW, SW : *The Collected Works of John Dewey, 1882-1953*, Carbondale-Edwardsville, Southern Illinois University Press, 1969-1991. Elle est subdivisée en trois séries de volumes : *The Early Works* (cités EW suivi d'un numéro de volume), *The Middle Works* (cités MW suivi d'un numéro de volume) et *The Later Works* (cités LW suivi d'un numéro de volume). S'y ajoute un volume de supplément que nous citons SW.

CL *Lectures. Electronic Edition*, Charlottesville, InteLex Corporation, 2016 (cité CL suivi d'un numéro de volume)

LC *Lectures in China*, Hawaii, University Press of Hawaii, 1973.

Traductions françaises

AE *L'art comme expérience*, trad. fr. J.-P. Cometti, Pau, Farrago, 2005

DE *Démocratie et éducation*, trad. fr. G. Deledalle, Paris, Armand Colin, 2011.

E *Éthique*, trad. fr. P. Di Mascio, Paris, Gallimard, 2021 (J. Dewey, J. H. Tufts, édition de 1932).

EN *Expérience et nature*, trad. fr. J. Zask, Paris, Gallimard, 2012, © Éditions Gallimard.

EP *Écrits politiques*, trad. fr. J. Zask et J.-P. Cometti, Paris, Gallimard, 2018, © Éditions Gallimard.

ID *L'influence de Darwin sur la philosophie et autres essais*, trad. fr. L. Chataigné Pouteyo, Cl. Gautier, S. Madelrieux et E. Renault, Paris, Gallimard, 2016.

L *Logique. La théorie de l'enquête*, trad. fr. G. Deledalle, Paris, P.U.F., 1967.

LSA *Après le Libéralisme. Ses impasses, son avenir*, trad. fr. N. Ferron, Paris, Climats, 2014 (traduction de *Liberalism and Social Action*).

PP *Le public et ses problèmes*, trad. fr. J. Zask, Paris, Gallimard, 2010.

QC *La quête de la certitude*, trad. fr. P. Savidan, Paris, Gallimard, 2014.

RP *Reconstruction en philosophie*, trad. fr. P. Di Mascio, Paris, Gallimard, 2014.

INTRODUCTION

Nul parmi les classiques de l'histoire de la philosophie n'a donné tant d'importance au travail que Dewey. Si Hegel, Marx et Arendt semblent pouvoir prétendre rivaliser avec lui à ce propos, il les supplante par la variété de ses approches du travail autant que par une lutte systématique contre les préjugés sociaux et philosophiques ayant conduit à le dévaloriser. Prenant à contrepied une longue tradition de dépréciation des activités productives, il a parlé dans *Human Nature and Conduct* de « l'éternelle dignité du travail et de l'art »[1] et il a conféré une signification sociologique et philosophique à cette inversion des valeurs. D'une part, en suivant Veblen, il a vu dans la dépréciation des activités industrieuses l'expression idéologique d'une position de classe, celle de la « classe de loisir » à l'émergence de laquelle la philosophie est historiquement liée. Parmi les enjeux de la revalorisation du travail, il a donc compté la lutte contre une forme d'expression et de justification de la domination de classe. D'autre part, il a souligné les implications philosophiques de la dévalorisation du travail en présentant cette dernière comme la forme matricielle d'un ensemble de dualismes intenables. On lit ainsi dans *Democracy and Education* :

> Comme on oppose le loisir au travail, on oppose la théorie à la pratique, l'intelligence à l'exécution, la connaissance à l'activité. Dans ce dernier groupe, l'opposition a sans doute pour origine les mêmes conditions sociales que dans le premier cas[2].

Plus iconoclaste encore est la thèse suivant laquelle l'histoire de la philosophie dans son ensemble est structurée par des conflits qui puisent leurs sources dans des visions du monde associées à des univers de travail distincts aussi bien par le type d'activité qui s'y déploient que par les statuts sociaux qui y sont associés. On lit ainsi dans *Unmodern philosophy and Modern*

1. MW 14, p. 19 (nous traduisons les passages de livres ou articles non encore traduits en français).

2. DE, p. 353, MW 9, p. 271.

Philosophy que les conflits philosophiques entre les orientations spiritualiste et téléologique d'une part, matérialiste et mécaniste d'autre part, tirent leur origine de l'opposition des mondes du travail propres à l'agriculture (dont provient historiquement la classe de loisir) et à l'artisanat[1].

> Parmi les arts, l'opposition principale, relativement à leurs procédures autant qu'à leur position sociale, est celle des arts agraires et mécaniques. Les premiers ont affaire à des choses vivantes et en croissance ; les derniers avec la fabrication d'objets par l'intermédiaire d'une transformation de matériaux. Cette opposition s'exprima également en philosophie, d'une manière tout d'abord peu distincte, puis finalement très nette. Le résultat fut la formulation de deux idées opposées de la nature : d'un côté, une idée organique, vitaliste, spiritualiste ; et de l'autre, une idée mécaniste, et ces deux idées ont persisté sous une forme ou une autre dans l'intégralité de la tradition philosophique ultérieure[2].
>
> La tradition agricole est la plus ancienne. Les penseurs qui ont élaboré et généralisé ses croyances étaient dans le contact le plus étroit avec les espoirs, les craintes et les perspectives que lui avait associés l'humanité. Fabriquer, transformer des choses (*manufacturing, reshaping things*) est quelque chose de relativement nouveau qui n'a pas de racine aussi profonde dans le passé que les arts agricoles, pas plus que d'association intime avec le désir humain d'harmonie avec la nature. Le cœur de l'agriculture en fait un art naturel dans la mesure où il se conforme très étroitement avec les phénomènes généraux de la nature. L'art de l'artisan est un art *artificiel* ; il semble contraindre la nature et l'assujettir à un joug externe. Il n'est donc pas surprenant que le matériau de la tradition philosophique classique ait été puisé dans les croyances spiritualistes et téléologiques au sujet de la nature, et que la vue matérialiste et mécaniste n'ait jamais été qu'une hérésie inconvenante.
>
> La condition sociale prestigieuse était, qui plus est, attachée à la tradition agricole. Le paysan comme travailleur, l'homme de labeur et la bête de somme, occupaient certes un statut inférieur. Mais les propriétaires du sol, ceux qui y trouvaient leurs racines et tiraient profit de sa floraison, étaient les aristocrates du monde ancien. [...] Les artisans au contraire étaient socialement ignorés sinon méprisés et privés de leurs droits. Ils étaient le prolétariat. [...]. Il est intéressant de noter que quand des philosophies

1. À l'appui de cette interprétation, on pourrait mobiliser l'analyse des représentations opposées qui étaient associées dans la Grèce antique aux conceptions des activités productives propres à l'agriculture et à l'artisanat ; voir à ce propos J.-P. Vernant, « Travail et nature dans la Grèce ancienne », dans *Mythe et pensée chez les Grecs*, Paris, Maspero, 1982, t. 2, p. 16-36.

2. J. Dewey, *Unmodern Philosophy and Modern Philosophy*, Carbondale-Edwardsville, Southern Illinois University Press, 2012, p. 28.

> sociales en sont venues à être formulées, cette opposition a trouvé son reflet. La philosophie dominante ou classique soutint que l'ordre politique était une production de la nature, qu'il était divin et englobait tous les biens assurés. L'autre école soutint que l'organisation politique était quelque chose de fabriqué (*something made*), élaborée comme un vase ou une maison, par des êtres humains à leur avantage et utilité [1].

Ce développement méritait d'être cité longuement d'une part parce qu'il faut citer pour lutter contre les préjugés interprétatifs tenaces qui s'opposent à toute prise au sérieux de ce que Dewey a pu écrire sur le travail (on le fera donc beaucoup dans ce livre), d'autre part parce que ce passage définit un type d'histoire de la philosophie qui n'a jamais été pratiqué par les historiens de la philosophie, enfin parce qu'on y voit Dewey interpréter sa propre philosophie comme l'une des implications à long terme des techniques artisanales développées tout d'abord dans des métiers socialement dévalorisés.

La thèse de « l'éternelle dignité » du travail, la volonté de déconstruire les dualismes liés à la dévalorisation matricielle du travail au profit du loisir, l'idée d'une histoire de la philosophie ancrée dans des alternatives où s'expriment des pratiques de travail différentes, tout cela suggère que Dewey ne mérite pas seulement d'être considéré comme un philosophe du travail, mais aussi comme l'un des philosophes qui a soutenu de la manière la plus systématique qui soit la thèse de l'importance du travail. C'est à ce double titre, à savoir en tant que philosophe du travail et de son importance qu'il sera considéré dans ce livre.

Puisque la place qu'il a conférée au travail forme un contraste saisissant avec l'absence de prise en compte de ses écrits à ce sujet chez ses commentateurs, on est conduit à poser la question suivante : comment expliquer le désintérêt des études deweyennes pour sa philosophie du travail ? Dans cette introduction, nous commencerons par proposer quelques éléments de réponse, ce qui nous donnera l'occasion de rappeler quelques idées-forces de sa philosophie tout en évoquant quelques-uns des débats d'interprétation dont ces idées font l'objet, afin, notamment, de lutter contre l'image trop répandue selon laquelle Dewey serait un auteur facile dont l'interprétation est immédiate et qu'il n'est donc pas nécessaire de le lire avec la même précision que les autres membres du panthéon philosophique. Nous brosserons ensuite une première esquisse de ce qui fait l'originalité de la façon deweyenne de défendre l'importance du travail. On trouve chez lui différentes manières de penser la nature du travail (en tant qu'activité,

1. *Ibid.*, p. 31-32.

que mode de régulation de nos rapports à la nature, en tant que métier ou « schème de vie » et en tant qu'enjeu démocratique) dont chacune implique des manières spécifiques de poser le problème de son importance. Les chapitres qui suivent auront pour fonction de les examiner séparément tout en rendant compte de leur complémentarité et de leur interdépendance. Nous chercherons notamment à y montrer que dans cette complémentarité et cette interdépendance s'exprime ce qu'on peut désigner comme le caractère systématique de la philosophie deweyenne, caractère systématique qu'elle a fini par revendiquer après l'avoir critiqué[1], et qui relève d'une partie de ce que Dewey présente lui-même comme « le résidu hégélien permanent »[2] dans sa pensée.

Il s'agira dans ces chapitres de lire Dewey à la lettre, en prenant au sérieux les innombrables développements qu'il a consacrés au travail tout en rendant compte de leur richesse et de leur spécificité. Le juger digne de la rigueur philologique dont on gratifie les grands auteurs n'interdira cependant pas de chercher à faire ressortir ce qui fait l'actualité persistante de ses thèses, qu'elles relèvent de la théorie de l'action, de la biologie évolutionniste, de la théorie des effets formateurs du travail ou du rôle joué par la démocratisation du travail dans une démocratie participative digne de ce nom (dont on verra dans le dernier chapitre qu'elle ne ressemble pas à ce qu'on entend aujourd'hui le plus souvent par « démocratie participative »).

UNE PHILOSOPHIE DU TRAVAIL

Déterminer si les écrits de Dewey élaborent une philosophie du travail n'a jamais constitué un enjeu pour ses commentateurs[3]. Il n'est donc pas étonnant qu'aucun argument n'ait vraiment été développé pour réfuter qu'il ait effectivement élaboré une telle philosophie. Un ensemble d'idées reçues

1. On lit en effet dans l'article « Nature in Expérience » : « Je crois que dans la mesure où un ensemble de problèmes et différentes hypothèses dépendent d'une perspective déterminée par un point de vue déterminé, j'ai un système. Dans cette mesure, je dois retirer les remarques désobligeantes que j'ai faites par le passé à propos du besoin de système en philosophie » (LW 14, p. 141-142).

2. LW 5, p. 154. Nous reviendons sur le sens de cette formule dans la section conclusive du premier chapitre.

3. Pour des exemptions, voir J. Garrison, « Dewey's Philosophy and the Experience of Working : Labor, Tools and Language », *Synthese*, vol. 105, n°1, 1995, p. 87-114 et J. W. Donohue, « Dewey and the Problem of Technology », *in* J. Bleweth (dir.), *John Dewey. His Thought and Influence*, New York, Fordham University Press, 1960, p. 117-144.

semble faire obstacle à ce qu'un tel enjeu et de tels arguments puissent être formulés. Inversement, juger ce qu'il a écrit du travail digne de considération conduit à réviser un certain nombre de thèses trop généralement admises, relatives à sa philosophie sociale et politique ainsi qu'à sa position philosophique générale.

Que l'importance du travail dans ses écrits soit rarement prise en compte, cela tient d'abord au fait que la philosophie sociale et politique de Dewey est plus souvent réduite à une théorie de la démocratie délibérative ou à un expérimentalisme démocratique [1], qu'interprétée comme une théorie de la démocratie comme une « manière de vivre » (*way of life*). Cette dernière théorie souligne que les institutions communément associées à l'idée de démocratie ne peuvent remplir leur fonction sans une diffusion aussi large que possible d'habitudes démocratiques de respect mutuel, de critique et de délibération collective [2]. Or, comme nous le verrons dans le quatrième chapitre, cette conception de la démocratie conduisait Dewey à accorder une attention toute particulière au travail car les institutions qui organisent les activités productives comptent sans doute parmi les moins démocratisées des sociétés dites démocratiques, alors qu'elles produisent des effets éducatifs très profonds. Elles peuvent donc être considérées comme l'un des principaux obstacles à la réalisation de l'idéal démocratique de même que l'une des principales conditions de la démocratisation de la démocratie. Dans les débats contemporains sur les implications politiques du pragmatisme, de même que dans les discussions contemporaines sur la « workplace democracy », y compris quand elles revendiquent une inspiration pragmatiste [3], il est donc curieux que les analyses consacrées par Dewey au travail n'aient pas retenu davantage l'attention.

Un deuxième obstacle à la lecture de Dewey en philosophe du travail tient sans doute à une interprétation trop étroite de son projet de philosophie sociale et politique. Rappelons que « philosophie sociale » est le terme qu'il a employé (par exemple dans le titre du dernier chapitre de *Reconstruction*

1. Pour une critique de ces réductions, voir G. F. Pappas, « What Would John Dewey Say about Deliberative Democracy and Democratic Experimentalism ? », *Contemporary Pragmatism*, vol. 9, n°2, 2012, p. 57-74.

2. R. Frega, *Pragmatism and the Wide View of Democracy*, London, Palgrave, 2019.

3. Par exemple dans les travaux importants d'E. Anderson, « The Quest for Free Labor. Pragmatism and Experiments in Emancipation », Amherst College, http://www.amherstlecture.org/anderson2014/index.html ; « Equality and Freedom in the Workplace. Recovering Republican Insights », *Social Philosophy and Policy*, vol. 31, n°2, 2015, p. 48-69 (trad. fr. dans F. Fischbach, E. Renault (dir.), *Philosophie du travail. Activité, technicité, normativité*, Paris, Vrin, 2022) ; *Private Government. How Employers Rule our Lives (and Why We Don't Talk about It)*, Princeton, Princeton University Press, 2017.

en philosophie), pour désigner son projet de transformation de la philosophie en « méthode pour résoudre les problèmes des hommes » [1]. Sous ce terme, il a rangé tout à la fois 1) une analyse des normes immanentes des pratiques, selon un modèle de critique immanente qu'il élabore en prenant le travail pour objet dans le syllabus « Social Institutions and the Study of Morals » ; 2) une analyse des effets formateurs des institutions – notamment des institutions du travail auxquelles *Démocratie et éducation* consacre de nombreux développements ; 3) une théorie sociale analysant les rapports des différentes sphères de la vie sociale que les *Lectures in China* ont associée à la dénonciation de « la futilité consistant à essayer de comprendre les problèmes politiques et culturels sans examiner d'abord l'infrastructure économique (*the economic substructure*) sur laquelle d'autres institutions sont érigées » [2]. Encore aujourd'hui, le commentaire a souvent tendance à réduire cette philosophie sociale à une philosophie de l'éducation [3], en oubliant ce qui en elle relève d'un projet de critique immanente des pratiques et d'une théorie sociale [4]. Trop souvent également, le projet deweyen d'une philosophie de l'éducation est entendu à contresens car réduit à celui d'une philosophie de l'éducation formelle (par l'intermédiaire de la famille et de l'école), alors qu'il concerne tout autant l'éducation informelle, c'est-à-dire la formation des habitudes au cours de la socialisation, et que les effets éducatifs du travail sont déterminants (comme nous le verrons dans le troisième chapitre). Il semble donc étonnant que le travail n'ait pas davantage retenu l'attention dans les discussions contemporaines sur la philosophie de l'éducation de Dewey [5]. Il est plus surprenant encore que

1. J. Dewey, *The Need for a Recovery in Philosophy*, MW 10, p. 46 : « La philosophie redevient saine quand elle cesse d'être un procédé destiné à résoudre des problèmes de philosophes, et qu'elle devient une méthode, cultivée par des philosophes, pour résoudre les problèmes des hommes ».

2. LC, p. 101. Sur le sens de l'idée de philosophie sociale, nous nous permettons de renvoyer à E. Renault, « From "Political Ethics" to "Social Philosophy" : The Need for Social Theory », *Transaction of the Charles S. Peirce Society*, vol. 53, n°1, 2017, p. 90-106.

3. On en trouve une illustration dans l'ouvrage, qui présente par ailleurs un grand intérêt, de J. R. Shook, *Dewey's Social Philosophy. Democracy as Education*, New York, Palgrave Macmillan, 2014.

4. P. Deen a souligné à juste titre que la non prise en compte de la théorie sociale de Dewey faisait obstacle à la compréhension adéquate de la philosophie sociale et politique de Dewey, et notamment du *Public et ses problèmes* ; voir P. Deen, « Recontextualizing John Dewey's The Public and its Problems », *History of Political Thought*, vol. 37, n°3, 2016, 509-529.

5. Symptomatique est l'introduction de S. Hook au volume 9 des *Middle Works*, consacré à *Démocratie et éducation*. Il y explique que les analyses de Dewey n'ont en rien perdu de leur pertinence si ce n'est lorsqu'elles en viennent à parler du rapport entre

le regain d'intérêt pour ce qui chez Dewey relève d'une philosophie sociale irréductible à une philosophie de l'éducation [1] n'ait pas davantage conduit à se tourner vers sa philosophie du travail qui propose un modèle original d'articulation de la critique immanente et de la critique des effets formateurs, ou en termes francfortois, un modèle original d'articulation de la critique immanente et des pathologies sociales [2].

L'absence de prise en compte de l'importance conférée au travail résulte également du fait que, sous l'effet notamment des interprétations néopragmatistes de Dewey, ce qui est jugé intéressant dans ses écrits en général relève de son pluralisme, de son contextualisme et de son faillibilisme plutôt que de son naturalisme et de son instrumentalisme [3]. Or, c'est précisément parce qu'il considère que le processus économique est une reconfiguration du processus biologique à l'échelle sociale (comme nous le verrons dans le deuxième chapitre), et parce qu'il fait de l'usage d'instruments la spécificité du comportement pratique et théorique de l'homme (comme nous le verrons dans le premier chapitre), que Dewey en vient à conférer un rôle central au travail non pas seulement dans son anthropologie, mais aussi dans sa psychologie, dans sa théorie sociale et ses prises de position politique. Alors que le naturalisme est généralement considéré, dans les sciences sociales et dans les principaux paradigmes philosophiques contemporains, comme théoriquement et politiquement

éducation et travail (MW 9, p. IX, XII-XX). Il est vrai, cependant, que la théorie deweyenne de l'éducation professionnelle a davantage retenu l'attention, mais de manière souvent unilatérale. On trouvera une critique des différentes manières de simplifier l'importance accordée par Dewey à l'éducation professionnelle chez A. DeFalco, « Dewey and Vocational Education », *The Journal of School & Society*, vol. 3, n°1, 2016, p. 54-64.

1. Voir notamment les études réunies dans *Transaction of the Charles S. Peirce Society*, vol. 53, n°1, 2017 et dans *The Journal of Speculative Philosophy*, vol. 31, n°2, 2017, ainsi que A. Särkelä, *Immanente Kritik und soziales Leben. Selbsttransformative Praxis nach Hegel und Dewey*, Frankfurt, Klostermann, 2018.

2. E. Renault, « Dewey's Critical Conception of Work », *The Journal of Speculative Philosophy*, vol. 31, n°2, 2017, p. 286-298

3. Le « pragmatic turn » dans les sciences cognitives fait exception. Voir notamment pour ne mentionner que les premières études, S. Gallagher, « Philosophical Antecedents to Situated Cognition », *in* P. Robbins, M. Aydede (dir.), *Cambridge Handbook of Situated Cognition*, Cambridge, Cambridge University Press, 2008, p. 35-51 ; M. Johnson, « Cognitive Science and Dewey's Theory of Mind, Thought and Language », *in* M. Cochran (dir.), *Cambridge Companion to Dewey*, Cambridge, Cambridge University Press, 2010, p. 123-145 ; R. Menary, « Our Glassy Essence. The Faillible Self in the Pragmatist Thought », *in* S. Gallagher (dir.), *The Oxford Handbook of the Self*, Oxford, Oxford University Press, 2011, p. 610-632. Pour une défense plus générale de Dewey du point de vue des débats contemporains sur le naturalisme, voir R. Bernstein, « Pragmatic Naturalism : John Dewey's Living Legacy », *Graduate Faculty Philosophy Journal*, vol. 40, n°2, 2019, p. 527–594.

intenable[1], Dewey défend ce qu'on peut appeler un « naturalisme critique »[2] dont la portée théorique et politique apparaît clairement dans ses analyses du travail. Alors, par ailleurs, que l'instrumental fait l'objet d'une dévalorisation sociologique et philosophique générale, s'exprimant dans des oppositions entre ce qui dans l'agir relève de l'instrumental et de l'expressif, ou de l'instrumental et du relationnel et de l'interactionnel[3], Dewey dénonce l'insuffisance générale de ces dualismes en même temps qu'il souligne à quel point ils font obstacle à une compréhension de la normativité immanente du travail[4].

Tout interprète de Dewey devrait être convaincu que les écrits de ce dernier sont assez riches et complexes pour que différentes interprétations en soient possibles et compatibles. Ce livre voudrait chercher à convaincre non pas que le travail est la question la plus importante de sa philosophie mais plus modestement que le travail a été conçu comme une question décisive par Dewey, et cela en raison des orientations fondamentales de sa pensée et non pas seulement de facteurs biographiques contingents comme le puritanisme de sa jeunesse, qui, tout comme chez Veblen, expliquerait sa conception « éthicisée » du travail[5].

Les enjeux d'une enquête sur l'importance du travail chez Dewey sont donc de différents ordres : premièrement, combler une lacune du commentaire ; deuxièmement, poser sous un nouveau jour la question de ce qui fait la spécificité de Dewey par rapport à d'autres pragmatistes, comme Peirce, James ou Mead et aux néo-pragmatistes, qui n'ont pas accordé au travail une telle importance ; troisièmement, explorer des dimensions sous-estimées

1. Une analyse critique de ce consensus est développée par S. Haber, *Critique de l'antinaturalisme. Études sur Foucault, Butler, Habermas*, Paris, P.U.F., 2006.

2. Pour une défense générale du « naturalisme critique » de Dewey, voir A. Särkelä, *Immanente Kritik und soziales Leben*, *op. cit.*, et I. Testa, « Dewey' s Social Ontology A Pragmatist Alternative to Searle's Approach to Social Reality », *International Journal of Philosophical Studies*, vol. 25, n°1, 2017, p. 40-62, « Dewey, Second Nature, Social Criticism, and the Hegelian Heritage », *European Journal of Pragmatism and American Philosophy*, vol. 9, n°1, 2017 (http://ejpap.revues.org/990). Voir également F. Gregoratto, H. Ikäheimo, E. Renault, A. Särkelä, I. Testa, « Critical Naturalism. A Manifesto », *Krisis*, vol. 41, n°3, 2022.

3. C'est chez Habermas que l'on trouve la formulation classique de cette opposition. Nous en avons développé une critique deweyenne dans E. Renault, « Travail et interaction. Origines et implications d'une distinction », dans I. Aubert, J.-F. Kervégan (dir.), *Dialogues avec Jürgen Habermas*, Paris, CNRS éditions, 2018, p. 117-128

4. Ce qu'ont souligné notamment, tout en se revendiquant du pragmatisme, R. Sennet, *Ce que sait la main. La culture de l'artisanat*, Paris, Albin Michel, 2010 et A. Bidet, *L'engagement dans le travail*, Paris, P.U.F., 2011.

5. C. W. Mills, *Sociology and Pragmatism. The Higher Learning in America*, New York, Paine-Whitman Publishers, 1967, p. 369-373.

de son instrumentalisme, de son naturalisme, de sa psychologie et de sa théorie sociales, de même que de sa théorie de la démocratie ; quatrièmement, rendre compte de la singularité de la position qu'il occupe dans l'histoire de la philosophie en analysant ce qui le rapproche et le distingue d'auteurs qui, dans cette même histoire, ou bien ont fait obstacle à la reconnaissance de l'importance du travail, comme Aristote et Arendt, ou bien au contraire ont accordé une importance décisive au travail, comme Hegel et Marx – d'où les confrontations avec Aristote et Hegel dans les deux premiers chapitres, avec Marx dans les deux derniers chapitres, et Arendt en conclusion.

TROIS MANIÈRES DE PENSER L'IMPORTANCE DU TRAVAIL

Un autre objectif de ce livre est de réfléchir, à partir de Dewey, aux différentes manières de penser l'importance du travail. Il n'est certes pas le seul à avoir mis en valeur le travail, mais ceux des philosophes qui l'ont fait avant lui ont le plus souvent adopté un point de vue partiel. Ayant hérité d'une disqualification du travail du point de vue de la théorie de l'action, fixée dans les oppositions classiques de la production et de l'action, du travail et du loisir, de la pratique et de la théorie, ils ont eu le choix entre une réévaluation du travail d'un point de vue anthropologique (comme dans la définition bergsonienne de l'homme comme « homo faber »[1], dont on verra qu'elle est reprise par Dewey et dont S. Hook fit le cœur du pragmatisme[2]), ou du point de vue d'une théorie sociale (comme dans le cas de l'interprétation marxienne du travail comme source de la valeur et comme facteur du rapport social antagoniste du travail et du capital – interprétation d'ailleurs associée chez Marx à une définition de l'homme comme un « animal fabricateur d'outils »[3] que l'on retrouvera également chez Dewey). Par ailleurs, ces philosophes ont rarement pris en compte les dimensions psychologiques de l'expérience du travail, Hegel constituant à ce propos une exception puisqu'il fit du travail aussi bien une source de conscience de soi, dans la *Phénoménologie de l'esprit*, qu'un des principaux

1. H. Bergson, *L'évolution créatrice*, dans *Œuvres*, Paris, P.U.F., 1959, p. 609-616.

2. S. Hook, *The Metaphysics of Pragmatism*, New York, Cosimo Classics, 2008, p. 7 : « Bien que le pragmatisme soit arrivé à maturité dans une époque industrielle complexe, il peut être interprété comme l'expression la plus aboutie d'un des grands *motifs* philosophiques de l'histoire de la pensée. Comme presque toutes les phases du naturalisme et du positivisme évolutionnistes, il est centré sur une conception de l'homme désignée par Max Scheler (à la suite de Bergson) comme "homo faber" ».

3. K. Marx, *Le Capital*, Paris, P.U.F., 1993, p. 202.

facteurs de constitution des habitudes, dans les *Principes de la philosophie du droit*[1]. Une première caractéristique remarquable de la manière dont Dewey pose la question de l'importance du travail tient à la prise en compte conjointe de ces différentes approches : théorie de l'action, anthropologie, psychologie et théorie sociale.

La deuxième caractéristique remarquable tient au fait qu'il mobilise conjointement différentes définitions du travail qui éclairent des dimensions complémentaires de l'expérience du travail. Le concept de travail est un concept vague au sens où les contours de l'activité de travail sont problématiques et disputés. On peut entendre par travail unc activité, un schème organisateur de l'existence et une fonction sociale (à l'intérieur de la division sociale du travail), et chacun de ces sens conduit à penser différemment les enjeux de l'expérience du travail. Or, comme on le verra, Dewey analyse le travail tout à la fois comme une activité qui se distingue d'autres activités (par exemple du jeu), comme un « schème de vie » (une activité professionnelle exercée durablement qui produit de profonds effets formateurs), et comme une fonction sociale (une manière de satisfaire des besoins sociaux par des activités de production) relevant tout à la fois d'un rapport avec l'environnement naturel et artificiel et d'un processus économique inséré dans un système institutionnel. Il ne semble pas qu'un autre philosophe, ni même un économiste, un sociologue, un anthropologue ou un psychologue du travail, ait cherché à penser conjointement toutes ces dimensions de l'expérience du travail.

Une troisième caractéristique remarquable tient à la manière dont Dewey aborde l'importance du travail. Faut-il vraiment attribuer une importance décisive au travail ? Cette question a nourri des débats souvent confus et il n'est pas douteux qu'attribuer à Dewey la thèse de l'importance du travail risque de donner lieu à de nouvelles polémiques et de nouvelles confusions. Commençons donc par remarquer, pour préciser ce que nous voulons établir, qu'il est possible de penser l'importance du travail de trois manières

1. Nous pensons au chapitre IV-A de la *Phénoménologie de l'esprit* et aux § 57, 190-197, des *Principes de la philosophie du droit*. À propos des thèmes développés dans le § 57 des *Principes de la philosophie du droit*, en lien avec les effets formateurs du travail, Hegel écrit : « C'est ici que vient prendre place la formation par l'homme de son propre corps et de son propre esprit, l'acquisition d'habilités et de savoir-faire. C'est seulement à travers la formation, par laquelle je donne différenciation et déterminité [...] aux facultés et possibilités [...], que je les reçois en ma possession et devient maître d'elles » (*Leçons sur le droit naturel et la science de l'État* (*1817-1818*), Paris, Vrin, 2002, p. 68). Sur ces différents points qui rapprochent Hegel de Dewey, voir E. Renault, « Social Self and Work in the *Phenomenology of Spirit* », *in* I. Testa, L. Ruggiu, (dir.), *I that is We. We that is I. Contemporary Perspectives on Hegel*, Leiden, Brill, 2016, p. 202-219.

différentes. Premièrement, on peut se contenter de souligner que le travail se présente dans nos existences comme un *enjeu fondamental*. Deuxièmement, on peut soutenir la thèse plus forte de la *centralité du travail*. Troisièmement, on peut également considérer que le travail constitue un *paradigme* permettant de penser les activités humaines en général. Nous proposons donc de distinguer entre ce qui relève d'un enjeu fondamental, d'une centralité et d'un paradigme, bien qu'il soit certes possible de donner à l'idée de centralité du travail un sens plus large, synonyme d'importance du travail en général, et ainsi de lui faire recouvrir ce qui relève de l'enjeu fondamental, de la centralité au sens étroit, et du paradigme. L'intérêt de l'usage du sens étroit de l'idée de centralité du travail est tout à la fois de permettre de distinguer différentes facettes du problème de l'importance du travail (enjeu fondamental, centralité, paradigme), et de donner un contenu conceptuel déterminé à l'idée de centralité du travail qui, du fait de sa dimension métaphorique, est susceptible d'usages flottants.

L'idée de centralité du travail a été davantage discutée par les sciences sociales [1] que par la philosophie [2], et elle a conduit à des débats nourris sur la centralité psychique, sociale et politique du travail. Parler de centralité du travail revient à utiliser une métaphore géométrique ou physique pour soutenir que le travail remplit des fonctions décisives dans la vie individuelle et collective et qu'il comporte en outre des enjeux normatifs cruciaux. Il n'est pas insignifiant que Dewey ait été l'un des rares philosophes à avoir fait usage de cette métaphore en identifiant à deux reprises au moins le travail à un « axe » : l'article « Internal Reorganization after the war » présente le travail comme « l'axe autour duquel [les] activités [de l'individu] sont organisées » [3] ; on lit dans *Démocratie et éducation* que « le métier » est un « principe organisateur » qui « fournit l'axe qui traverse une immense diversité de détails ; il ordonne les uns par rapport aux autres les différents éléments de l'information, des faits et des expériences » [4].

1. Voir notamment, pour deux formulations classiques de la thèse de la centralité du travail : R. Castel, « Centralité du travail et cohésion sociale », *in* J. Kergoat *et al.* (dir.), *Le monde du travail*, Paris, La Découverte, 1998, p. 50-65 ; C. Dejours, J.-P. Deranty, « Centrality of Work », *Critical Horizon*, vol. 11, n°2, 2010, p. 167-180 (traduction partielle dans A. Cukier, *Qu'est-ce que le travail ?*, Paris, Vrin, 2018).

2. Exception faite d'un programme de recherche sur les « Approches philosophiques de la centralité du travail », réunissant, parmi les philosophes (https://anr.fr/Projet-ANR-14-CE31-0012) : A. Cukier, J.-P. Deranty, F. Fischbach, S. Haber, M. Jouan, H. Kocyba, C. Lazzeri, P.-F. Moreau, P.-M. Morel, L. Paltrinieri, E. Renault, A.-C. Schmidt am Busch et N. H. Smith.

3. MW 11, p. 80.

4. DE, p. 402, MW 9, p. 319.

Il semble difficile d'associer un contenu conceptuel bien déterminé à la métaphore de la centralité autrement qu'en formulant les deux thèses suivantes : 1) le travail occupe une place non négligeable dans nos existences (de même qu'un centre n'est pas une position parmi d'autres dans une figure), et 2) il influe sur la part de nos existences qui ne concerne pas directement le travail (de même que le centre de gravité d'un corps influe sur l'ensemble de son mouvement). Ces deux thèses ont une portée descriptive et évaluative. Sur le plan descriptif, elles veulent rendre compte de l'importance des pratiques et des expériences liées au travail dans nos existences et de leurs effets sur les autres dimensions de nos existences. Sur le plan normatif, elles suggèrent que de même que le travail n'est pas toujours organisé conformément à ses normes immanentes, de même, il n'est pas toujours organisé de telle sorte que ses effets formateurs nous permettent de cultiver des valeurs propres aux différentes dimensions de la vie hors travail. On remarquera donc que l'idée de centralité du travail n'implique pas une vision moniste de l'expérience humaine, suivant laquelle toutes les activités seraient du travail ou analogues à du travail. Au contraire l'idée de centralité du travail est pluraliste, et elle l'est doublement. D'une part, elle suppose qu'il existe différents ordres de pratiques et d'expériences, organisées par des logiques et des principes normatifs irréductibles les uns aux autres, mais elle s'interroge sur les rapports dynamiques pouvant exister entre eux. D'autre part, elle peut être entendue au pluriel : on parlera de centralité *psychique* du travail si l'on considère par exemple que les enjeux psychiques du travail sont tels qu'ils produisent des effets sur des fonctionnements psychiques non directement liés au travail ; on parlera de centralité *sociale* du travail si l'on considère que les formes de socialisation liées au travail sont déterminantes pour d'autres formes de socialisation ; on parlera enfin de centralité *politique* du travail si l'on fait du travail le lieu d'apprentissage de la domination ou de la résistance à la domination [1]. Sur le plan définitionnel, l'idée de centralité du travail est donc compatible avec le pluralisme de Dewey, contrairement à un autre préjugé tenace. Elle s'accorde en outre avec son refus de concevoir la pluralité des dimensions de nos existences en termes statiques et selon des dualismes rigides. L'idée de centralité du travail est en effet celle d'une interaction entre différentes dimensions de l'existence humaine.

Telle qu'elle vient d'être explicitée, l'idée de centralité du travail est solidaire d'une prise de position dans trois débats controversés portant 1) sur l'extension du concept de travail (qu'est-ce qui relève du travail ?),

1. C'est en ces trois sens que l'idée de centralité du travail est entendue chez C. Dejours ; voir C. Dejours, J.-P. Deranty, « Centrality of Work », *op. cit.*

2) sur les effets des pratiques et des expériences de travail sur les pratiques et les expériences qui n'en relèvent pas (comment ce que nous vivons au travail influence-t-il le reste de notre existence ?), et 3) sur les fondements anthropologiques, psychologiques et sociologiques de l'importance du travail, ou au contraire sur le caractère historiquement contingent de la centralité que le travail semble avoir acquis dans la modernité. Plus la définition du travail sera étroite, comme par exemple lorsque le travail est défini comme une activité productrice rémunérée, et plus on considérera à la suite d'Aristote (dont l'influence pour l'histoire de la philosophie du travail est absolument déterminante) que la dignité de l'existence humaine s'exprime dans des activités poursuivant des fins autonomes, comme celle de la politique conçue comme recherche du bien commun, plus il sera facile de concevoir la centralité moderne du travail comme une centralité de fait et non de droit dont on ne doit pas craindre la disparition [1].

L'identification du travail à une dimension fondamentale de nos existences et de la vie sociale est nécessaire pour que le travail puisse être interprété comme un foyer organisateur de notre existence (centralité psychologique) ou de la société (centralité sociale), autrement qu'au sens d'une centralité de fait qui pourrait être critiquée en droit. Cependant, on peut conférer une importance fondamentale au travail sans pour autant accepter que le travail constitue un foyer organisateur de nos existences. La théorie arendtienne des formes de la vie active en fournit une illustration. Lorsqu'elle affirme que l'« *animal laborans* » est condamné à devoir travailler pour satisfaire ses besoins, et que « *l'homo faber* » peut par son travail créer un monde proprement humain d'œuvres durables dotées de sens, elle reconnaît que les activités et expériences liées au travail occupent dans nos existences une *place* qui n'est *pas négligeable* et qu'elles définissent des *enjeux fondamentaux* de nos existences. Cependant, elle entend par « action » une forme de vie active qui a plus de valeur que le travail de *l'animal laborans* et de l'*homo faber*, et elle soutient que le propre de l'action, site de la politique, est d'offrir aux individus la possibilité de s'arracher à leurs conditionnements psychologiques et sociaux par leurs prises de position dans l'espace public [2]. Elle accorde donc une extension

1. Ce type de position a été défendu notamment par D. Méda, *Le travail, une valeur en voie de disparition*, Paris, Champs-Flammarion, 1998.

2. Ces thèses nous intéressent ici parce qu'elles montrent qu'il est possible de souligner l'importance du travail tout en refusant sa centralité. Nous avons expliqué ailleurs pourquoi elles reposent sur une conception critiquable de la politique : J.-P. Deranty, E. Renault, « Democratic Agon : Striving for Distinction or Struggle Against Domination and Injustice ? », *in* A. Schaap (dir.), *Law and Agonistic Politics*, New York, Routledge, 2015, p. 55-68.

et importance décisive au travail sous une forme qui exclut toute centralité au travail, alors que par contraste, Dewey doit indéniablement être rangé parmi ceux qui associent conception extensive du travail, théorie des enjeux fondamentaux du travail, et centralité du travail.

Nous verrons qu'il a défendu une conception extensive du travail du point de vue de la théorie de l'action (premier chapitre), et qu'il a souligné les enjeux décisifs du travail d'un point de vue anthropologique (deuxième chapitre). Nous verrons également qu'il a accordé la plus grande importance aux effets des pratiques et des expériences de travail sur les pratiques et les expériences qui n'en relèvent pas. Il a analysé les rapports dynamiques entre travail et hors-travail dans le cadre d'une théorie psychologique de la formation du caractère et d'une analyse des effets sociaux des habitudes forgées au travail (troisième chapitre). Il en résulte qu'on peut lui attribuer la thèse d'une double centralité, psychologique et sociale, du travail. C'est à partir de cette double centralité du travail que doit être interprétée l'importance politique qu'il a conférée au travail (quatrième chapitre).

Il n'en résulte pas pour autant que l'importance qu'il a accordée au travail relève toujours d'une problématique de la centralité de travail. On verra qu'il est difficile en effet de lui attribuer la thèse d'une centralité politique du travail bien qu'il présente le travail comme un enjeu politique décisif. Il considère certes que des transformations du travail sont requises pour que les sociétés dites démocratiques deviennent effectivement ce qu'elles prétendent être, à savoir démocratiques. Cependant, l'exigence de démocratie s'applique également à d'autres sphères qu'à celle du travail, et cette exigence débouche sur des problèmes dont certains sont relativement indépendants de la démocratisation du travail. L'une des thèses de *Démocratie et éducation* est que la démocratisation de l'enseignement, passant notamment par une abolition du clivage entre enseignement général et enseignement professionnel, appartient aux conditions *sine qua non* de la démocratisation des lieux de travail. Or, l'inverse n'est pas vrai : la démocratisation de l'enseignement ne dépend pas principalement d'une transformation du travail, et Dewey la conçoit comme une transformation institutionnelle plutôt que comme une transformation du travail des enseignants.

Quant à la troisième manière de concevoir l'importance du travail qui n'est ni celle des enjeux décisifs du travail ni celle de la centralité du travail, mais qui fait de ce dernier un paradigme, elle ne joue pas de rôle direct chez Dewey. Promu au rang de paradigme, le concept de travail n'est plus seulement utilisé pour désigner par exemple les activités productrices de biens et service socialement utiles, ou par extension la sphère sociale où cette activité prédomine (la sphère économique), mais il sert à faire ressortir certains traits essentiels de l'activité humaine en général. C'est chez Hegel qu'une telle promotion produit le plus clairement ses effets distinctifs. En effet, ce philosophe ne s'est pas contenté de souligner l'importance des activités relevant spécifiquement du travail (ce qu'il a fait en articulant les problématiques de la division sociale du travail et des effets formateurs du travail). Il a également multiplié les usages métaphoriques du terme « travail » en parlant par exemple de travail à propos de l'« histoire du monde » et de la pensée spéculative (le « travail du concept »), tout en concevant l'esprit en général comme un processus analogue à un travail, à savoir comme un processus d'appropriation par transformation d'un matériau extérieur, processus produisant des effets formateurs sur le sujet de cette appropriation [1]. On retrouvera chez Freud des effets de métaphorisation du travail – s'exprimant dans une série de concepts célèbres : *Traumarbeit, Trauerarbeit, Kulturarbeit, Verdrängungsarbeit, Verdichtungsarbeit, Durcharbeitung, Erinnerungsarbeit*, etc. [2] – qui sont comparables. Il ne semble pas que quelque chose de semblable soit à l'œuvre chez Dewey [3] qui pourtant suit si souvent Hegel et qui sur différents points cruciaux se réfère à Freud [4].

Dewey conçoit certes toute activité humaine comme une activité instrumentale, puisqu'agir signifie toujours entretenir un rapport instrumental avec l'environnement. Il considère qui plus est que toute activité instrumentale comporte une dimension technique, un savoir-faire incorporé permettant d'utiliser avec plus ou moins d'art les instruments d'action disponibles. Tout cela pourrait laisser penser que le travail est érigé en paradigme. Mais tout instrument d'action n'est pas un instrument de travail (les pratiques de consommation elles aussi sont instrumentées), de même que toute technique n'est pas une technique de travail (il y a par exemple une technique de la marche, sur laquelle Dewey s'est d'ailleurs penché [5]). S'il fallait chercher le paradigme qui guide la théorie deweyenne de l'action,

1. Nous avons développé ces points dans E. Renault, « Hegel et le paradigme du travail », *Revue internationale de philosophie* 278, 2016, p. 469-490.

2. Sur le concept de travail chez Freud, qui doit sans doute beaucoup au concept physique de travail, mais qui le reformule du point de vue de la problématique de l'« exigence de travail », voir C. Dejours, « Le travail entre corps et âme », *Libres cahiers pour la psychanalyse* 15, 2007, p. 115-127.

3. La thèse suivant laquelle Dewey confère une valeur paradigmatique au travail est défendue par J. W. Donohue, « Dewey and the Problem of Technology », *in* J. Bleweth (dir.), *John Dewey. His Thought and Influence*, *op. cit.*, p. 127 : « le travail, et particulièrement le travail manuel, est pour Dewey l'archétype même de l'expérience ».

4. Pour une étude des affinités de Dewey et de Freud, ainsi que de leurs appréciations réciproques, voir M. Levitt, *Freud on the Nature of Man*, Westport, Greenwood Press, 1960.

5. T. C. Dalton, « The Ontogeny of Consciousness : John Dewey and Myrtle McGraw's Contribution to a Science of Mind », *Journal of Consciousness Studies* 6, 1999, p. 3-26.

il faudrait donc parler de paradigme instrumental[1] ou technique[2] plutôt que de paradigme du travail. À cet égard, il n'est pas sans doute pas indifférent que là où Hegel métaphorisait le travail (en parlant de l'histoire comme d'un travail, et du « travail du concept », notamment), Dewey métaphorise l'instrument et l'art, lorsqu'il parle du langage comme de « l'instrument d'instruments » (« the tool of tools »[3], « tool » étant manifestement pris ici au sens large d'instrument), et de l'intelligence comme d'un instrument de résolution de problèmes pratiques. De même que tout instrument est susceptible d'être manié avec plus ou moins d'art, de même la science est l'art de l'utilisation de l'instrument qu'est l'intelligence. On comprend donc que l'homme puisse être défini comme un animal doté d'art, et la science comme un art central, ce qui de nouveau illustre la promotion de la technique en paradigme :

> Lorsque la conception de l'art comme trait distinctif de l'homme a été explicitée, on a alors été sûr que, à moins d'une régression totale de l'humanité même à un état antérieur à la sauvagerie, la possibilité d'inventer de nouveaux arts, tout comme l'utilisation des arts anciens, resterait l'idéal guidant l'humanité. Bien que l'on hésite encore à reconnaître ce fait, en raison de traditions établies avant que le pouvoir de l'art ne soit reconnu à sa juste mesure, la science elle-même n'est qu'un art central qui contribue à l'apparition et à l'utilisation d'autres arts[4].

Dans la mesure où il y a une dimension instrumentale, et par là même technique dans toute activité de travail, l'importance de la technique rejaillit sur celle du travail, d'où l'affirmation de la « dignité éternelle du travail et de l'art ». Mais, comme nous le verrons, d'autres dimensions du travail ne relèvent pas de la technique. Alors que chez Platon et Aristote, comme plus généralement dans la tradition philosophique qui s'est révélée tributaire de leurs décisions théoriques[5], seule sa dimension technique permettait de valoriser le travail, ce sont également d'autres dimensions du travail que Dewey s'efforce de sortir du mépris où elles ont été reléguées : dimensions biologiques, psychologiques et sociales notamment.

1. S. Hook, *The Metaphysics of Pragmatism*, *op. cit.*, chap. I et II.

2. L. Hickman, *John Dewey's Pragmatic Technology*, Bloomington-Indianapolis, Midland Book Edition, 1992.

3. EN, p. 162, LW 1, p. 134.

4. AE, p. 47, LW 10, p. 32-33.

5. Jusque chez les Encyclopédistes et plus récemment chez G. Simondon : voir le chapitre premier de la deuxième partie et la conclusion de *Du mode d'existence des objets techniques*, Paris, Aubier, 2012.

CHAPITRE PREMIER

LA CRITIQUE DES DUALISMES DE LA THÉORIE DE L'ACTION

Une raison supplémentaire pour laquelle les études deweyennes se sont rarement intéressées au travail tient sans doute au fait que l'on attribue souvent à Dewey une théorie générale de l'action et non des analyses destinées à mettre en lumière les spécificités de tel ou tel régime d'activité. Il est en effet indéniable que Dewey a cherché, notamment dans *Human Nature and Conduct*, à formuler des principes généraux pouvant s'appliquer à tous les comportements humains. Le premier de ces principes est que toujours la conduite est dirigée par des habitudes qui sont elles-mêmes des canalisations plus ou moins rigides et définitives d'impulsions relativement plastiques. Le deuxième principe est que lorsque les habitudes en viennent à trop réprimer les impulsions, ou à se contredire elle-même, ou bien encore à ne plus être ajustées aux contextes d'action, les impulsions se trouvent partiellement libérées et constituent des facteurs de renouvellement des habitudes. Le troisième principe est que lorsque la conduite dirigée par des habitudes est confrontée à un problème que ces dernières ne sont pas en mesure de résoudre efficacement, la réflexion intervient comme une modalité de résolution du problème. La réflexion permet alors, d'une part d'analyser ce problème et les possibilités d'action définies par les caractéristiques de l'environnement, d'autre part, d'évaluer les conséquences des différentes solutions envisageables, et enfin de guider l'expérimentation de ce qui apparaît comme la meilleure solution. Le nerf de la théorie deweyenne de l'action semble être que ces principes formels suffisent à expliquer toute action, à condition qu'il soit par ailleurs tenu compte des spécificités contextuelles 1) de la transformation des impulsions en habitudes, 2) de l'activation des dispositions pratiques constitutives des habitudes, et enfin 3) de la recherche des solutions. Il pourrait donc sembler que la théorie deweyenne de l'action, parce qu'elle doit s'énoncer sur le plan de la généralité formelle pour pouvoir rendre possible des entreprises de contextualisation chaque fois spécifiques, n'a pas besoin de s'engager dans de théorisations portant sur des types d'action particuliers, comme par exemple le travail, alors que, inversement, les spécificités contextuelles des activités de travail pourraient être trop hétérogènes pour qu'une théorie unifiée des activités de travail soit possible[1]. Faut-il donc admettre que d'un point de vue deweyen, une théorie générale du travail est tout à la fois inutile et impossible ?

Quant à lui, Dewey a bel et bien considéré que l'on pouvait parler du travail en général. Si l'analyse de ses spécificités requiert une théorisation spécifique, et non pas seulement l'application des principes formels d'une théorie générale de la conduite, c'est notamment parce que certaines de ces spécificités impliquent de modifier ces principes formels. C'est le cas des rapports de l'habitude et de la réflexion. Alors que *Human Nature and Conduct* fait de la conduite dirigée par les seules habitudes la norme, et souligne que la réflexion n'intervient que dans des phases particulières de la conduite lorsque les dispositions pratiques incorporées ne suffisent plus à surmonter les difficultés rencontrées, le travail apparaît comme un processus au cours duquel presque toujours les habitudes doivent être secondées par la réflexion. L'activité consistant à marcher, par exemple, ne suppose presque jamais l'intervention de la réflexion : les habitudes qui régulent cette activité sont en effet des dispositions pratiques assez flexibles et ajustées pour s'adapter efficacement aux différentes qualités du sol, à la déclivité et aux éventuels obstacles. Chercher à prévenir par la réflexion la survenue d'erreurs, de dysfonctionnements, d'incidents, fait en revanche partie de l'activité de travail, de sorte que le travail développe des habitudes intellectuelles de réflexion efficace auxquelles la tradition a réservé le terme de *technè*. Le travail apparaît donc tout à la fois comme une activité caractérisée par des formes d'habitudes pratiques spécifiques (liée notamment aux techniques du corps qui gouvernent l'usage des instruments de travail), par un certain nombre d'habitudes intellectuelles (habitudes de réflexion orientée vers la prévention et la résolution des problèmes), et par des habitudes d'association de ces habitudes pratiques et intellectuelles. Si ces thèses ne sont pas formulées explicitement par Dewey, nous verrons qu'elles ressortent clairement de ses analyses de l'activité de travail.

Que les théories de l'action orientées vers l'énonciation de principes généraux de la conduite ne prennent pas assez en compte les spécificités

1. Ces arguments nous ont été opposés à différentes reprises, et sous différentes formes, lors de colloques ou journées d'études où nous avons présenté des aspects de la philosophie deweyenne du travail.

et la complexité des activités orientées vers la production, c'est en outre une thèse dont on verra que Dewey la fait jouer contre les dualismes traditionnels de la théorie de l'action, comme celui de la *poèsis* et de la *praxis*. On peut penser que cette thèse pourrait également être opposée à des théories de l'action qu'il n'a pas connues parce qu'elles ont été élaborées ou se sont imposées après sa mort. Par exemple, la conception wittgensteinienne suivant laquelle agir consiste toujours à « suivre une règle » ne mériterait-elle pas d'être remaniée pour rendre compte du fait que travailler consiste aussi à être confronté à des situations où il n'est plus possible de se contenter de suivre des règles ? À ce thème peut être rattaché d'une part la thèse suivant laquelle travailler consiste à ne pas suivre les règles qu'on est censé suivre, à transformer le travail prescrit en un travail réel qui est toujours partiellement différent du travail prescrit. Il est d'ailleurs frappant que la distinction du travail réel et du travail prescrit, qui appartient à la tradition de l'ergonomie de langue française et dont on a pu chercher les fondements philosophiques chez Canguilhem [1], comporte un air de famille évident avec une distinction élaborée par D. Schön dans un cadre théorique deweyen : la distinction entre application d'un savoir technique formulé et appris indépendamment de l'action, et l'art ou les compétences professionnelles forgées dans le processus de la « réflexion-dans-l'action » [2]. En s'appuyant sur la théorie deweyenne de l'apprentissage du métier [3], il souligne que les compétences professionnelles ne peuvent se réduire à

1. Pour parler comme Y. Schwartz, l'activité de travail consiste à transformer les normes antécédentes de l'action; voir Y. Schwartz, *L'expérience et la connaissance du travail*, Paris, Éditions sociales, 1988.

2. Pour une présentation synthétique de cette distinction, voir D. A. Schön, *Educating the Reflective Practitioner*, San Francisco, Jossey-Bass, 1987, chap. I et II. On trouve une mise en rapport plus directe de l'ergonomie de tradition française et du pragmatisme deweyen chez J. Thievenaz, *Enquêter et apprendre au travail. Approcher l'expérience avec John Dewey*, Dijon, Éditions Raison et Passions, 2019.

3. J. Dewey, « Individuality and Experience », LW 2, p. 56-57 : « En règle générale, les charpentiers sont éduqués à leur métier (*calling*) en travaillant avec d'autres qui ont de l'expérience et des compétences, en partageant les portions les plus simples de ce qu'ils entreprennent réellement, en apportant leur aide à des manières de faire de telle sorte qu'ils puissent observer des méthodes, et comprendre les résultats qu'elles sont capables de produire [...]. Si nous généralisons sur la base d'un lieu commun comme celui de l'éducation des artisans par leur travail, nous pouvons dire que les coutumes (*customs*), méthodes et normes de travail (*working standards*) de la profession constituent une « tradition », et que l'initiation à la tradition est le moyen par lequel les potentialités (*powers*) des apprenants sont libérées et dirigées. [...]. [L'apprenant] doit *voir* par lui-même et à sa manière propre (*he has to see on his own behalf and in his own way*) les relations qu'entretiennent les moyens et les méthodes mises en œuvre avec les résultats atteints. Personne d'autre ne peut le voir pour lui, et on ne peut pas seulement le lui dire, bien que la bonne manière de dire puisse l'aider à voir ce qu'il a besoin de voir ».

l'application d'un ensemble de règles techniques apprises indépendamment de la pratique, mais reposent sur un processus d'apprentissage par participation à l'action conjointe dont les rapports maître/apprenti, professionnel/stagiaire, superviseur/supervisé, fournissent différentes illustrations. Seul un tel apprentissage peut permettre d'acquérir les compétences techniques relatives à l'usage adéquat d'instrumentalités spécifiques et à la réflexion sur les problèmes techniques susceptibles de survenir (compétences que la tradition a pensées en termes de *technè*), de même que les compétences plus larges (que la tradition a pensé en termes de *phronèsis*) liées à l'anticipation et à la résolution réflexive de l'ensemble des problèmes organisationnels (relatifs à la coordination des différentes activités de travail) et relationnels (avec les collègues, la hiérarchie et les clients) susceptibles d'être rencontrés dans le périmètre de l'activité professionnelle.

D'autre part, la conception wittgensteinienne suivant laquelle agir consiste toujours à « suivre une règle » se heurte au fait que, souvent, l'expérience du travail est celle d'une interaction entre des professions distinctes dont les pratiques sont organisées par des règles distinctes. Comme le souligne A. Strauss, qui applique à l'analyse du travail une analyse processuelle directement inspirée de Dewey[1], dans un contexte de pluriprofessionnalité, comme par exemple celui de l'hôpital, « personne ou presque personne ne connaît toutes les règles en vigueur : on sait encore moins à quelles situations elles s'appliquent effectivement, qui elles concernent, et quelles sanctions elles supposent », de sorte que les interactions pluriprofessionnelles reposent sur une « négociation continuelle »[2] (qui de nouveau relève de ce que la tradition a appelé *phronèsis*).

Si Dewey a consacré des analyses approfondies au travail en tant qu'activité spécifique, ce n'est pas seulement parce que cette activité est dotée de caractéristiques philosophiquement significatives, comme celles qui invitent à repenser le rapport général de l'habitude et de la réflexion, ou encore de la *poèsis* et de la *praxis*, de la *technè* et de la *phronèsis*. C'est aussi, nous l'avons déjà indiqué, parce que les activités de travail ont été injustement méprisées dans la tradition philosophique en vertu de préjugés philosophiques, ancrés dans des préjugés sociaux, qu'une juste conception du travail permet de faire apparaître dans leur absurdité. Marquées par la corporéité et l'instrumentalité, qui sont l'une et l'autre des figures de la

1. A. Strauss, « Work and the Division of Labor », *The Sociological Quarterly*, vol. 26, n°1, 1985, p. 1-19.
2. A. Strauss, *La trame de la négociation*, Paris, L'Harmattan, 1992, p. 92.

« matérialité » au sens péjoratif du terme, les activités de travail ont été considérées comme trop matérielles et insuffisamment spirituelles :

> Quand il y a division sociale, séparation de classe du point de vue de la position sociale, du prestige et de l'estime associée aux professions, les matériaux [*materials*] engagés dans les métiers [*occupations*] du groupe inférieur sont l'objet d'une même dévalorisation et d'un même mépris que les membres de ce groupe. Ces matériaux deviennent « matière » par excellence. Historiquement, les activités de la classe « inférieure » sont liées 1) à des choses physiques ; 2) elles sont prises en charge par des organes corporels, principalement manuels ; 3) sur le plan, psychologique, ce sont les sens, du toucher et de la vue, plutôt que les idées qui sont la base de contrôle de ce qui est fait et de la manière dont cela est fait ; 4) les activités sont principalement routinières, mécaniques et répétitives ; 5) elles sont exécutées sous la direction d'autrui et en vue de fins à la formulation desquelles les travailleurs ne participent pas [...]. Prises ensemble, ces caractéristiques servent à expliquer non seulement la signification péjorative de « matériel » et « utilitaire » mais aussi la position assignée à tout ce qui est matière et matériel[1].

Alors que dans nos interactions ordinaires, le corps agissant disparaît derrière les rôles sociaux, alors que dans l'action politique, le corps agissant disparaît derrière les revendications (sauf lorsque les partenaires d'interaction ou les acteurs politiques sont stigmatisés ou que les statuts sont structurés par des rapports de domination[2]), dans le travail au contraire, l'effort continu et l'attention aux gestes font de la corporéité une dimension essentielle de l'expérience. Alors que dans nos interactions ordinaires, la dimension instrumentale de l'action reste tacite, contrôlée qu'elle est par les habitudes, alors que dans l'action politique organisée, l'attention est concentrée sur les fins, censées commander la valeur des moyens, dans le travail au contraire, l'usage des instruments d'action que sont les outils ou les machines absorbe l'attention et se voit dotée d'une valeur intrinsèque : celle du meilleur moyen d'action disponible. Selon Dewey, les dualismes qui ont conduit à dévaloriser le matériel au profit du spirituel, la *poèsis* au

1. J. Dewey, *Unmodern Philosophy and Modern Philosophy*, *op. cit.*, p. 289.

2. Lorsque les rapports sociaux de domination priment, le corps du partenaire d'interaction ou du porteur de revendication apparait comme un corps de riche ou de pauvre, un corps blanc ou de couleur, ou un corps d'homme ou de femme. Notons d'ailleurs que ce sont principalement les dominés qui sont renvoyés à leur corporéité (voir par exemple l'ouvrage dirigé par P. Blanchard, N. Bancel, G. Boëtsch, C. Taraud, D. Thomas, *Sexe, Race & Colonies. La domination des corps du XVe siècle à nos jours*, Paris, La Découverte, 2018), en même temps qu'ils sont renvoyés au matériel par opposition au spirituel, et à l'instrumental par opposition au moral ou à la haute culture.

profit de la *praxis* et la pratique au profit de la théorie doivent être critiqués pour faire apparaître la dimension corporelle et instrumentale de la pratique comme constitutive de sa valeur propre. Le travail est tout à la fois l'activité dont la dévalorisation nourrit le plus intensément ces dualismes et l'activité dans laquelle les ressources de la corporéité et de l'instrumentalité de l'agir apparaissent en pleine lumière. L'étude du travail présente donc un intérêt fondamental pour délester l'analyse des pratiques de ces préjugés philosophiques traditionnels.

Même si Dewey souligne que « c'est avec le corps qu'on travaille » et que l'« indignité sociale » des classes laborieuses s'est accompagnée d'un « mépris pour la matière et pour les corps » [1], même s'il souligne également que « pendant longtemps, les professions de chirurgien et de médecin n'eurent guère plus de prestige que celles de valet ou de barbier, en partie parce qu'elles concernaient le corps » [2], c'est surtout la critique de la dévalorisation de l'instrumentalité qui s'exprime dans les développements que Dewey consacre au travail. Rien d'étonnant à cela puisque cette critique est en effet la condition, sinon l'objet même, de la position philosophique qu'il revendique lorsqu'il se définit comme instrumentaliste. Rappelons que la notion d'instrumentalisme désigne chez lui une position épistémologique faisant de la pensée un instrument d'action et de la valeur des pensées (de leur vérité) leur capacité à résoudre les problèmes pratiques auxquels l'action est confrontée (leur vérification). Selon Dewey, l'expérience est constituée pratiquement, par des dispositions incorporées sous forme d'habitude, avant d'être thématisée cognitivement. Au stade « non cognitif » de l'expérience, l'environnement consiste en un ensemble de moyens d'action qui peuvent être ou bien naturels, ou bien artificiels. C'est seulement dans une situation de blocage de nos interactions avec l'environnement que nous nous élevons à une thématisation réflexive de l'environnement en vue d'analyser la nature de la situation problématique et de trouver la meilleure solution – l'expérience devient alors « cognitive » [3]. La pensée, au sens de l'ensemble des activités cognitives est donc un opérateur de réorientation de l'agir confronté à des obstacles que les dispositions pratiques à l'œuvre dans une action (les compétences et les savoir-faire inscrits dans les habitudes) ne parviennent pas à surmonter. La pensée est essentiellement un *instrument* de restauration du cours normal

1. QC, p. 25, LW 4, p. 4-5.

2. DE, p. 405, MW 9, p. 322.

3. E. Renault, « Dewey et la connaissance comme expérience. Sens et enjeux de la distinction entre “cognitive” “cognitional” et “cognized” ou “known” », *Philosophical Enquiries : revue des philosophies anglophones* 5, 2015 (http://www.philosophicalenquiries.com/numero5Renault.pdf).

de l'action et d'enrichissement des interactions[1]. Telles sont les thèses principales de l'instrumentalisme deweyen en tant que théorie de la pensée ou logique.

Cette théorie participe elle-même d'une conception générale de l'action comme usage d'instruments et d'une conception de l'instrument comme facteur de contrôle et d'enrichissement de nos rapports avec l'environnement[2]. Comme nous l'avons déjà suggéré à la fin de l'introduction, on comprend mal l'épistémologie deweyenne lorsqu'on réduit l'intelligence à un moyen d'action. Dewey ne réduit pas tant l'intelligence à un facteur d'ajustement de l'action à son environnement qu'il n'en fait un instrument d'amélioration de nos interactions avec l'environnement, ou de « croissance » de l'expérience. De même que la supériorité des outils sur les moyens d'action naturels tient aux formes de vie plus satisfaisantes qu'ils rendent possibles, de même les activités intellectuelles permettent d'inventer des outils et d'améliorer nos habitudes[3]. Contrairement à ce qu'affirment les caricatures de son instrumentalisme, Dewey n'a donc pas présenté les activités intellectuelles comme des moyens inféodés à la pratique; elles sont des moyens de développer et d'enrichir l'expérience. Cette thèse participe de l'ancrage darwinien de son instrumentalisme : l'intelligence est un instrument de régulation des activités qui s'est constitué dans le processus de la sélection naturelle pour rendre les interactions des organismes humains avec leurs environnements plus satisfaisantes[4] (nous y reviendrons dans le prochain chapitre). Dewey peut donc considérer que la création d'artefacts par l'intelligence est un prolongement de la nature et un moyen d'actualiser des virtualités naturelles non encore actualisées. De même que l'art doit être conçu comme une forme d'accomplissement de la nature, de même convient-il d'accorder une valeur fondamentale à l'intelligence :

> C'est dans l'art, comme mode d'activité dont la signification est susceptible d'être immédiatement appréciée, que réside le parfait accomplissement de la nature; la science est la servante qui conduit les événements naturels à cette heureuse issue[5].

1. J. Dewey, *Studies in Logical Theory*, MW 2, p. 304 : « [La position] de type instrumental [...] traite du penser comme d'une procédure spécifique relative à une occasion antécédente spécifique et à un accomplissement conséquent spécifique ».

2. Comme l'a souligné L. Hickman, *John Dewey's Pragmatic Technology*, *op. cit.* à la suite de S. Hook, *The Metaphysics of Pragmatism*, *op. cit.*

3. « La connaissance est un instrument d'enrichissement de l'expérience immédiate par l'intermédiaire du contrôle qu'elle exerce sur l'action » (AE, p. 335, LW 10, p. 294).

4. J. Dewey, *Studies in Logical Theory*, MW 2, p. 310.

5. EN, p. 325, LW 1, p. 269.

Chez Dewey, l'intérêt porté au travail du point de vue de la théorie de l'action s'explique donc tout à la fois par une conscience des spécificités des activités de travail, par la conviction qu'une conception adéquate de ces spécificités est indispensable si l'on souhaite expurger la théorie de l'action de ses dualismes les plus problématiques, et par le fait que plus que tout autre activité, le travail permet d'illustrer la valeur de ce qui est instrumental ainsi que le lien de l'intelligence et de l'instrumental. Dans ce qui suit, nous commencerons par décrire la manière dont Dewey analyse le travail en général, avant de présenter sa critique systématique des dualismes de la théorie de l'action, pour enfin conclure sur l'héritage hégélien de cet anti-dualisme.

QU'EST-CE QUE LE TRAVAIL ?

C'est dans sa philosophie de l'éducation, et dans le cadre d'une polémique contre les différentes formes de dévalorisation de l'éducation professionnelle [1], que Dewey a abordé le plus systématiquement la question du travail du point de vue de la théorie de l'action, notamment dans *Interest and Effort in Education* (1913) et *Democracy and Education* (1916).

De ces textes et des nombreuses descriptions par Dewey de l'activité de travail ressortent les traits suivants : 1) il s'agit d'une activité dans laquelle sont mis en œuvre des *instruments* pour transformer une situation initiale en fonction d'un objectif à atteindre ; 2) en tant qu'activité organisée par un objectif à atteindre, le travail est une activité *intentionnelle* ; 3) la nature des transformations à effectuer requiert un *effort* et une *attention* relative aux modalités de la mise en œuvre de l'activité corporelle et des instruments ; 4) la durée qui sépare les premières opérations de l'obtention du résultat suppose une *discipline*, au double sens de la continuité d'un vouloir et d'une attention ; 5) l'utilisation adéquate des instruments permettant d'atteindre l'objectif visé suppose une connaissance du meilleur usage de ces instruments, ou une *technique* ; 6) ces activités *échappent* toujours partiellement *à la maîtrise technique* parce que le travailleur s'engage dans un processus s'inscrivant dans un réseau d'interactions avec l'environnement matériel et social duquel émergent des problèmes de différentes natures (aux problèmes techniques s'ajoutent des problèmes organisationnels et relationnels) ; 7) ces interactions sont régulées non seulement par

1. Sur le contexte de la défense deweyenne de l'éducation professionnelle, voir R. Westbrook, *John Dewey and American Democracy*, Ithaca, Cornell University Press, 1991, chap. VI.

l'intermédiaire de *dispositions pratiques* acquises mais aussi par l'usage de la *réflexion*; 8) ce qui est en jeu dans ces interactions n'est pas seulement la mise en œuvre de moyens efficaces mais aussi la signification personnelle et sociale de cette activité : à la dimension technique du travail s'ajoutent ses dimensions *expressive* et *sociale*. Ce qui spécifie le travail, c'est donc l'usage d'instruments, l'effort, la discipline, la technique, des habitudes pratiques et réflexives spécifiques, ainsi que des enjeux propres à cette activité.

Commentons brièvement ces différents points. Le travail est une activité *instrumentale* tout d'abord au sens d'une mise en œuvre de moyens spécifiques pour parvenir à atteindre des fins spécifiques. Ces moyens d'action spécifiques sont des instruments, c'est-à-dire des moyens d'action sélectionnés ou produits en raison de l'efficacité qu'ils confèrent à l'activité dans la poursuite de ses fins, et plus particulièrement, ces instruments particuliers que sont des outils, c'est-à-dire des instruments de production. Dewey écrit ainsi, dans le syllabus de philosophie sociale de 1923, intitulé « Social Institutions and the Study of Morals », que « l'opération de satisfaction des besoins suppose l'intervention, entre l'activité organique et les changements externes, d'outils, d'ustensiles, d'appareils d'une variété et d'une complexité croissante » [1]. Dans le cours de 1926 sur la « Philosophie politique » Dewey reproche d'ailleurs à l'économie politique de donner une conception trop subjectiviste du travail (en le réduisant à l'expérience de l'effort, c'est-à-dire à une activité subjective déplaisante, ou désutilité) qui ignore la centralité de l'outil dans cette activité :

> L'erreur traditionnelle dans la théorie économique classique est l'absence de prise en compte du facteur technologique – de l'ordonnancement dans la série des activités, d'un type de procédure régulière dans l'utilisation des matériaux. L'erreur consiste à supposer que l'outil est une espèce de facilitation de l'action (*a tool is a kind of personal convenience*). Cela est vrai, mais cela omet ce qui est essentiel dans l'outil, à savoir qu'il est une interaction mutuelle entre des matières physiques. Tout outil est l'incarnation d'un lien objectif séquentiel entre des choses, d'une relation réelle entre des choses (*any tool is an embodiment of an objective bond of sequence among things, an effective relationship among things*). L'absence de reconnaissance de ce fait transforme l'économie en une économie subjective, psychologique [2].

1. J. Dewey, « Social Institutions and the Study of Morals », MW 15, p. 250.

2. J. Dewey, « Political philosophy. 1926 », CL 2 p. 2684. Sur la critique de l'économie néoclassique ici visée, voir R. Tilman, T. Knapp, « John Dewey's Unknown Critique of Marginal Utility Doctrine : Instrumentalism, Motivation and Value », *Journal of Behavioral Sciences*, vol. 35, n°4, 1999, p. 391-408.

On voit dans cet extrait que la critique du subjectivisme dans la définition du travail s'accompagne d'une critique de la conception subjectiviste du rôle des outils dans le travail. On la retrouvera dans un passage du chapitre IV d'*Expérience et nature* qui dénonce « l'unilatéralité moderne qui conçoit les outils comme de pures commodités subjectives » [1]. On peut formuler les enjeux philosophiques généraux de cette critique de la manière suivante : de même que Dewey défend ce qu'on appelle aujourd'hui une définition externaliste de l'esprit lorsqu'il souligne que nous pensons avec des instruments extérieurs [2], de même propose-t-il une définition externaliste de l'activité. Ce n'est pas la représentation d'un rapport entre moyen et fin qui conduit à user d'instruments pour rendre l'action efficace, mais c'est le fait que l'outil constitue un rapport objectif entre des choses qui rend possible la poursuite de fins par son intermédiaire. En tant qu'un outil définit des possibilités d'actions qui n'existeraient pas sans lui, il permet de poursuivre de nouvelles fins. Il est donc erroné de croire qu'il se réduit à un moyen plus commode de poursuivre des fins qui auraient été poursuivies de manière moins commode sans lui.

> Les préjugés que l'homme nourrit envers lui-même le conduisent aisément à ne considérer un outil que par rapport à lui, à sa main et à ses yeux, mais la relation primitive est celle qui l'unit à d'autres choses extérieures, comme le marteau au clou et la charrue à la terre. Seul ce lien objectif le place en rapport avec l'homme lui-même et ses activités [3].

Dewey ajoute que l'outil est irréductible à une « commodité subjective », permettant d'abréger l'effort, parce qu'il est également une source de satisfaction directe dans l'expérience de travail : « Il est heureux que les outils et les usages que nous en faisons puissent être une source de satisfaction directe (*can be directly enjoyed*), car sans cela, tout travail serait une corvée » [4]. L'usage d'outils est donc également l'un des facteurs qui rendent le travail irréductible à une désutilité.

L'expérience du travail n'en est pas moins une expérience de l'*effort*, celle d'un effort en vue d'un résultat différé, ce qui la distingue des expériences « consommatoires » [5]. Le travail est une dépense d'énergie et il s'agit d'orienter l'énergie dépensée de manière appropriée pour atteindre

1. EN, p. 122, LW 1, p. 102.

2. Comme le souligne notamment P. Steiner dans *Désaturer l'esprit. Usages du pragmatisme*, Paris, Questions théoriques, 2019, chap. IV.

3. EN, p. 121-122, LW 1, p. 101.

4. EN, p. 127, LW1, p. 105.

5. EN, p. 122, LW 1, p. 101.

des fins. Dans le cours de 1926, Dewey définit ainsi le travail comme une dépense d'énergie qui permet de satisfaire des besoins [1]. À la dépense d'énergie correspond l'*expérience* de l'effort, et pour que la dépense d'énergie puisse satisfaire des besoins, il faut que l'effort soit efficacement orienté vers des fins non immédiates, ce qui suppose qu'il soit régulé par une *attention*. Cette conjonction de l'effort continu et de l'attention destinée à réguler une activité dans laquelle les moyens mis en œuvre ne permettent pas d'atteindre immédiatement le résultat visé définit la *discipline* :

> L'intervalle entre l'état de chose incomplet donné et la réalisation désirée exige un effort de transformation, une attention et une patience constantes. Cette attitude est ce qu'on entend pratiquement par volonté. La discipline, ou développement de la capacité d'attention constante, en est le fruit [2].

Si l'effort et l'attention sont déterminants, c'est donc d'une part que le travail est une *activité intentionnelle* (au sens où il est structuré par la visée d'une fin), et d'autre part que le rapport entre moyens et fin n'est pas aussi immédiat que dans d'autres activités (comme par exemple dans le jeu) :

> Comme le jeu (*play*), le travail signifie activité intentionnelle ; il en diffère, non en ce que l'activité est subordonnée à un résultat extérieur, mais par le fait que le cours de l'activité est réclamé par l'idée d'un résultat plus long. Il y faut une plus grande attention continue et davantage d'intelligence dans le choix et la formation des moyens [3].

L'activité de travail est donc la mise en œuvre des moyens permettant d'atteindre un objectif. La poursuite de cet objectif peut être régulée par l'habitude aussi bien que par la réflexion. C'est dans ce second cas seulement que l'intentionnalité dépend d'une représentation mentale du but à atteindre ; dans le premier cas, elle ne relève que d'une intentionnalité pratique dans laquelle la position de la fin reste tacite ou précognitive. Il peut sembler paradoxal de souligner l'importance de l'attention continue, c'est-à-dire d'une dimension cognitive de l'expérience du travail, tout en affirmant que l'intentionnalité reste tacite. Mais il n'y a là aucune

1. J. Dewey, « Political Philosophy. 1926 », CL 2, p. 2682 : « Il y a toujours d'autres phases, qui toujours se répètent, au cours desquelles il y a dysharmonie entre l'organisme et son environnement, et elle s'exprime dans l'existence de besoins. Il doit toujours y avoir des ressources à disposition. Alors, il y a des besoins ou des désirs qui conduisent à cette dépense d'énergie que nous appelons travail, et qui a pour conséquence, par l'intermédiaire des ressources à disposition, l'équilibre est dans une certaine mesure restauré ».

2. DE, p. 222, MW 9, p. 144-145. Sur le rapport entre travail et discipline, voir aussi E, p. 243, LW 7, p. 207.

3. DE, p. 291, MW 9, p. 212.

contradiction. En effet, l'attention porte sur les moyens à employer pour atteindre la fin, et non sur la fin elle-même. Ce n'est que dans les situations où la mise en œuvre des moyens est mise en échec que la fin poursuivie sera explicitement thématisée, ou deviendra cognitive. La conscience explicite de la fin servira alors de moyen de résolution du problème : elle servira à déterminer par quel usage alternatif des moyens d'action à disposition il est possible d'atteindre cette fin (imaginons un menuisier qui se demande comment remplacer une pièce qui s'avère défectueuse tout en conservant le plan initial), ou quel type de changement d'objectif doit résulter d'une modification des ressources disponibles (imaginons par exemple un menuisier cherchant à déterminer quel usage il pourrait faire de matériaux dont le caractère défectueux a mis en échec le plan initial).

Que le travail ne soit pas seulement une activité guidée par des *habitudes pratiques* mais aussi par la *réflexion* s'explique par le fait que l'agencement efficace des moyens et des fins, y compris dans le cas d'un expert ayant incorporé des compétences techniques très élaborées dans des habitudes efficaces, se présente toujours par moments comme un problème à résoudre. Il est significatif que Dewey prenne parfois l'exemple de la réflexion confrontée à de tels problèmes techniques pour expliquer la nature de l'intelligence, comme dans cet autre extrait de *Démocratie et éducation* que nous citerons longuement car il fournit une illustration de la précision de la phénoménologie du travail pratiquée par Dewey :

> Vous êtes occupé à un travail, disons à taper à la machine. Si vous êtes un expert, l'habitude se charge des mouvements physiques et vous laisse libre de vous concentrer sur le sujet. Supposons cependant que vous ne soyez pas très habile ou que, si vous l'êtes, votre machine ne marche pas bien. Il vous faut alors utiliser votre intelligence. Vous ne désirez pas frapper les touches au hasard, quelles que soient les conséquences ; vous désirez taper certains mots dans un ordre donné pour qu'ils aient un sens. Vous faites attention aux touches, à ce que vous avez écrit, à vos mouvements, au ruban ou au mécanisme de la machine. Mais vous ne faites pas attention indifféremment à n'importe quel détail ou à tous les détails d'une manière désordonnée. Vous concentrez votre attention sur ce qui a de l'importance pour la poursuite effective de votre tâche. Vous prévoyez et vous prenez soin de noter les faits existants parce qu'ils contribuent à la réalisation du résultat projeté. Vous devez déterminer les moyens dont vous disposez, les conditions données et les difficultés et obstacles. Cette prévision et cet examen en relation avec ce qui est prévu constituent l'intelligence [...]. Sauf si on écrit comme un phonographe parle, il y a intervention de l'intelligence, c'est-à-dire vigilance dans la prévision des diverses conclusions

> vers lesquelles les données et les considérations présentes tendent, en même temps qu'observation et mémorisation continuellement renouvelées pour saisir le processus qui conduit aux conclusions à atteindre. Toute cette attitude est empreinte du souci pour ce qui va être et pour ce qui est dans la mesure où il entre dans le mouvement qui conduit vers la fin [1].

L'activité de travail consiste donc en une activité dans laquelle un sujet doit *engager son intelligence* pour prévenir et faire face aux problèmes techniques qui peuvent survenir dans le cours de sa propre action. Dewey ajoute qu'il convient également d'y engager son intelligence pour anticiper et résoudre les problèmes liés à des facteurs extérieurs à l'agencement technique des moyens et des fins, notamment ceux qui sont liés à l'interaction avec autrui dans les situations de travail. En effet, le travail est aussi une activité dans laquelle on *participe* à un ensemble d'interactions :

> Les activités qu'exerce une personne, intelligemment ou non, ne sont pas sa propriété exclusive ; il s'agit de choses dans lesquelles *elle s'engage* et *participe* (*something in which he engages and partakes*). D'autres choses, les changements indépendants des autres choses ou des autres personnes, interviennent pour aider ou entraver ces actions [2].

Qu'une action dans laquelle on s'engage soit également une interaction à laquelle on participe, ou qu'une action soit toujours une co-action, voilà certes un principe général de la théorie deweyenne de l'action parfois désigné comme le « principe de l'activité partagée » (*principle of shared activity*) [3], et non une caractéristique spécifique des activités de travail. Ce principe général nous apprend néanmoins quelque chose de décisif concernant le travail : *le travail* n'est pas seulement *une activité technique* mais aussi une activité *expressive et sociale* [4]. Que le travail ne soit pas qu'une activité technique, mais aussi *expressive* (relative aux « relations entre l'homme et son travail ») et sociale (relative à la signification sociale de l'activité), c'est l'une des thèses qui commande, déjà en 1916, la critique deweyenne de la soi-disant « organisation scientifique du travail ». Cette dernière repose sur une conception unilatérale du travail et de la science

1. DE, p. 215-216, MW 9, p. 138.
2. DE, p. 216-217, MW 9, p. 139.
3. DE, p. 94, MW 9, p. 18.
4. Que le travail soit tel, c'est ce que différentes approches contemporaines du travail, développées dans des perspectives ergonomiques, psychologiques et sociologiques conduisent à penser et dont les implications normatives sont non négligeables ; voir à ce propos J.-P. Deranty, « Expression and Cooperation as Norms of Contemporary Work », *in* J.-P. Deranty, N. Smith (dir.), *New Philosophies of Labour : Work and the Social Bound*, Leiden, Brill, 2012, p. 151-179.

dont les sources sont à chercher dans la partialité des intérêts sociaux qui la motivent :

> On parle beaucoup de l'organisation scientifique du travail. C'est une conception étroite qui restreint la science à ce qui permet aux muscles d'être efficaces. La science devrait surtout contribuer à faire découvrir les relations existantes entre l'homme et son travail – y compris les relations avec les autres hommes qui y participent – qui mobiliseront intelligemment son intérêt pour bien faire ce qu'il fait. L'efficacité de la production exige souvent la division du travail. Mais cette dernière se réduit à une routine mécanique si les ouvriers ne voient pas les relations techniques, intellectuelles et sociales qui sont impliquées dans ce qu'ils font et n'accomplissent pas leur travail poussés par la motivation que ces perceptions leur fournissent. La tendance à considérer l'efficacité de l'activité et l'organisation scientifique du travail comme des facteurs externes purement techniques montre la stimulation unilatérale de la pensée chez les dirigeants de l'industrie – ceux qui en déterminent les objectifs. Du fait de l'absence d'un intérêt social complet et équilibré, il n'y a pas d'incitations suffisantes pour prêter attention aux relations et aux facteurs humains dans l'industrie. L'intelligence se réduit aux facteurs concernant la production technique et la commercialisation des biens [1].

La dimension technique du travail relève de l'efficacité de l'agencement des moyens et des fins et cette dimension ne doit certes pas être négligée. Elle comporte une dimension normative qui est liée à une attente spécifique associée au travail que Veblen désignait sous le concept d'« instinct du travail bien fait » (*instinct of workmanship*) [2] – un concept repris à son compte par Dewey [3], notamment lorsqu'il évoque ici « l'intérêt [du travailleur] pour bien faire ce qu'il fait » et lorsqu'il affirme que « nul n'aime faire ce qu'il ne sait faire qu'à moitié » (*no one cares for what one cannot half*

1. DE, p. 167, MW 9, p. 91.

2. T. Veblen, « The Instinct of Workmanship and the Irksomeness of Labor », *American Journal of Sociology*, vol. 4, n°2, 1898, p. 187-201 ; *The Instinct of Workmanship and the State of the Industrial Arts*, New York, The Macmillan Company, 1914.

3. Sur le rapport de Dewey à Veblen, voir R. Tilman, « John Dewey as User and Critic of Thorstein Veblen Ideas », *Journal of the History of Economic Thought*, vol. 20, n°2, 1998, p. 145-160. Le fait que Dewey ait beaucoup emprunté à Veblen (les concepts d'« instinct of workmanship », de « leisure class », de « machine age », de « pecunary culture », la problématique du « cultural lag » et du « sabotage » de la production par le capitalisme, la critique des « vested interests », etc.), ne doit pas dissimuler les divergences théoriques et politiques qui existent entre eux. Sur ces dernières, voir R. Tilman, « Dewey's Liberalism versus Veblen's Radicalism : A Reappraisal of the Unity of Progressive Social Thought », *Journal of Economic Issues*, vol. 18, n°3, 1984, p. 745-769 et A. Le Goff, *Pragmatisme et démocratie radicale*, Paris, CNRS éditions, 2019, p. 121-135.

do)[1]. Nous l'avons déjà noté, la dimension technique du travail est indissociable de celle de l'usage plus ou moins excellent des outils et instruments à disposition, de leur usage avec plus ou moins d'art. L'idée d'instinct du travail bien fait désigne la propension que nous avons de faire le meilleur usage possible des instruments d'action à notre disposition, et plus généralement à résoudre avec art, c'est-à-dire avec intelligence, les problèmes de compatibilité des différentes contraintes techniques qui entrent dans l'activité. La psychologie du travail contemporaine en a souligné toute l'importance et toute la charge normative qu'elle a pour les travailleurs[2].

Mais l'intérêt qui s'attache à la dimension technique de l'activité ne définit qu'une dimension de l'engagement subjectif dans le travail. S'y ajoute la dimension expressive qui comporte deux aspects. Le premier concerne l'intérêt d'un travailleur pour le contenu de son activité. Il a été souvent remarqué que les activités productives présentent plus ou moins d'intérêt suivant qu'elles conduisent à développer des compétences plus ou moins riches, qui font plus ou moins sens pour les travailleurs concernés, de même qu'elles laissent aux travailleurs plus ou moins marge de manœuvre et d'initiative, et plus ou moins de place aux tentatives de résolution des problèmes rencontrés[3]. On sait par ailleurs que parmi les différentes activités associées à un même travail, les unes ou les autres peuvent avoir plus ou moins d'intérêt selon que le travailleur y valorise telle ou telle des compétences qu'il y développe ou tel ou tel des objectifs qu'il y poursuit[4]. L'activité de travail réduite au simple labeur est l'exemple même d'une activité dénuée d'intérêt, ce qui explique qu'elle reste insatisfaisante, même lorsqu'elle donne le sentiment du travail bien fait. Il est tout aussi incontestable que lorsque l'activité présente de l'intérêt aux yeux du travailleur, il lui sera plus facile de bien faire son travail :

> Les patrons n'embauchent pas des ouvriers qui ne s'intéressent pas à ce qu'ils vont faire. Si l'on consultait un avocat ou un médecin, il ne viendrait à l'esprit de personne de penser que l'avocat ou le médecin ferait d'autant plus consciencieusement son travail qu'il trouvera sa tâche désagréable et ne la ferait que par devoir[5].

1. DE, p. 410, MW 9, p. 327.
2. Voir par exemple Y. Clot, « L'aspiration au travail bien fait », *Le journal de l'école de Paris du management* 99, 2013, p. 23-28.
3. Voir par exemple R. Lane, *The Market Experience*, Cambridge, Cambridge University Press, 1991, p. 241-242.
4. A. Bidet, *L'engagement dans le travail*, *op. cit.*
5. DE, p. 214, MW 9, p. 136.

Toutefois, même lorsque le travail est dénué d'intérêt, il garde une dimension expressive, liée au problème de l'appropriation de l'activité. Le deuxième aspect de la dimension expressive du travail est lié, en effet, au problème général de l'appropriation de notre propre activité. De même que dans *Démocratie et éducation*, Dewey affirme que « l'intérêt est la mesure de l'emprise [...] qu'exerce la fin projetée sur celui qui la projette pour le pousser à agir pour la réaliser » [1], de même, il affirme dans *Human Nature and Conduct* que « le "moi" ne peut exister sans le "mien" » [2]. Le problème général de l'appropriation de notre propre activité et des moyens de cette activité, problème dont l'importance psychologique a été soulignée par d'autres que Dewey [3], se pose sous des formes spécifiques dans les activités de travail, d'une part en raison de la part importante de nos existences qui y est consacrée, d'autre part en raison des contraintes fortes qui souvent s'exercent sur ces activités, et parfois de manière dépersonnalisante, en les rendant d'autant plus difficilement appropriables subjectivement, sans pour autant que l'effort d'appropriation ne puisse disparaître, car c'est alors le moi lui-même qui serait en danger. Les phrases qui suivent la dernière citation posent bien le problème :

> Même le travailleur de l'industrie moderne où la dépersonnalisation atteint des proportions extrêmes peut avoir « sa » machine et est perturbé par le changement. La possession forme et consolide le « moi » des philosophes. Par conséquent, « je possède donc je suis » exprime davantage de vérité psychologique que le « je pense donc je suis » de Descartes [4].

La dimension *sociale* de l'activité elle aussi est soulignée par Dewey sur un plan descriptif autant que normatif. De même que l'activité de travail comporte une dimension technique dont la contrepartie normative est le souhait de bien faire, de même que le travail comporte une dimension expressive dont la contrepartie normative est l'aspiration à s'approprier l'activité et à y trouver un intérêt, de même les travailleurs désirent participer à des activités conjointes et ils souhaitent que leur contribution au travail comme activité coopérative soit reconnue. Sur ces points également, Dewey anticipait des développements contemporains de la psychologie et de la sociologie du travail [5].

1. DE, p. 214-215, MW 9, p. 136.
2. MW 14, p. 83.
3. G. Mendel, *L'acte est une aventure*, Paris, La Découverte, 1998.
4. MW 14, p. 83.
5. Pour une synthèse, voir le dossier « Reconnaissance et travail » de la revue *Travailler* 18, 2007.

Commençons par rappeler, à ce propos, que les individus aspirent selon Dewey à participer à des activités conjointes : « dans l'ensemble, [les individus] sont désireux, pour la plupart, de participer aux activités des autres, de prendre part aux activités conjointes et coopératives (*taking part in conjoint and cooperative doings*) ; autrement, toute communauté serait impossible » [1]. Cette supériorité du sens et de la valeur de l'activité partagée, en d'autres termes de la coopération, par rapport à l'activité isolée, conduit à critiquer certaines formes de division du travail, comme celle qui est propre à la manufacture d'épingle rendue célèbre par Smith :

> Au cours de sa fabrication, une épingle peut passer entre les mains de beaucoup de personnes. Mais chacune peut remplir sa tâche sans savoir ce que font les autres, ni se référer à leur travail. Chacune d'elles peut agir simplement pour un résultat séparé – son propre salaire. Il n'y a, dans ce cas, aucune conséquence commune à laquelle les actes séparés se réfèrent, et par conséquent, aucune association authentique, en dépit de la juxtaposition et en dépit du fait que leurs actes respectifs contribuent à un résultat unique [2].

Cependant, même dans ce type de division de travail, le travail reste une forme de coopération qui suscite chez l'ouvrier une volonté de voir sa contribution à la coopération reconnue. Dans l'article « Psychology and Work », Dewey commente à ce propos une lettre dans laquelle un ouvrier lui décrit la frustration qui caractérise son expérience du travail taylorisé. De l'analyse de cette lettre, il déduit à la fois une critique des conditions de travail les plus répandues dans l'industrie et l'idée que le travail pourrait être organisé plus efficacement si les ouvriers obtenaient des formes de reconnaissance plus satisfaisantes. De nouveau, il est significatif que ce soit à partir du travail qu'il formule le principe général suivant :

> C'est le penchant le plus profond (*the deepest urge*) pour tout être humain de sentir qu'il compte pour quelque chose pour les autres êtres humains et qu'il soit reconnu par eux comme comptant pour quelque chose (*receives a recognition from them as counting for something*) [3].

Nous avons cherché dans ce qui précède à faire apparaître la richesse de la définition deweyenne du travail. Précisons que la caractérisation des spécificités de l'activité de travail qui vient d'être proposée participe d'une conception extensive du travail entendu alors comme « work ». Comme il l'explique dans *Interest and Effort in Education*, on gagne à entendre ce

1. DE, p. 104, MW 9, p. 28.
2. DE, p. 51, MW 9, p. 35.
3. LW 5, p. 239.

terme en un sens large, recouvrant des activités qui ne poursuivent pas nécessairement des fins socialement utiles à l'échelle macro-sociale (l'enfant peut travailler à produire des objets sans pour autant s'inscrire dans la division sociale du travail), et qui peuvent être orientées vers des fins socialement utiles sans relever nécessairement de l'emploi rémunéré. Quant à l'emploi rémunéré, il se distribue dans des activités pouvant différer aussi bien par le fait qu'elles sont plus ou moins routinières et intéressantes, jusqu'à prendre la forme du simple « labeur » (*toil*) et de la seule « corvée » (*drudgery*). On remarquera que chez Dewey, le terme « labor » désigne non pas l'activité professionnelle en général, mais l'activité professionnelle qui est assez dénuée d'intérêt intrinsèque, ou assez pénible, pour que sa récompense externe (notamment par le salaire) devienne sa motivation prédominante :

> Il n'y a pas de meilleur terme que *travail* (*work*) pour désigner les actes consistant à utiliser des moyens intermédiaires, ou des appareils, afin d'atteindre des fins. Quand il est employé de cette manière, cependant, le terme travail (*work*) doit être distingué de l'activité rémunérée sans intérêt (*labor*) de même que du labeur (*toil*) et de la corvée (*drudgery*). L'activité rémunérée sans intérêt (*labor*) désigne une forme de travail (*work*) dans laquelle le résultat obtenu n'a de valeur qu'en tant que moyen d'échange contre quelque chose d'autre. Il s'agit d'un terme *économique* qui est appliqué à cette forme de travail qui produit des biens qui sont vendus, tandis que l'argent obtenu sert à acheter des objets ayant une valeur plus directe. Le labeur (*toil*) implique une difficulté plus grande que la moyenne dont résulte de la fatigue. La corvée (*drudgery*) est une activité qui en elle-même est désagréable et qui n'est effectuée que sous la pression d'un besoin extérieur [1].

On retrouvera une définition analogue du travail dans « Psychology and Work ». Dewey y distinguera de nouveau le travail (*work*), comme genre, et l'activité salariée pénible (*labor*), comme espèce, tout en soulignant de nouveau que l'activité de travail peut être source de satisfaction intrinsèque, mais aussi se réduire à une cause de souffrance lorsqu'elle prend la forme de la corvée. Comprenons qu'en tant qu'activité supposant effort et discipline, tout travail implique une forme de déplaisir, sauf peut-être dans les rares activités où le travail est effectué avec passion (comme chez l'artiste). Il ne doit pas pour autant être identifié à un pur déplaisir, ou à une « désutilité », comme dans l'économie néoclassique. C'est seulement dans le cas de la

1. MW 7, p. 189.

corvée que l'activité de travail correspond à sa définition néoclassique. Dans ce qui était initialement une conférence, Dewey s'exprime ainsi :

> J'ai toujours été perplexe et mis au défi par la largeur de la gamme des activités auxquelles le terme « travail » (*work*) peut être appliqué. Il peut désigner la dépense joyeuse et volontaire d'énergie, entreprise de tout cœur par des personnes comme des artistes, des chercheurs scientifiques et par bien d'autres dans beaucoup de professions ; mais il peut également désigner ce que nous appelons activité professionnelle sans intérêt (*labor*), où la dimension de la souffrance (*pain*) et du sacrifice, tout ce que les économiques appellent un « coût », est marquée, bien que, dans l'ensemble, l'activité semble dotée de sens. Puis encore, le terme travail peut désigner ces activités monotones, mécaniques, sommaires, que nous appelons labeur (*toil*) et corvée (*drudgery*), dans lesquelles les personnes s'engagent non pas parce qu'elles le veulent, mais seulement en raison d'une contrainte externe[1].

Que la conception du travail comme désutilité, associée dans l'économie politique classique et l'économie néoclassique à la thèse que l'activité de travail est toujours motivée par des satisfactions externes soit erronée, c'est également un point souligné dans *Human Nature and Conduct*. Dewey y critique une nouvelle fois « l'identification du travail (*work*) avec l'activité professionnelle sans intérêt (*labor*) » :

> Dans la théorie économique, on a entendu par activité professionnelle (*labor*) quelque chose de pénible, quelque chose de si désagréable ou « coûteux » que tout individu l'évite s'il le peut, et ne s'y engage qu'en raison de la promesse d'un gain compensatoire. Ainsi la question que nous devons considérer est celle des conditions sociales qui font du travail productif (*productive work*) un labeur (*toil*) dénuée d'intérêt. Pourquoi la psychologie du travail d'industrie est-elle si différente de celle de l'inventeur, de l'explorateur, de l'artiste, du sportif, du chercheur scientifique, du médecin, de l'enseignant ? Dans ces dernières activités professionnelles, l'activité n'est pas un tel fardeau et un tel sacrifice qu'on ne pourrait s'y engager qu'en raison d'un espoir de récompense ou de la peur d'une perte[2].

Que le travail ne soit pas seulement souffrance, c'est déjà ce que Marx soutenait contre Smith, tout en récusant également qu'il puisse être pur plaisir[3]. Que le travail ne soit pas seulement désutilité, comme l'affirment les néoclassiques, c'est ce que Veblen soulignait lui aussi en expliquant que l'« instinct of workmanship » s'exprime dans le plaisir d'avoir bien

1. LW 5, p. 234.
2. MW 14, p. 86.
3. K. Marx, *Manuscrits de 1857-1858* („*Grundrisse*"), Paris, Éditions sociales, 1980, t. 2, p. 101-102.

fait son travail[1]. Dewey les suit sur ce point tout en faisant du travail intéressant une exigence normative qui condamne la société contemporaine et la manière dont elle organise les activités productives – affirmation difficile à comprendre tant qu'on ne la réfère pas à l'idée d'une centralité psychologique et sociale du travail :

> On nous trouvera peut-être dur si nous disons que le plus grand mal du régime actuel n'est pas la misère et la souffrance qu'il entraîne, mais le fait que tant de gens font des métiers qu'ils n'aiment pas, uniquement pour la rémunération qu'ils en tirent. En effet, de tels métiers suscitent constamment le dégoût, la mauvaise volonté et le désir d'évasion. Les hommes qui les font n'ont ni le cœur ni la tête à l'ouvrage[2].

Si l'on ne réduit pas le travail à la corvée, c'est-à-dire à l'activité dénuée de sens et de satisfaction intrinsèque, les oppositions du travail et de l'action (comme *praxis*), du travail et de l'art, de même que du travail et du jeu, et plus généralement encore du travail et du loisir doivent être relativisées. Considérons-les successivement.

TRAVAIL/ACTION, TRAVAIL/ART, TRAVAIL/JEU, TRAVAIL/LOISIR

Dès sa naissance avec Aristote, la théorie philosophique de l'action a abordé le travail au prisme de dichotomies qui lui conféraient un rang inférieur. Au dualisme aristotélicien de la *poèsis* (production) et de la *praxis* (action), qui exprimait la dévalorisation de la vie professionnelle au profit de la poursuite des fins les plus hautes, s'ajoutèrent ensuite les oppositions du travail à l'art et au jeu. L'opposition de la *poèsis* et de la *praxis* mérite une attention toute particulière non pas seulement par l'effet durable qu'elle a produit sur les manières philosophiques de dévaloriser le travail comme figure paradigmatique de la *poèsis*, mais aussi parce qu'elle est solidaire de deux opérations que Dewey s'efforce précisément de récuser : la première souligne que seule la *praxis* est action au sens plein et entier du terme, la seconde situe dans l'instrumentalité de la *poèsis* les raisons pour lesquelles elle n'est pas action pleine et entière. Commençons donc par rappeler le sens aristotélicien de cette distinction[3].

1. T. Veblen, « The Instinct of Workmanship and the Irksomeness of Labor », *American Journal of Sociology*, *op. cit.* ; *The Instinct of Workmanship and the State of the Industrial Arts*, *op. cit.*
2. DE, p. 410, MW 9, p. 326-327.
3. Pour rendre le sens de cette distinction plus complexe qu'on ne l'affirme généralement, on peut s'appuyer notamment sur D. Charles, *Aristotle's Philosophy of Action*, London, Duckworth, 1984, O. Balaban, « Praxis and Poesis in Aristotle's practical philosophy »,

Posée comme axiomatique, à deux reprises dans les chapitres II et IV du livre VI de l'*Éthique à Nicomaque*, la distinction de ces deux types d'agir est établie du point de vue du rapport aux fins et de la valeur de l'agir. Du point de vue du rapport aux fins, la *praxis* se distingue de la *poèsis* en ce qu'elle a sa fin en elle-même. Que la *praxis* ait sa fin en elle-même, cela doit en fait être entendu en deux sens : au sens où la fin de la *praxis* est interne et au sens où la *praxis* poursuit les plus hautes fins qui puissent être poursuivies dans le domaine pratique. Premièrement, relèvent donc du domaine de la *praxis* tous les comportements qui sont leur propre fin au sens où ils n'ont pas pour fonction d'atteindre un objectif externe à ce comportement. Alors que la production d'un objet d'usage relève de la *poèsis*, l'usage de cet objet relève de la *praxis* dès que sa fin lui est immanente, même si cet usage peut être analysé par référence à une fin plus haute. Par exemple l'action de gouverner un bateau peut être subordonnée à des fins de navigation commerciale ou guerrière; elle n'en reste pas moins une *praxis*. Deuxièmement, le domaine de la *praxis* se caractérise par le fait qu'on peut y poursuivre des fins qui, parce qu'elles sont les plus hautes, ne sont elles-mêmes les moyens d'aucune autre fin. C'est en ce second sens que la *praxis* vertueuse est l'action par excellence, l'action la plus noble, et que la *praxis* vertueuse est le paradigme de la *praxis*. Non seulement la fin de l'action vertueuse est l'action vertueuse, puisqu'on agit vertueusement pour être vertueux, mais en outre cette action se suffit à elle-même au sens où elle ne peut être ravalée au rang de moyen d'aucune fin supérieure.

Quant à la *poièsis*, c'est également en plusieurs sens qu'elle n'a pas sa fin en elle-même. L'idée générale est bien que la fin de la production n'est pas le processus de production mais le produit. Mais cette idée est associée à une double opposition : celle des moyens et des fins, celle du producteur et du produit. La première de ces deux oppositions renvoie à la temporalité de la production. Cette dernière ne se poursuit que jusqu'à ce que son objectif, sa fin, soit atteint; dès qu'il est atteint, l'activité cesse. Le propre de la production est donc une disjonction temporelle entre les moyens de l'activité et sa fin. La mise en œuvre des uns implique la non-existence de l'autre. Inversement, la réalisation de la fin suppose que les moyens cessent d'être mis en œuvre. Cette première scission interne à la production en implique une deuxième, celle du producteur qui met en œuvre les moyens, et du produit qui, une fois achevé, existe indépendamment du producteur

The Journal of Value Inquiry 24, 1990, p. 185-198; C. Natali, « Actions et mouvements chez Aristote », *Philosophie* 73, 2002, p. 12-35; G. Cambiano, « La *tekhnê* dans l'*Éthique à Nicomaque* », dans G. Romeyer Dherbey, G. Aubry (dir.), *L'excellence de la vie. Sur* l'Éthique à Nicomaque *et l'*Éthique à Eudème *d'Aristote*, Paris, Vrin 2002, p. 160-177 et P.-M. Morel, *Aristote. Une philosophie de l'activité*, Paris, Garnier-Flammarion, 2003.

et ne peut accomplir sa fin propre que par l'intermédiaire d'une activité indépendante de la production, l'activité de ceux qui en feront usage [1]. Dans l'esprit d'Aristote, ces deux oppositions, du moyen et de la fin, de l'artisan et du produit, n'en font qu'une, car l'activité de l'artisan n'est elle-même qu'un moyen [2].

Alors que la *praxis* vertueuse, action par excellence, a sa complétude en elle-même, qu'elle se suffit à elle-même et tire sa valeur d'elle-même, au contraire, la *poèsis* ne vaut que par ce qu'elle produit. Elle n'a pas de valeur intrinsèque puisque sa valeur dépend de la valeur de son produit et que cette valeur s'atteste dans une autre activité qui peut relever de la *poèsis* (un artisan peut faire usage d'un matériau ou d'un outil produit par un autre artisan) ou de la *praxis* (par exemple lorsqu'un objet d'usage est utilisé à des fins politiques). D'où une très forte dévalorisation de la vie de ceux qui se spécialisent dans la *poèsis*, comme les artisans, dont l'ensemble de l'existence se voit dotée d'une valeur instrumentale. La *poèsis* ne peut pas être désirée pour elle-même, et on désirerait plutôt l'éviter si l'on n'avait pas besoin des produits de cette activité. Elle est ignoble ou vile [3].

Retenons de cet excursus aristotélicien que la thèse suivant laquelle la *poèsis* n'a pas de fin intrinsèque signifie que les activités de production ne peuvent avoir de sens et de valeur par elles-mêmes, et qu'elle est solidaire d'une part d'une opposition des moyens aux fins, d'autre part d'une dévalorisation des moyens par rapport aux fins, et enfin d'une dévalorisation des fins relatives par rapport aux fins absolues. La force de la position défendue par Dewey tient au fait qu'il ne se contente pas de critiquer la dévalorisation de la *poèsis* mais s'attache aussi à déconstruire les différents éléments de la conception aristotélicienne du rapport entre moyens et fins.

1. Aristote, *Éthique à Nicomaque*, VI, 2, 1139a35-b4 : « Tout ouvrier (*poiôn*) produit en vue d'une fin et l'objet produit (*poiêton*) n'est pas une fin au sens absolu (*haplôs*) mais seulement une fin relative (*pros ti*) et d'une chose déterminée. Au contraire, l'objet de l'action est fin au sens absolu. Car c'est l'action heureuse (*eupraxia*) qui est fin et c'est cette fin que le désir a pour objet », trad. fr. G. Cambiano, « La *tekhnê* dans l'*Éthique à Nicomaque* », dans G. Romeyer Dherbey, G. Aubry (dir.), *L'excellence de la vie. Sur* l'Éthique à Nicomaque *et l'*Éthique à Eudème *d'Aristote*, p. 165.

2. Aristote, *Les politiques*, trad. fr. P. Pellegrin, Paris, Flammarion, 2015, VII, 8, 1328 a 27-35 : « Quand on a d'un côté un moyen, et de l'autre une fin, il n'y a rien de commun entre eux, si ce n'est que l'un accomplit une action que l'autre subit. Je veux dire, par exemple, la relation de tout instrument et des ouvriers au produit fini. Car entre une maison et son constructeur il n'y a rien qui ne soit commun, mais c'est en vue de la maison que l'art des constructeurs existe ».

3. *Ibid.*, VII, 9, 1328b39-1329a2 : « Les citoyens ne doivent mener la vie ni d'un artisan, ni d'un marchand, car une telle vie est vile et contraire à la vertu, et ceux qui sont destinés à devenir citoyens ne seront pas non plus paysans car il faut du loisir tant pour développer la vertu que pour les activités politiques ».

Il résulte de la définition du travail que nous avons examiné dans la section précédente que ce dernier peut consister en une activité comportant sens et valeur intrinsèques. C'est seulement lorsque l'organisation du travail impose que cette activité se réduise à une corvée, c'est-à-dire que les travailleurs ne puissent associer d'intérêt intrinsèque à leur activité professionnelle, que le travail se réduit pour eux effectivement à un moyen d'atteindre des fins extérieures : l'absence de punition (dans l'esclavage), des biens de subsistance ou un salaire [1]. Inversement, lorsque le travail ne se réduit pas à une corvée ou à une routine dénuée d'intérêt, il entre mal sous l'opposition de la *praxis* et de la *poèsis*, comme le suggère Dewey en concluant son analyse des rapports entre travail et jeu :

> Il convient cependant de se demander pourquoi l'on soutient couramment l'idée que le travail implique la subordination d'une activité à un résultat matériel ultérieur. La forme extrême de cette subordination, n'importe quelle corvée par exemple, fournit un élément de réponse. L'activité exercée ainsi sous pression ou sous contrainte n'est pas exercée parce que l'activité a un sens. Le cours de l'action n'est pas intrinsèquement satisfaisant : c'est un simple moyen d'éviter un châtiment ou d'obtenir une récompense [...]. Dans des conditions économiques d'asservissement, cet état de chose est inévitable [...]. Or la fin devrait faire partie intrinsèque de l'action, elle devrait être *sa* fin – un élément de son déroulement [2].

Lorsque les activités de travail ne se réduisent pas à des corvées et qu'elles comportent un intérêt intrinsèque, elles deviennent d'une certaine manière porteuses de leur propre fin, de sorte qu'elles ne correspondent plus exactement à ce qu'Aristote entendait par *poèsis*, sans pour autant correspondre à ce qu'il entendait par *praxis*, puisqu'elles consistent bien en une mise en œuvre de moyens en vue d'une production et non en des activités poursuivant une fin immanente. La spécificité des activités de travail, qui les rend certes incompatibles avec la conception aristotélicienne de la *praxis*, tient au fait que le rapport des moyens aux fins comporte une certaine forme d'extériorité : on ne produit pas pour produire comme on agit vertueusement pour être vertueux. Mais cette extériorité doit être pensée autrement que chez Aristote.

1. Sur ces différents points, voir le chapitre XIX de *Démocratie et éducation*.

2. DE, p. 291, MW 9, p. 212. Voir aussi « Tout divorce de la fin et des moyens diminue d'autant la portée de l'activité et tend à la réduire à une corvée dont se passerait si on le pouvait. Un fermier doit utiliser ses plantes et des animaux pour mener ses activités agricoles. Sa vie est certainement différente selon qu'il les aime ou qu'il les considère comme de simples moyens qu'il doit employer pour obtenir autre chose qui l'intéresse » (DE, p. 189, MW 9, p. 113).

La dévalorisation aristotélicienne de la *poèsis* au profit de la *praxis* présuppose, comme nous l'avons noté, un dualisme des moyens et des fins, lui-même solidaire d'une identification de l'instrumental au mécanique : les moyens n'entretiennent qu'un rapport extérieur à des fins dont ils ne sont que les causes efficientes (le raisonnement téléologique du producteur ne consistant qu'en une inversion de l'enchaînement des causes efficientes [1]). Ce dualisme ainsi que cette réduction du téléologique au mécanique tombent sous la critique de Dewey. Dans le chapitre IX d'*Expérience et nature*, il présente comme décisive la différence entre les séquences cause/conséquence et moyen/fin. La première est purement mécanique alors que la seconde implique un dépassement de l'extériorité propre au rapport mécanique ainsi qu'un processus d'ajustement réciproque. Alors que le rapport des animaux non humains à leur environnement reste largement mécanique, les activités humaines sont caractérisées par la transformation des liens causaux en liens moyens/fins [2]. Cette transformation charge l'expérience de significations (au sens où la signification du moyen est définie par son usage et donc son renvoi à une fin) [3], d'intelligence (puisque c'est l'intelligence qui sélectionne dans l'environnement des éléments pouvant remplir des fonctions permettant d'atteindre les buts visés), normatif (parce que le rapport fin/moyen s'établit sur la base d'un choix des meilleurs moyens et des meilleures fins) et créatif (parce que la transformation d'un élément de l'environnement en moyen rend possible l'expérimentation de nouvelles actions) :

> Les moyens sont toujours aussi des conditions causales; mais les conditions causales ne sont des moyens que lorsqu'elles possèdent une qualité supplémentaire; à savoir celle d'être l'objet d'un usage libre, en raison de la perception de sa connexion avec une conséquence choisie [...]. Inversement, les conséquences, les fins, sont aussi des effets; mais les effets ne sont pas des fins tant que la pensée n'a pas perçu et choisi librement les conditions et les processus qui sont leurs conditions. La conception selon laquelle les moyens sont secondaires (*menial*) et les instrumentalités serviles ne consiste en rien moins qu'en une dégradation des moyens au rang de nécessité extérieure et contraignante [4].

1. Aristote, *Métaphysique*, trad. fr. J. Tricot, Paris, Vrin, 1981, t. 1, p. 381-383, Z, 7.

2. EN, p. 334-337, LW 1, p. 276-278.

3. Le propre de la relation des moyens aux fins est de conférer une signification aux moyens, alors qu'une activité qui serait purement et simplement sa propre fin serait dénuée de signification : « Quand une activité est à elle-même sa propre fin, au sens où l'action du *moment* est complète en soi, elle est purement physique ; elle n'a aucune signification » (DE, p. 290, MW 9, p. 210).

4. EN, p. 333, LW 1, p. 275.

L'idée d'un dépassement de l'extériorité de la relation cause/conséquence dans la relation moyen/fin comporte une dimension descriptive et une dimension évaluative. D'une part, elle décrit une caractéristique générale de toute action dès qu'elle présente un minimum d'intérêt : ses fins y sont présentes dans ses moyens. On touche ici à l'une des caractéristiques les plus originales de la théorie de l'action de Dewey : son orientation présentiste[1]. L'idée centrale de ce présentisme est que dans la plupart des actions, les sujets sont tout à leur action; ils la vivent au présent, et non comme un moyen d'atteindre une situation représentée comme non existante. Les fins poursuivies sont présentes dans les moyens mis en œuvre (auxquelles elles confèrent valeur et signification) et non pas représentées comme des objectifs qui ne seront atteints que dans un futur. C'est précisément en prenant l'exemple de l'activité de travail que Dewey illustre cette présence des fins dans les moyens :

> Pour une personne construisant une maison, la fin en vue (*end in view*) n'est pas qu'un but distant et final qui serait enfin atteint après qu'un nombre suffisamment important de mouvements imposés auront été accomplis correctement. La fin-en-vue est un plan qui est opératoire *de manière contemporaine* dans la sélection et l'arrangement des matériaux. Ces derniers, briques, pierre, bois et mortier ne sont des moyens que pour autant que la fin en vue s'incarne actuellement en eux, en leur donnant forme. Ils *sont* littéralement la fin dans sa forme actuelle de réalisation. La fin en vue est présente à chaque étape du processus; elle est présente en tant que signification des matériaux utilisés et des actes accomplis; sans sa présence formatrice, ces derniers ne seraient en aucun cas des « moyens », ils seraient simplement des conditions causales extrinsèques[2].

D'autre part, l'idée d'une intériorité du rapport moyen/fin vise à distinguer deux types de fins, dotées de valeurs différentes : celles qui se modifient dans le processus de mise en œuvre des moyens, et celles qui contraignent l'action de l'extérieur à la manière d'un devoir-être abstrait, en lui interdisant par là même de se réajuster aux modifications des contextes impliqués dans son développement. Les bonnes fins sont prises dans des processus de révision initiés par la nature des moyens susceptibles d'être mis en œuvre dans l'action présente; ce ne sont pas des fins absolues et inflexibles, dont la valeur serait supposée indépendante des moyens de les poursuivre, mais

1. À ce propos, voir H. Joas, *La créativité de l'agir*, trad. fr. P. Rusch, Paris, Cerf, 1999, p. 162-167.

2. EN, p. 339, LW 1, p. 280.

des fins relatives et flexibles, dont la valeur dépend des moyens disponibles. Ici encore, une expérience de travail sert d'illustration :

> Un objectif doit [...] être *flexible* : il doit pouvoir être changé suivant les circonstances. Une fin établie en dehors du processus de l'action est toujours rigide. Lorsqu'elle est introduite ou imposée de l'extérieur, on ne suppose pas qu'elle ait une relation fonctionnelle avec les conditions concrètes de la situation. Ce qui arrive au cours de l'action ne permet pas de la confirmer ni de la réfuter ni de la modifier [...]. La valeur d'un objectif légitime, au contraire, réside dans le fait que nous pouvons l'utiliser pour changer les conditions. C'est une méthode pour agir sur les conditions, de façon à y effectuer les changements désirables. Un fermier qui accepterait les choses passivement, comme elles se présentent, commettrait une erreur aussi grande que s'il s'adonnait à l'agriculture sans aucune considération pour la nature du sol, les conditions climatiques, etc. [1]

Il en résulte que bien comprise, la spécificité de la relation fin/moyen implique la critique du dualisme des fins et des moyens. Non seulement, les fins sont présentes dans l'usage des moyens, voire déterminées par l'usage des moyens, mais en outre, la distinction des moyens et des fins est relative. En effet, lorsque l'usage du moyen est conforme à sa valeur de moyen, son usage devient lui-même une fin : il s'agit d'en faire le meilleur usage possible ; tandis que lorsque la fin est conforme à sa valeur de fin, elle devient un moyen : viser cette fin est le moyen de parvenir au meilleur usage des moyens d'atteindre cette fin. Dewey peut ainsi affirmer que « l'objectif est aussi nettement un *moyen* d'action que n'importe quelle partie de l'activité » [2], ou encore, que :

> L'idée externe de l'objectif conduit à une séparation des moyens et des fins alors qu'une fin qui se développe dans une activité en lui imprimant sa direction est toujours à la fois fin et moyen, la distinction n'étant qu'une affaire de commodité. Tout moyen est une fin temporaire tant qu'elle n'a pas été atteinte. Toute fin est un moyen de poursuivre l'activité [3].

De cela également le travail peut fournir une illustration : le meilleur usage de l'outil absorbe l'attention, qui ne se rapporte à la fin que comme un moyen de réguler l'usage de l'outil. L'attention et aussi, lorsque le travail ne se réduit pas à une corvée, l'intérêt du travailleur sont centrés sur l'usage actuel des outils, ce qui confère une valeur toute particulière aux outils que

1. DE, p. 188, MW 9, p. 111-112.
2. DE, p. 136, MW 9, p. 113.
3. DE, p. 135, MW 9, p. 113.

Dewey souligne lorsqu'il relève dans *La quête de la certitude* qu'« un bon artisan prend soin de ses outils »[1].

On perçoit toute la dimension normative dont Dewey leste l'idée d'agir instrumental, alors que d'Arendt à Habermas elle sert à dévaloriser la sphère du travail[2], lorsqu'il déplore que l'organisation du travail réduise le plus souvent celui-ci à une pure routine ou à une simple corvée. Dans *Individualism Old and New*, il déplore que dans la société actuelle, les machines et les produits ne soient pas conçus comme de véritables instruments, c'est-à-dire comme des moyens d'action qui appellent un usage intelligent. Le problème n'est donc pas que les normes sociales de l'ère industrielle et de la société de consommation soient trop instrumentales, mais qu'elles ne le soient pas assez !

> L'ennemi n'est pas les marchandises matérielles, mais l'absence de volonté de les utiliser comme des instruments permettant d'accomplir les possibilités préférées. Il suffit d'imaginer une société libérée de la domination de l'argent pour qu'il devienne évident que les marchandises individuelles sont des invitations au goût et au choix individuels, et des occasions pour la croissance de l'individu[3].

Nous nous sommes arrêtés longuement sur la critique du dualisme de la *praxis* et de la *poèsis* parce que le principe de sa critique commande également la critique des autres dualismes traditionnels de la théorie de l'action, et notamment celui du travail et de l'art (au sens des arts libéraux ou des beaux-arts). D'une part, du point de vue de la définition large du travail (*work*) qui est défendue par Dewey, l'artiste travaille. C'est d'ailleurs la raison pour laquelle ce qui fut ultérieurement défini comme des arts libéraux n'appartenait pas aux domaines des activités libérales dans l'antiquité grecque. Dewey peut donc de nouveau critiquer ce dualisme en se référant à Aristote qui percevait bien l'absence de solution de continuité entre travail et beaux-arts, mais en en tirant argument pour dévaloriser les beaux-arts là où Dewey y voit quant à lui une raison de revaloriser le travail :

> La distinction qu'Aristote établit entre éducation servile et éducation libérale est si tranchée qu'il range dans la même classe ce qu'on appelle maintenant les « beaux-arts » (musique, peinture et sculpture) et les arts serviles, en ce qui concerne leur aspect pratique, car ils impliquent des moyens physiques,

1. QC, p. 30, LW 4, p. 8.

2. E. Renault, « Travail et interaction. Origines et implications d'une distinction », dans I. Aubert, J.-F. Kervégan (dir.), *Dialogues avec Jürgen Habermas*, *op. cit.*

3. EP, p. 530, LW 5, p. 116.

> une pratique constante et des résultats externes. En discutant, par exemple, de l'éducation musicale, Aristote soulève la question de savoir dans quelle mesure les jeunes doivent jouer d'un instrument. Sa réponse est qu'on peut tolérer une certaine pratique et une certaine compétence dans la mesure où elles permettent de mieux comprendre et de mieux apprécier la musique lorsqu'elle est jouée par des esclaves ou des musiciens professionnels. Si l'on cherche à atteindre la perfection du musicien professionnel, alors la musique descend du plan libéral au plan professionnel [1].

D'autre part, l'opposition de l'art au travail au sens de l'activité de production de biens et services rémunérés et pénibles (*labor*) comporte elle aussi une part de contingence historique : c'est seulement dans des sociétés où le travail salarié prend la forme de routines et d'activités mécaniques que l'on peut en venir à oublier que l'activité de travail peut être la source de satisfactions esthétiques. Comprendre que le travail est une activité dans laquelle les moyens de l'activité peuvent être dotés d'une valeur intrinsèque (on peut chérir ses outils) et dans laquelle on peut viser l'excellence de leur usage conduit à rejeter l'opposition du travail et de l'art. Dewey souligne par ailleurs dans *L'Art comme expérience* que la comparaison des satisfactions esthétiques que leurs activités procurent au travailleur et à l'artiste peut être prolongée dans une comparaison des qualités esthétiques de ce qu'ils produisent l'un et l'autre :

> Le mécanicien intelligent impliqué dans son travail, cherchant à bien le faire et trouvant de la satisfaction dans son ouvrage, prenant soin de ses matériaux et de ses outils avec une véritable affection, est impliqué dans sa tâche à la manière d'un artiste. La différence entre ce travailleur et un autre qui serait incompétent, inepte et négligent, est aussi importante dans l'atelier de l'ouvrier que dans celui de l'artiste. Il arrive souvent que ce que l'ouvrier produit ne stimule pas le sens esthétique de ceux qui l'utilisent. La plupart du temps cependant, ce n'est pas tant la faute de ce dernier que celle des conditions du marché pour lequel ce produit a été fait. Si les conditions et les opportunités étaient différentes, on produirait des objets aussi signifiants à nos yeux que ceux produits par les artisans d'autrefois [2].

L'opposition du jeu et du travail doit elle aussi être critiquée. On oppose généralement le jeu (*play*) et le travail du point de vue de l'intérêt intrinsèque qui serait censé caractériser le premier contrairement au second. Or, dès que le travail n'est plus identifié à la corvée, il ne peut plus être identifié à une activité dénuée d'intérêt intrinsèque. Dewey souligne par ailleurs

1. DE, p. 344, MW 9, p. 262.
2. AE, p. 23-24, LW 10, p. 11.

que chez les enfants, les activités de travail et les activités ludiques sont difficilement dissociables. Les enfants jouent en effet à travailler, et inversement, ils pratiquent parfois leurs jeux avec les efforts et la discipline qui sont propres au travail :

> Chez des sujets très jeunes, on ne distingue pas des périodes qui soient exclusivement des périodes d'activités de jeu ou des périodes d'activités de travail. C'est plutôt une affaire d'accent. Il y a des résultats précis que même les jeunes enfants désirent et essaient d'obtenir. À défaut d'autre chose, ils y parviennent grâce à leur vif désir de participer aux occupations des autres. Les enfants veulent « aider » ; ils sont désireux de prendre part à des activités adultes qui produisent des changements tangibles : mettre la table, laver la vaisselle, aider à soigner les animaux, etc. Dans leurs jeux, ils aiment construire leurs propres jouets et instruments [...]. Il suffit d'observer la contenance des enfants qui jouent réellement pour remarquer que leur attitude est celle d'une personne sérieuse absorbée par ce qu'elle fait[1].

Tout cela conduit à penser que la distinction du jeu et du travail ne doit pas être conçue comme une distinction qualitative et absolue ; elle est quantitative et relative. Selon Dewey, cette distinction tient principalement à la durée qui sépare la mise en œuvre des moyens d'action et le résultat escompté, le rapport moyens-fins étant plus médiatisé dans le travail que dans le jeu. Comme nous l'avons déjà indiqué, cette différence temporelle engage le rôle que jouent l'effort et la discipline dans le second : « Quand on escompte des résultats passablement lointains ayant un caractère déterminé et qui demandent des efforts constants, le jeu devient un travail »[2]. D'où également la différence de l'intérêt que l'on prend au jeu et au travail :

> La différence qui les oppose [le jeu et le travail] est en grande partie une différence temporelle, qui a pour conséquence d'affecter le lien direct ou immédiat qui lie les moyens et les fins. Dans le jeu, l'intérêt est plus direct – fait qu'on indique fréquemment en disant que dans le jeu, l'activité est à elle-même sa propre fin[3].

Enfin, Dewey critique le dualisme du travail et du loisir, aussi bien au sens de l'opposition antique de l'activité professionnelle et des loisirs comme espace d'activités dotées d'une valeur intrinsèque, qu'au sens de l'opposition contemporaine de travail et des loisirs comme espace d'activités récréatives. En ce qui concerne la première opposition, qu'il discute à partir d'Aristote,

1. DE, p. 291, MW 9, p. 211.
2. DE, p. 291, MW 9, p. 212.
3. DE, p. 289-290, MW 9, p. 210.

il souligne qu'elle était pertinente dans l'Antiquité et qu'elle reste pertinente aujourd'hui quand le travail est réduit à la corvée. Aristote se référait à une situation où les activités industrieuses étaient généralement trop dénuées d'intérêt et de valeur pour préparer à des activités riches de sens comme la politique et les pratiques artistiques, et qu'elles étaient par ailleurs trop abrutissantes pour créer une disponibilité qui permette de s'engager vraiment dans de telles activités. Il ajoute que l'erreur d'Aristote est de présenter comme nécessaire ce qui n'est qu'un état de fait historique : il n'y a rien de nécessaire à ce que le travail manuel soit réduit à une activité servile ou une pure corvée et que les activités riches de sens soient réservées à une classe de loisir, comme dans l'Antiquité grecque, comme aujourd'hui encore compte tenu de faible contenu intellectuel et du caractère hautement abrutissant du travail industriel.

> Lorsqu'Aristote disait que « tout métier, toute activité artistique, toute étude est mécanique qui rend le corps, l'âme ou l'intelligence des personnes libres inaptes à l'exercice et à la pratique de la perfection », il avait certainement raison, et la portée de son affirmation n'a jamais été plus grande qu'aujourd'hui où nous soutenons, en paroles au moins, que tous les hommes, et non plus un nombre relativement restreint constituant une élite, sont libres [...]. Il avait également raison lorsqu'il ajoutait que « tous les emplois mercenaires et tous ceux qui avilissent les corps sont mécaniques puisqu'ils privent l'intellect de loisir et de dignité », et cela est toujours vrai dans la mesure où les emplois mercenaires privent effectivement l'intellect des conditions nécessaires à son fonctionnement, et partant, à sa dignité. Toutefois, Aristote avait tort d'identifier ce qui n'est qu'une coutume sociale à une nécessité naturelle [1].

Si le travail n'était plus réduit à la corvée, il pourrait devenir riche de sens non pas seulement par sa dimension proprement instrumentale et par le plaisir du travail bien fait qui pourrait accompagner l'ajustement efficace des moyens et des fins, mais aussi par le type de réflexion théorique qui pourrait s'actualiser en lui (si une éducation professionnelle dotait les ouvriers des compétences techniques leur permettant de comprendre le contenu intellectuel de leur travail), et également du fait des relations sociales dont il pourrait être l'occasion sur les lieux de travail. Des activités comme la réflexion théorique et la délibération politique, qui sont nécessairement séparées du travail réduit à la corvée, et qui semblent donc ne pouvoir être exercées que dans l'espace extérieur des loisirs, ne sont pas aussi incompatibles avec le travail qu'Aristote l'a affirmé. On lit ainsi dans la continuité de la citation précédente :

1. DE, p. 346, MW 9, p. 264.

> Aristote avait également raison de penser que la simple habitude d'exécution et la simple accumulation de produits extérieurs sont inférieures et subordonnées à la compréhension (*understanding*), à l'appréciation mutuelle par sympathie (*sympathy of appreciation*) et au libre échange des idées. Mais il avait tort de croire que les deux s'opposent nécessairement[1].

L'opposition contemporaine de la vie professionnelle et des loisirs, qui définit ces derniers par le relâchement de l'effort, de l'attention et de la discipline propres au travail, doit elle aussi être relativisée. En effet, l'attention et la discipline ne peuvent contrôler en permanence la totalité de l'activité d'un travailleur qui peut s'en remettre ponctuellement à ses habitudes pour laisser son esprit vagabonder, et ainsi ménager des espaces analogues aux loisirs dans le travail. Comme nous l'avons déjà indiqué, le travail a certes pour spécificité que la conduite contrôlée par l'habitude doit souvent être secondée par des formes de réflexivité, caractéristiques du stade cognitif de l'expérience, comme l'attention et le raisonnement. L'attention est requise pour contrôler l'effort continu que requiert cette activité particulière qu'est le travail. Le raisonnement lui aussi doit intervenir parce les compétences techniques incorporées dans les habitudes ne permettent pas, à elles seules, de prévenir et de résoudre les différents problèmes qui peuvent survenir dans le processus de production. Cependant, dans tout travail, certaines phases de l'activité peuvent être contrôlées par la seule habitude. En outre, plus le travail est mécanisé et routinier, plus il est contrôlé par les habitudes, moins l'attention et le raisonnement y sont requis, et plus les phases de l'activité de travail qui sont psychologiquement analogues au loisir peuvent se développer. C'est ce qui conduit Dewey à souligner que même dans le type de travail qui semble le plus incompatible avec les loisirs, parce que soumis aux contraintes liées au rythme de la machine ou de la chaîne, on peut observer des moments analogues aux loisirs.

> L'invention des machines a accru le temps de loisir disponible, même lorsqu'on est en train de travailler. C'est un lieu commun de dire que la maîtrise d'un savoir-faire sous la forme d'habitudes établies libère l'esprit pour un ordre de pensée supérieur. C'est un peu ce qui s'est passé avec l'introduction dans l'industrie de la mécanisation et de l'automatisation qui permettent à l'esprit de penser à autre chose[2].

On trouvait à la même époque chez Gramsci l'idée que la mécanisation du travail permet à l'ouvrier de penser et rêver à autre chose, en l'occurrence

1. DE, p. 347, MW 9, p. 264.
2. DE, p. 350-351, MW 9, p. 268.

à la construction du socialisme[1] ! Dewey partageait-il cette illusion du caractère libérateur de la taylorisation, que S. Weil, par exemple, qui quant à elle en avait fait l'expérience, était loin de partager ? Nous avons déjà cité des textes prouvant qu'il était loin de voir comme Gramsci dans le travail taylorisé un progrès pour les travailleurs. Ajoutons que s'inspirant de Veblen, il caractérisait le capitalisme industriel comme l'« âge de la machine » et y voyait un facteur de clivage social entre ceux qui sont cantonnés à l'exercice de corvées, et ceux qui peuvent s'adonner aux activités riches de sens.

On trouve en effet dans les écrits de Dewey différents passages qui soulignent les effets néfastes du travail avec les machines. Nous avons relevé que les machines pourraient d'après lui faire l'objet d'un usage intelligent, véritablement instrumental. Dans une situation où tel n'est pas le cas, elles tendent à réduire les travailleurs à des pièces du rouage, et induisent des effets éducatifs opposés à ceux qui sont produits par des activités riches de sens. On lit par exemple dans l'*Éthique* de 1932 :

> Thorstein Veblen considérait que la machine entrainait une division de la société en deux classes, celle réunissant ceux qui travaillent avec des machines, et les autres. Les travailleurs à la machine (*machine-workers*), pensait-il, tendent à être mécanisés dans leurs habitudes de pensée et ainsi à ressembler aux machines avec lesquelles ils travaillent. Les machines ne connaissent rien de bien ou de mal, de correct ou d'incorrect, de joyeux ou de triste. Elles incarnent les causes et les effets, les forces et leurs canaux d'action. Les hommes dont l'intégralité de l'existence se passe avec des machines tendent à adopter des conceptions similaires, contrairement à ceux qui s'occupent de théories juridiques, ou encore d'achat et de vente. Les travailleurs à la machine sont ainsi constamment modelés par des réalités rigides et sinistres[2].

Le travail industriel n'est pas seulement néfaste par les habitudes de pensée qu'il produit, mais aussi par les dynamiques affectives qu'il enclenche chez les ouvriers. Bien loin de les présenter comme propices à d'authentiques moments de loisir sur les lieux de travail ou en dehors, Dewey présente ses effets subjectifs comme tellement abrutissants qu'ils induisent une recherche de satisfactions substitutives immédiates. La critique du dualisme du travail et des loisirs consiste alors à souligner à quel point la nature des activités développées lors des loisirs dépend de l'activité professionnelle :

1. B. Trentin, *La cité du travail. Le fordisme et la gauche*, Paris, Fayard, 2012, p. 269-300.

2. E, p. 442-443, LW 7, p. 379.

> En ce qui concerne les effets immédiats de la machine sur ceux qui la servent, un autre problème tient au fait que la monotonie de certains processus, ainsi que la tension nerveuse occasionnée par la vitesse, la chaleur extrême ou d'autres contraintes, produisent une fatigue et un épuisement qui ou bien anéantissent l'esprit ou bien exigent des formes d'excitation de diversion, en lieu et place des formes plus simples de récréation saine qui procurent vraiment répit et repos au corps et à l'esprit. Les formes de distraction bruyantes et fatigantes, la stimulation d'une indulgence vicieuse pour des passions concernant le jeu et le sexe, l'exigence de stimulants alcooliques et de produits narcotiques, tout cela a été attribué à la civilisation des machines[1].

Faut-il donc conclure que Dewey s'est contredit en affirmant d'un côté que le travail mécanisé rend possible des moments analogues au loisir au sein même de l'activité de travail, alors que de l'autre il souligne la fatigue nerveuse et les effets abrutissant de ce genre d'activité laborieuse ? Cela n'est pas certain. Il a refusé de réduire le travail taylorien à une pure aliénation et a souligné, comme nous l'avons vu dans la première section, que même dans les situations les plus contraintes et dépersonnalisées, les travailleurs continuent 1) à développer des habitudes compétentes (qui leur permettent de détourner leur attention des aspects non problématiques de leur activité), 2) à chercher à s'approprier leur travail et 3) à revendiquer la reconnaissance de leur contribution au travail comme coopération. En définitive, Dewey, qui n'hésite pas à développer une critique générale de l'aliénation qui est propre à son époque[2], a pointé les effets aliénants de l'âge de la machine tout en prenant en compte les dimensions du travail industriel qui le rendent irréductible à du travail aliéné, comme notamment les savoir-faire incorporés qui permettent de s'accommoder des contraintes propres à ce travail pour y ménager momentanément des espaces analogues aux loisirs. Qu'y compris dans le travail le plus taylorisé, des marges de manœuvre restent ouvertes par la transformation de la tâche (ou du travail prescrit) en activité (ou en travail réel), et que les ouvriers mettent en œuvre différentes stratégies pour conserver des marges d'autonomie, c'est ce que

1. E, p. 444, LW 7, p. 380. Voir aussi E, p. 427, LW 7, p. 366 et DE, p. 292, MW 9, p. 213.

2. On lit en effet dans l'introduction de *The Problem of Men*, « Nous vivons dans une situation où le monde semble étranger plutôt que familier (*homelike*) [...]. La philosophie a toujours une fonction à remplir. Elle peut servir à tourner l'attention vers les raisons qui expliquent que l'homme est tellement aliéné de l'homme. Elle peut se transformer en projection d'hypothèses larges et généreuses qui, utilisées comme plans d'action, donneront une direction intelligente aux humains dans leurs recherches de manières de doter le monde de plus de valeur, de sens, et de le rendre moins étranger (*more homelike*) » (LW 15, p. 169).

la psychologie et la sociologie du travail ont établi[1]. Dewey semble avoir saisi quelque chose d'analogue sans l'avoir formulé en ces termes.

Quoi qu'il en soit, il ne fait pas de doute qu'il était convaincu qu'en dépit des effets aliénants du travail soumis au rythme des machines et des chaînes d'opérations, les formes du progrès technique structurant le progrès industriel pourraient faire l'objet d'un usage plus intelligent, au sein d'une organisation du travail modifiée qui rendrait ce progrès technique véritablement instrumental. Et s'il en était convaincu, c'est notamment parce que le travail soumis au rythme de machines est également un travail fondé sur des formes d'intelligence scientifique et technique, de sorte que la diffusion du savoir scientifique et technique permettrait aux ouvriers de transformer leur activité dénuée de sens en activité enrichie de contenu intellectuel.

> Les éléments qui, dans le travail, sont dus à la pure coutume ou à la pure routine sont maintenant subordonnés, dans la plupart des activités économiques, aux éléments dérivés de la recherche scientifique. Les métiers les plus importants dépendent maintenant des mathématiques appliquées, de la physique et de la chimie. [...]. Il était naturel pour Platon de déconseiller que l'on enseigne la géométrie et l'arithmétique à des fins pratiques parce que, en fait, leurs utilisations pratiques étaient peu nombreuses [...]. Mais au fur et à mesure que leurs utilisations sociales se sont multipliées et étendues, leur valeur libérale ou intellectuelle et leur valeur pratique sont devenues presque équivalentes[2].

Le dualisme du travail et du loisir se voit ainsi critiqué d'une nouvelle manière : à l'époque des machines, le travail qui semble le plus éloigné d'une activité libérale comme la science est en fait fondé sur elle, et la valeur des progrès scientifiques se mesure notamment à leur capacité à transformer le travail. La nature et la valeur du travail ne sont plus pensables indépendamment de la science, de même que la nature et la valeur de la science ne sont plus pensables indépendamment de leur mise en pratique, notamment dans la sphère des activités économiques. On peut reformuler ces conclusions en termes aristotéliciens : de même que Dewey critique la

1. Voir notamment Y. Clot, *Le travail sans l'homme? Pour une psychologie des milieux de travail et de vie*, Paris, La Découverte, 2008, et M. Burawoy, *La fabrique du consentement*, Montreuil, La ville brûle, 2015. Nous avons développé ailleurs une analyse du rapport entre travail et autonomie qui résulte de ce constat; voir E. Renault, « Identité et autonomie au travail », *Travailler* 30, 2013, p. 125-145.

2. DE, p. 350, MW 9, p. 268.

distinction de la *poèsis* et de la *praxis*, il critique toute séparation rigide entre ce qui relève de la *technè* et de *l'épistémè*[1].

La critique des dualismes de la théorie de l'action développée par Dewey est donc particulièrement riche et systématique. Elle s'inscrit dans une déconstruction méthodique des dualismes qui commandent la pensée philosophique depuis la Grèce antique : dualismes de la théorie et de la pratique, de la raison et de l'expérience, de la connaissance et de l'intérêt, de l'idéal et du réel, de l'esprit et du corps, etc. La critique de ces dualismes a pour objectif de revaloriser la pratique en prise avec un réel toujours différent de l'idéal, mobilisant le corps et non pas seulement l'esprit, une pratique devant par ailleurs s'ajuster aux particularités et aux contingences de l'expérience alors que la raison voudrait n'en retenir que l'universel et le nécessaire, une pratique, enfin, toujours intéressée alors que la raison croit devoir viser la connaissance désintéressée. Là où, dans ces couples conceptuels de la théorie et de la pratique, de la raison et de l'expérience, de la connaissance et de l'intérêt, de l'idéal et du réel et de l'esprit et du corps, le premier terme est toujours valorisé au détriment du second, et posé comme indépendant du second, Dewey s'efforce de revaloriser le second tout en montrant que le premier n'est pas pensable sans lui : il faut revaloriser la pratique pour comprendre que la théorie est un instrument à son service ; il faut revaloriser l'expérience pour comprendre que la raison est l'une des modalités de son autorégulation ; il faut revaloriser le réel pour comprendre que l'idéal n'est qu'un instrument de son amélioration[2], etc. La critique des dualismes de la production et de l'action, du travail et de l'art ou du jeu ou du loisir, repose sur ces mêmes opérations. D'une part, la critique de ces dualismes conduit à réévaluer le travail, en montrant qu'il comporte des caractéristiques qui sont généralement attribuées exclusivement aux termes auxquels il est traditionnellement opposé : la fin immanente de la *praxis*, l'intérêt intrinsèque du jeu, la satisfaction esthétique de l'art, l'apparence de développement sans entrave des activités propres au loisir. D'autre part, la critique de ces dualismes conduit à souligner que les activités qui sont traditionnellement opposées au travail et considérées comme indépendantes de lui peuvent devenir ses moments (il peut y avoir des moments de *praxis*, de jeu, d'art ou de loisir dans le travail). Nous verrons que Dewey soutient également que les activités traditionnellement valorisées au détriment du travail, comme par exemple la politique et les

1. Comme le souligne M. L. Rogers, « Action and Inquiry in Dewey's Philosophy », *Transactions of the Charles S. Peirce Society*, vol. 43, n°1, 2007, p. 90-115.

2. Sur ces trois points, voir *Reconstruction en philosophie*, chap. IV, V et VI.

activités artistiques ne sont pas totalement indépendantes des effets formateurs du travail. Les habitudes forgées au travail ont en effet des répercussions sur la vie hors du travail, et dans certaines conditions, l'expérience du travail peut être trop abrutissante pour qu'il soit possible de mener, après les horaires professionnels, une vie de loisir cultivant véritablement les valeurs propres à l'art ou aux idéaux démocratiques.

ANTIDUALISME HÉGÉLIEN, ANTIDUALISME DEWEYEN

En guise de conclusion de ce chapitre, nous voudrions attirer l'attention sur la lumière que la critique des dualismes de la théorie de l'action jette sur l'héritage hégélien de Dewey en même temps qu'elle fait apparaître l'originalité de son appropriation des thèmes hégéliens. Selon une image longtemps admise [1], Dewey aurait rompu avec l'idéalisme hégélien au plus tard au début des années 1890 et cette rupture lui aurait permis d'accéder progressivement aux positions pragmatistes qu'il commença à défendre à la fin des années 1890 sous l'influence de Peirce et James. Différents travaux ont récemment établi que Dewey a continué à se réclamer de Hegel jusqu'à la fin de la première décennie du XXe siècle [2] et que ce qui distingue son pragmatisme de celui de Peirce et de James doit beaucoup à des thèmes et

1. Dont on trouve par exemple une illustration en France chez G. Deledalle, *L'idée d'expérience dans la philosophie de John Dewey*, Paris, P.U.F., 1967.

2. Dans l'article « The Knowledge Experience Again », publié en 1905, il écrit : « je suis assez hégélien pour penser que la connaissance "parfaite" (en ses connotations intellectuelles et logiques) n'est pas du tout une connaissance » (MW 3, p. 179). Dans une note de l'article « Croyances et existences », issu d'une conférence de 1905 et reproduit en 1910 dans le volume intitulé *L'influence de Darwin sur la philosophie et autres essais*, il déclare qu'« [il] voudrai[t] reconnaître [sa] dette personnelle à l'égard de Hegel » (ID, p. 159, MW 3, p. 86). Les raisons pour lesquelles il a ensuite cessé de se référer si souvent et si positivement à Hegel semble tenir non pas à des inflexions philosophiques fondamentales, mais d'une part à l'émergence du pragmatisme comme courant philosophiquement identifiable qu'il fallait défendre comme tel et non plus dans sa version hégélienne (qui se développait à Chicago chez Dewey et Mead notamment), à la suite des conférences de James sur le pragmatisme. D'autre part, déterminant semble avoir été le départ de Chicago en 1905 et l'arrivée à Columbia dans un environnement moins favorable à l'hégélianisme. Enfin la participation de Dewey à l'effort de guerre dans *German Philosophy and Politics* (1915) l'a conduit à développer une critique de Hegel, dans un texte où cependant la critique hégélienne de Kant reste déterminante. Sur ces différents points, voir notamment, J. A. Good, « Dewey's "Permanent Hegelian Deposit" and the Exigencies of War », *Journal of the History of Philosophy*, vol. 44, n°2, 2006, p. 293-314; J. S. Johnson, « Dewey's Critique of Kant », *Transactions of the Charles S. Peirce Society : A Quarterly Journal in American Philosophy*, vol. 42, n°4, 2006, p. 518-551.

à des méthodes de provenance hégélienne[1]. En définitive, tout ce qui a été associé par le commentaire à une rupture définitive avec Hegel est, d'après Dewey, présent chez Hegel : la psychologie fonctionnaliste qu'il pense trouver dans *l'Encyclopédie des sciences philosophiques* et dont il croit que Hegel permet de la développer mieux que James comme il l'affirme dans leur correspondance[2] ; la théorie de l'arc réflexe qui revient à interpréter les stimuli comme des moments au sein d'un processus, et ceci en référence à une conception du processus qu'il considère comme hégélienne dans une autre lettre à James[3] ; enfin, l'une des principales conséquences philosophiques du darwinisme, à savoir substitution d'une ontologie fixiste aristotélicienne à une ontologie processuelle, est attribuée elle aussi à Hegel qui « élevait l'idée de procès au-dessus de celles d'origine fixe et de fins fixes »[4]. Il convient donc de prendre au sérieux la manière dont Dewey parlait encore en 1930 d'un « permanent [Hegelian] deposit in my thinking »[5] dans l'autobiographie intellectuelle intitulée « From Absolutism to Experimentalism ». Ce « résidu hégélien » semble imprégner les différentes dimensions de la philosophie deweyenne.

Parmi les nombreux thèmes hégéliens dont elle propose une reformulation[6], il convient sans doute de compter l'importance du travail[7]. Il reste significatif que parmi eux, ce soit l'invitation à dépasser les dualismes

1. J. Scott, *John Dewey's Earlier Logical Theory*, Albany, Suny Press, 2014 ; J. Good, *A Search for Unity in Diversity. The « permanent Hegelian deposit » in the Philosophy of John Dewey*, Lexington Books, 2006 ; T. C. Dalton, *Becoming John Dewey : Dilemmas of a Philosopher and Naturalist*, Bloomington, Indiana University Press, 2002 ; J. Shook, *Dewey's Empirical Theory of Knowledge and Reality*, Nashville, Vanderbilt University Press, 2000. Selon J. Good, il convient de relativiser l'importance de James dans la formation du pragmatisme de Dewey, largement constitué à partir d'une source hétérogène, hégélienne ; sur ce point controversé, voir J. Good, « Dewey's "Permanent Hegelian Deposit" : A Reply to Hickman and Alexander », *Transactions of the Charles S. Peirce Society : A Quarterly Journal in American Philosophy*, vol. 44, n°4, 2008, p. 577-602.

2. Dewey to James, 6/03/1891 et EW 4, p. 171.

3. Dewey to James, 27/03/1903.

4. ID, p. 71, MW 4, p. 43.

5. LW 5, p. 154.

6. Nous les avons analysés dans plusieurs articles : « The Naturalistic Side of Hegel's Pragmatism », *Critical Horizons*, vol. 13, issue 2, 2012, p. 244-274 ; « Dewey et Mead Hégéliens », dans A. Cukier, E. Debray (dir.), *La Théorie sociale de George Herbert Mead. La socialisation en perspective*, Lormont, Éditions du Bord de l'eau, 2014, p. 86-105 ; « Dewey's Relations to Hegel », *Contemporary Pragmatism*, vol. 13, issue 3, 2016, p. 219-241 ; « Dewey et la Science de la logique », dans G. Gérard, B. Mabille (dir.), *La Science de la logique au miroir de l'identité*, Leuven, Peeters, 2017, p. 293-319.

7. Comme l'a soutenu J. Garrison, « Dewey's Philosophy and the Experience of Working : Labor, Tools and Language », *op. cit.* Voir aussi E. Renault, « Social Self and Work in the Phenomenology of Spirit », *in* I. Testa, L. Ruggiu et L. Cortella (dir.), *I that is We. We that is I. Contemporary Perspectives on Hegel*, *op. cit.*, p. 202-219.

qui soit mise en avant dans « From Absolutism to Experimentalism » pour expliquer en quoi consiste le « permanent Hegelian deposit ». On retrouvera une même insistance sur ce thème quinze ans plus tard dans une lettre à Bentley : « J'ai sauté à travers Hegel, devrais-je dire, et non pas hors de lui. J'ai pris avec moi une partie du cerceau (la continuité, le refus des séparations tranchées et rigides), tout en me débarrassant d'une partie considérable du papier tendu au centre de ce cerceau » [1]. Remarquons que l'idée suivant laquelle Hegel serait avant tout un penseur anti-dualiste n'a pas été si souvent défendue dans l'histoire des hégélianismes et du commentaire hégélien. Dewey peut donc prétendre sur ce point à une certaine originalité, même s'il suit sans doute T. H. Green [2] à ce sujet.

Nous avons constaté que la critique des dualismes joue un rôle considérable dans la manière dont Dewey aborde une question comme le travail et nous avons rappelé qu'elle constitue une orientation fondamentale de sa philosophie (nous verrons dans le prochain chapitre qu'elle commande également ce qu'il appelle le « principe de continuité » au moyen duquel il définit son propre naturalisme). La question se pose donc de savoir comment Dewey s'est approprié la critique hégélienne des dualismes et dans quelle mesure sa propre critique des dualismes, y compris lorsqu'elle est appliquée au travail, est tributaire de Hegel.

En un sens, l'idée de critique des dualismes désigne une des orientations les plus générales de la philosophie hégélienne puisque la pensée dualiste est l'une des caractéristiques spécifiques de l'entendement (en tant que pensée soumise à la logique du « ou bien, ou bien » [3]) que la démarche spéculative se propose précisément de dépasser. Il est d'ailleurs incontestable que la philosophie hégélienne s'engage dans une critique systématique des dualismes structurant les traditions métaphysique (essence/apparence, fondement/existence, chose/propriétés, substance/relation, nature/esprit), logique (forme/contenu), épistémologiques (sujet/objet, raison/expérience, force/loi), anthropologiques ou psychologiques (âme/corps, penchants/volonté, nature/habitude) ou politiques (devoir-être/être, morale/droit, État/société). Le traitement hégélien de ces oppositions consiste toujours 1) à refuser que les termes distingués l'un de l'autre puissent être pensés dans

1. *John Dewey and Arthur Bentley : A Philosophical Correspondence, 1932-1951*, New Brunswick, Rutgers University Press, 1964, p. 439.

2. Sur le thème de la critique des dualismes chez T. H. Green, voir O. Tinland, *Traversées de l'idéalisme. Hegel et la philosophie anglo-américaine* (*XVIII*^e^*-XXI*^e^ *siècles*), Ouvrage inédit présenté pour l'obtention d'une HDR, Lyon, Ens de Lyon, 2018, p. 138-148.

3. G. W. F. Hegel, *Encyclopédie des sciences philosophiques*, trad. fr. B. Bourgeois, Paris, Vrin, 1986, t. 1, § 32 add., p. 487.

leur vérité indépendamment des relations qu'ils entretiennent avec l'autre, 2) sans pour autant récuser la nécessité de les distinguer l'un de l'autre. Par exemple, Hegel admet que la distinction de la forme et du contenu est légitime d'un point de vue logique, mais il soutient que la vérité d'une forme logique dépend de son adéquation au contenu qu'elle sert à penser. À ce niveau de généralité, la critique deweyenne des dualismes est en tout point hégélienne puisque d'une part elle admet la légitimité des distinctions conceptuelles en question (par exemple entre le travail et les activités qui n'en relèvent pas), et que d'autre part, elle affirme qu'on accède à une meilleure compréhension de la nature de chacun des termes distingués si on les pense dans leurs relations mutuelles en analysant la fonction particulière qu'ils remplissent dans les processus dont ils sont les facteurs [1]. Par exemple, on comprend mieux le travail quand on cesse de croire qu'il n'a rien en commun avec la *praxis*, l'art, le jeu ou le loisir et que l'on analyse les facteurs du processus du travail dont les fonctions sont analogues à celles de l'art, du jeu, ou du loisir.

Si la critique hégélienne des dualismes renvoie au thème général de la critique de la pensée d'entendement, elle renvoie aussi à un thème plus spécifique, celui de la critique des dualismes métaphysiques qui, sous différentes formes, identifient la réalité véritable à la réalité intérieure, tout en l'opposant à une réalité extérieure. La deuxième partie de la *Science de la logique*, intitulée « Théorie de l'essence », propose ainsi une déconstruction des dualismes de l'essence et de l'apparence, de l'essence et de l'existence, de l'essence et du phénomène, de la chose et ses propriétés, de la substance et de ses accidents, de la cause et l'effet, etc. Hegel part du constat que la forme générale de ces dualismes est fixée par le couple conceptuel de l'intérieur et de l'extérieur qui, dans ses différentes modulations, comporte les caractéristiques suivantes : 1) les deux termes sont médiatisés l'un par l'autre (intérieur est relatif à l'extérieur, et inversement), 2) ils sont cependant conçus comme extérieurs l'un à l'autre et existant indépendamment de l'autre (leur médiation réciproque relève de relations externes), 3) leur relation est asymétrique (l'extérieur est conçu comme une expression de l'intérieur), 4) la réalité véritable est identifiée à l'intérieur et non au rapport de l'intérieur et de l'extérieur. Ces quatre caractéristiques définissent le sens le plus général qu'on peut donner à l'idée d'essence : qu'elle soit pensée dans les couples conceptuels de l'essence et de l'apparence, de l'essence et de l'existence ou de l'essence et du phénomène, toujours elle

1. Le lien entre critique des dualismes et analyse des fonctions des termes en interaction est souligné dans l'article « The Unity of Human Being » (LW 13, p. 324-333).

est conçue comme la réalité véritable et comme un intérieur entretenant des relations asymétriques avec un extérieur dont il reste relativement indépendant. Ce concept d'essence, et les dualismes métaphysiques dont il est solidaire, sont soumis par Hegel à une critique ontologique et épistémologique.

La critique ontologique consiste à souligner que les couples conceptuels de la « Doctrine de l'essence » se rendent incapables de rendre compte du fait que l'intérieur n'est pas plus pensable sans une relation à l'extérieur que l'extérieur ne l'est sans une relation à l'intérieur. En d'autres termes, les différentes figures du dualisme métaphysique ne parviennent pas à tirer les toutes les conséquences du fait que l'essence doit se manifester. Si l'apparence est bien l'apparence de quelque chose, il faut que cette chose se manifeste d'une certaine manière dans cette apparence et qu'une part de sa réalité se trouve en elle. On retrouve la même contradiction dans le couple conceptuel de l'essence et du phénomène qui, pourtant, reconnaît que l'intériorité essentielle se manifeste dans l'extériorité phénoménale [1]. En effet, le phénomène reste conçu comme la manifestation de quelque chose d'autre. Il reste « quelque chose de brisé en soi-même » parce que c'est quelque chose d'autre que le phénomène qui est censé se manifester en lui [2]. En effet, en tant qu'essence, il est censé exister par soi, c'est-à-dire indépendamment du phénomène. Le concept d'« effectivité » (*Wirklichkeit*) a précisément pour fonction de dépasser cette contradiction. Il exprime le fait que l'essence n'est rien d'autre que la série de ses manifestations, et que l'activité par laquelle l'essence se pose dans le phénomène est une activité immanente à la phénoménalité. Dans la mesure où l'effectivité au sens hégélien trouve sa forme la plus concrète dans « l'action réciproque » [3], on peut penser que c'est dans ce concept que le principe ontologique de la critique des dualismes ontologiques trouve son explicitation. Par

1. G. W. F. Hegel, *Encyclopédie des sciences philosophiques*, *op. cit.*, § 131, p. 385-386 : « L'essence doit nécessairement apparaître (*erscheinen*). [...]. C'est pourquoi l'essence n'est pas *derrière* le phénomène (*Erscheinung*) ou *au-delà* de lui, mais du seul fait que c'est l'essence qui existe, l'existence est phénomène) » (trad. modifiée).

2. *Ibid.*, § 131, add., p. 564 : « Lorsqu'on dit que de quelque que chose que c'est *seulement* un phénomène, on peut entendre cela de travers, comme si, en comparaison avec ce quelque chose qui ne fait qu'apparaître, l'étant ou l'immédiat était ce qui est plus élevé. [...] Ajoutons cependant ensuite que ce « seulement » du phénomène indique assurément un manque, et celui-ci consiste en ce que le phénomène est encore ce qui est brisé en soi-même, ce qui n'a pas en soi-même son point d'appui. Ce qui est plus élevé que la simple apparition, c'est tout d'abord l'*effectivité* dont il sera question comme du troisième degré de l'essence) » (trad. modifiée).

3. *Ibid.*, § 155-158 .

l'intermédiaire du concept d'action réciproque, Hegel affirme tout à la fois la dimension relationnelle et processuelle de la réalité. Ceci également éclaire l'antidualisme deweyen qui lui aussi est solidaire d'une définition de l'« interaction » ou de la « transaction », comme « traits génériques de l'existence »[1]. Lorsque Dewey critique le dualisme de la fin et des moyens en concevant ces deux concepts comme des moments indissociables du processus de travail, et quand il souligne que ce qui distingue le jeu du travail tient à la processualité du second, il tire certaines des conséquences de l'ontologie processuelle de Hegel.

La critique épistémologique des couples conceptuels de la « Doctrine de l'essence » consiste à les interpréter comme des substantialisations abusives de distinctions logiques : ils relèvent « des pures déterminations de la réflexion »[2]. Cela signifie, que comme Kant dans l'amphibologie des concepts de la réflexion, Hegel considère que la réflexion repose sur des concepts logiques spécifiques, qui renvoient chez lui aux trois concepts d'identité, de différence et de fondement. Il est selon lui légitime de chercher à identifier ce qui, dans une chose, reste identique, et d'en faire le fondement de l'intelligibilité des différences. Mais il est illégitime de croire que l'identité existerait comme une réalité séparée de la différence, comme une essence indépendante de ses apparences multiples. De même, il est légitime de se demander ce qui est essentiel et inessentiel dans un phénomène, mais il est illégitime d'affirmer que ce qui est essentiel existe indépendamment de ce qui est inessentiel, et qu'il n'est pas seulement un fondement d'intelligibilité, mais aussi un fondement de réalité. Dewey retiendra cette critique de la tendance de la réflexion à transformer les distinctions logiques en distinctions réelles. Le premier chapitre d'*Expérience et nature* développe la critique d'un certain nombre de dualismes épistémologiques en fondant cette dernière sur la critique du paralogisme consistant à confondre la réalité thématisée par la réflexion (les « objets connus ») avec la réalité rencontrée dans l'expérience non cognitive (« les choses eues »)[3]. Les distinctions logiques permettent d'identifier différentes phases de l'expérience qui, indépendamment de la réflexion, n'existent pas isolément les unes des autres. Cette thèse s'applique également aux questions considérées dans

1. LW 1, p. 50. Nous avons analysé ailleurs la réception deweyenne de la *Science de la logique* en général et de l'ontologie hégélienne de l'action réciproque en particulier; voir E. Renault, « Dewey et la *Science de la logique* », *op. cit.*

2. G. W. F. Hegel, *Encyclopédie des sciences philosophiques*, *op. cit.*, § 114-122 : « Le point de vue de l'essence est d'une façon générale le point de vue de la réflexion » (add., § 112, p. 547).

3. EN, p. 51, LW 1, p. 28.

le présent chapitre. En effet, même s'il y a bien une différence réelle entre travail et loisir, la distinction nécessaire du travail et du loisir ne doit pas être conçue comme la distinction de deux réalités indépendantes l'une de l'autre : il peut y qu'il peut y avoir des phases de loisir dans le travail et des phases de travail dans le loisir.

La principale divergence des critiques hégéliennes et deweyennes du dualisme se trouve dans l'origine qu'ils assignent à la pensée dualiste. Chez Hegel, cette origine est comme nous l'avons vu psychologique : la pensée d'entendement scinde et prend la réalité scindée par la réflexion pour la vérité véritable. Comme nous l'avons déjà remarqué, Dewey dénonce lui aussi, dans le chapitre I d'*Expérience et nature*, la confusion de la réalité thématisée par la réflexion avec la réalité rencontrée dans l'expérience non cognitive. Mais dans le quatrième chapitre de cet ouvrage, c'est ailleurs qu'il situe la source principale des dualismes métaphysiques. Elle est double, phénoménologique et sociologique. Sur le plan phénoménologique, le fait décisif est que la réalité se présente à nous dans deux types d'expérience : tantôt les choses nous apparaissent comme des instrumentalités qui ont leur sens et leur valeur dans d'autres choses, de sorte que « que la plénitude de l'être leur fait défaut », « qu'elles ne sont pas réelles au sens propre du terme »[1] ; tantôt au contraire les choses se présentent, notamment dans les « beaux-arts », comme des « objets achevés ou ultimes »[2]. Cette différence phénoménologique a été institutionnalisée en vision du monde quand une classe de loisir a délégué aux classes laborieuses le contact avec la réalité imparfaite en croyant s'arroger le commerce avec la réalité véritable :

> La division sociale entre une classe de travail et une classe de loisir, entre l'industrie et la contemplation esthétique, devint une division métaphysique entre les choses qui sont de simples moyens et celles qui sont en elles-mêmes des fins[3].

Or, ce dualisme métaphysique est, selon Dewey, à l'origine des autres dualismes. Après avoir évoqué l'« introduction, dans la nature, d'une division au cœur de l'Être même, celle qui oppose les choses intrinsèquement défectueuses, changeantes, relationnelles, et celles qui sont intrinsèquement parfaites, permanentes, et qui ne dépendent que d'elles-mêmes », il ajoute :

1. EN, p. 122, LW1, p. 102.
2. EN, p. 122, LW1, p. 101.
3. EN, p. 123, LW 1, p. 102.

> Les autres dualismes, ceux qui opposent, par exemple, les appétits sensibles et la pensée rationnelle, le particulier et l'universel, ce qui est d'ordre mécanique et ce qui est d'ordre téléologique, l'expérience et la science, la matière et l'esprit, ne font que refléter ce dualisme métaphysique primitif[1].

Par cette conception de l'origine phénoménologique et sociale de l'ensemble des dualismes, Dewey s'est indéniablement écarté de Hegel. Le fait que le travail, comme expérience de l'instrumentalité (sur le plan phénoménologique) et comme statut social (sur le plan sociologique) joue un rôle central dans cette genèse des dualismes jette une nouvelle lumière sur la conception antidualiste du travail que nous avons décrit dans cette section en même temps qu'elle fait apparaître toute sa portée critique.

1. EN, p. 122-123, LW 1, p. 102.

CHAPITRE II

LA SIGNIFICATION BIOLOGIQUE DU TRAVAIL

Dewey fait partie des rares philosophes ayant fait du travail le propre de l'homme. Tandis que la thèse de l'*homo faber* est parfois entendue en un sens antinaturaliste, comme chez Beauvoir[1] ou Arendt lorsque cette dernière oppose « *animal laborans* » et « *homo faber* », elle est fondée chez lui, tout comme chez Marx et Bergson, sur des principes naturalistes qui relèvent du darwinisme : le travail, en plus d'être l'activité que nous avons examinée dans le précédent chapitre est en effet le mode d'adaptation à l'environnement qui est propre à l'espèce humaine. Pour examiner le sens de cette thèse, il faut de nouveau nous aventurer sur des terrains peu étudiés par le commentaire deweyen. Nous avons déjà remarqué dans l'introduction que la non prise en compte de l'importance conférée par Dewey au travail résulte notamment du fait que, sous l'effet des interprétations néopragmatistes, ce qui est jugé intéressant dans ses écrits en général et dans sa philosophie sociale et politique en particulier, relève de son pluralisme, de son contextualisme et de son faillibilisme plutôt que de son naturalisme. Le fait que son naturalisme soit un darwinisme, et qu'il ait cherché à tirer des conséquences anthropologiques, sociologiques et politiques du darwinisme fait également obstacle. « Darwinisme » évoque le darwinisme social ou la sociobiologie, il n'est pas étonnant que les études deweyennes répugnent aujourd'hui à tenir compte du socle darwinien

1. S. de Beauvoir, *Le Deuxième Sexe*, Paris, Gallimard, 1976, t. 1, p. 98 : « L'humanité n'est pas une espèce animale : *c'est une réalité historique. La société humaine est une anti-physis* : elle ne subit pas passivement la présence de la nature, elle la reprend à son compte. Cette reprise n'est pas une opération intérieure et subjective : elle s'effectue objectivement dans la praxis ».

pourtant explicite de l'éthique et de la philosophie politique de Dewey[1]. S'il est difficile de contester que la métaphysique deweyenne, telle qu'elle est formulée dans *Expérience et nature*, tout comme la logique deweyenne, notamment sous la forme qu'elle reçoit dans *Logique. Une théorie de l'enquête*, sont darwiniennes dans leurs fondements, on considère rarement que tel est aussi le cas de la philosophie sociale et politique de Dewey. L'idée répandue est que la seule implication de la révolution darwinienne dans ce domaine est d'ordre méthodologique : après Darwin, il n'est plus possible de considérer que les méthodes scientifiques d'enquête empirique et de résolution expérimentale des problèmes ne doivent s'appliquer qu'à nos rapports à la nature, à l'exclusion des problèmes auxquels nous sommes confrontés en société.

L'influence de Darwin sur la philosophie sociale et politique de Dewey est pourtant bien loin de se réduire à cette seule implication méthodologique. Cette influence s'exprime également dans l'ontologie sociale et l'anthropologie sur lesquelles reposent les analyses deweyennes de la société. Dans l'article « Social as Category », également publié sous le titre « The Inclusive Philosophic Idea »[2], Dewey a soutenu qu'il est tout aussi faux de soutenir que les phénomènes sociaux constituent une réalité *sui generis* détachée des processus naturels, que de croire qu'ils devraient être expliqués seulement par des propriétés mécaniques et biologiques. Ces dernières jouent indéniablement un rôle dans la vie sociale, mais elles ont été élevées par le processus de l'évolution à un degré supérieur de complexité et d'intégration dans les processus sociaux. On verra que cette application du principe de continuité, qui « exclut d'une part la rupture complète et d'autre part la simple répétition d'identité »[3], et qui distingue

1. Comme le remarque T. Pearce, « American Pragmatism, Evolution, and Ethics », *in* M. Ruse, R. J. Richards (dir.), *The Cambridge Handbook to Evolutionary Ethics*, Cambridge, Cambridge University Press, 2017, p. 43-57. Sur l'importance de Darwin dans les premiers développements du pragmatisme, voir T. Pearce, *Pragmatism's Evolution*, Chicago, Chicago University Press, 2020. Pour une prise au sérieux des soubassements darwiniens de la philosophie sociale et politique de Dewey, voir notamment B. Stiegler, *« Il faut s'adapter ». Sur un nouvel impératif politique*, Paris, Gallimard, 2019, et *Nietzsche et la vie*, Paris, Gallimard, 2021, chap. IX.

2. LW 3, p. 41-54.

3. L, p. 81, LW 12, p. 31. Dans la *Logique*, le principe de continuité sert à définir une approche naturaliste de la pensée, en contestant aussi bien les positions matérialistes réduisant la pensée à des effets physico-chimiques, ou si l'on préfère neurologiques, et les positions spiritualistes affirmant l'indépendance de l'esprit à l'égard du corps. Comme l'explique P. Godfrey-Smith (*Complexity and the Function of Mind in Nature*, Cambridge, Cambridge University Press, 1996, p. 104-106), l'idée de continuité doit également être entendue en un sens plus fort. Elle exprime aussi l'idée d'une analogie entre les logiques

le naturalisme non réductionniste défendu par Dewey, n'est pas pour rien dans l'importance qu'il confère aux processus économiques dans l'organisation de la vie sociale. Nous verrons également que c'est du point de vue de la biologie évolutionniste que Dewey prend parti dans les débats philosophiques relatifs à la nature humaine, en défendant la définition de l'homme comme un *homo faber*.

Dans ce qui suit, on commencera par analyser le sens de la définition deweyenne de l'être humain comme *homo faber* avant d'exposer les raisons expliquant que Dewey puisse à ce propos se réclamer de Darwin. On cherchera ensuite à préciser les incidences politiques de son naturalisme en restituant les principaux arguments de sa polémique avec le darwinisme social. On considérera pour conclure la manière dont la thèse deweyenne de la centralité du travail éclaire l'image, mise en circulation par Rorty, d'un Dewey cherchant à marier Hegel et Darwin.

UN PROCESSUS BIOLOGIQUE MODIFIÉ

Le naturalisme évolutionniste et non réductionniste de Dewey le conduit à voir dans le travail, non seulement l'activité particulière dont nous avons examiné les caractéristiques dans le chapitre précédent, mais aussi une forme particulière d'interaction avec l'environnement naturel qui définit une première spécificité de l'espèce humaine et qui est à l'origine d'un nouveau type d'environnement, artificiel, impliquant à son tour une nouvelle forme d'interaction avec l'environnement devant être considérée comme une deuxième spécificité de l'espèce humaine. Cette activité particulière remplit une fonction déterminante dans le processus qui a conduit à l'émergence des animaux humains que nous sommes et c'est en ce sens que le travail mérite d'être considéré comme le propre de l'être humain.

Dans les débats opposant depuis la philosophie grecque les définitions de l'homme par l'artifice et la technique (comme chez les sophistes) ou par le *logos* et la politique (comme chez Platon et Aristote), Dewey prend clairement position pour les premiers :

> Les philosophes ont défini l'homme de bien des manières : comme l'animal parlant ou comme l'animal rationnel. On a également attiré l'attention sur

de résolution de problèmes définissant la vie biologique et les logiques de résolution de problèmes caractéristiques de la pensée, bien que les secondes soient sous certains rapports hétérogènes aux premières, notamment parce qu'elles présupposent l'usage de symboles ayant validité sociale.

> le fait qu'il est le seul animal capable de rire. Récemment, le philosophe français Henri Bergson a défendu la définition de l'homme comme animal faiseur d'outil – une définition particulièrement pertinente à mon avis. La définition bergsonienne attire l'attention sur la capacité des hommes à inventer à partir des matériaux naturels des instruments destinés à satisfaire leurs désirs – une caractéristique que les animaux d'ordre inférieur ne possèdent pas, et qui est donc unique [1].

Dewey se réfère à plusieurs reprises à la définition de l'homme comme animal fabricateur et utilisateur d'outil ou comme *homo faber*. En plus du texte cité ci-dessus qui provient d'une série de conférences de philosophie sociale données en Chine et publiée sous le titre *Lectures in China*, on trouve cette définition dans la conférence consacrée à Bergson dans les « Lectures : Three Contemporary Philosophers (James, Bergson, Russel) » [2], dans *Reconstruction en Philosophie* [3], dans un cours de philosophie sociale de 1927-1928 [4], et dans l'*Éthique* de 1932 [5]. Cette définition est présentée ci-dessus comme empruntée à Bergson [6], mais Dewey semble surtout la tirer de Darwin car il la faisait sienne avant d'avoir rencontré la philosophie de Bergson. Il s'y référait en effet déjà dans un cours de 1896 de « Philosophie de l'éducation » où il affirmait que « d'un point de vue social, l'homme est essentiellement un être travaillant » (*a working being*) tout en justifiant cette thèse d'un point de vue évolutionniste :

> L'homme est primitivement, sur le plan social, un être travaillant, de même qu'il est primitivement, sur le plan psychologique un être moteur plutôt qu'un récepteur sensoriel. Cet aspect de l'homme, en tant qu'il travaille, signifie simplement que la vie ne peut se maintenir et se perpétuer qu'en tirant profit de ses propres dépenses et pertes. Toute vie suppose de la nourriture. Cette nourriture est utilisée dans les différentes formes de dépense d'énergie qui accompagnent la vie. À moins que cette dépense d'énergie

1. LC, p. 101.
2. MW 12, p. 232-233.
3. RP, p. 82, MW 12, p. 120 : « Bergson a souligné que l'homme pourrait être appelé *homo faber*. Dans le règne animal, il est le seul à fabriquer des outils. Cela s'est vérifié depuis que l'homme est homme ».
4. Morris Library, Box 65, - Folder 7 : Social Philosophy, 131, September 29, 1927-January 9, 1928, Folder 9 : Social Philosophy, January 9-May 15, 1928, p. 71 : « Outils, instruments, appareils, machines – ces objets ne sont pas utilisés ou consommés pour eux-mêmes, mais comme des moyens mécaniques pour parvenir à contrôler une satisfaction (*those objects* [*are*] *not used or consumed for their own sake but as mechanical means for reaching command of satisfaction*) – l'homme comme animal fabricateur d'outil, homo faber (*man the tool making animal* [...] *homo faber*) ».
5. E, p. 437, LW 7, p. 374.
6. Chez Bergson, voir l'*Évolution créatrice*, dans *Œuvres*, *op. cit.*, p. 609-616.

> ne serve à renouveler la fourniture de nourriture, la vie cesse. Cela n'est pas seulement vrai de la vie au sens le plus littéral et physique, mais aussi de la vie morale et sociale. L'activité constructive de l'homme, par conséquent, est simplement la continuation sur un plan plus élevé des efforts que les animaux déploient[1].

La dimension évolutionniste de la définition de l'homme par le travail renvoie ici au thème darwinien suivant lequel l'évolution des espèces est aussi celle de leur mode d'adaptation à l'environnement. Dewey retient effectivement de Darwin que c'est par son mode d'adaptation que les espèces doivent être définies, et il en déduit l'importance anthropologique du travail. On lit ainsi dans le cours d'« Éthique politique » de 1898 :

> Il est difficile de ne pas en venir à la conclusion qu'après avoir abandonné la vieille définition statique de l'espèce, [...] le seul critère qui reste pour une espèce est la manière particulière suivant laquelle elle obtient sa subsistance. Voilà ce qui représente l'aspect industriel et l'aspect morphologique [...], c'est-à-dire les instruments particuliers qui permettent d'effectuer cette forme particulière de processus vital. L'organisation d'un type particulier de processus industriel et l'organisation d'un type de poisson particulier doivent être conçues essentiellement sur la même base[2].

Le travail étant le mode d'adaptation spécifique des humains à leur environnement, il en résulte que l'être humain doit être défini comme un « être travaillant ». La définition comme *homo faber* est donc défendue sur des bases darwiniennes dès les cours de la fin des années 1890, avant même que le terme d'« *homo faber* » ne soit utilisé par Dewey. Ce sera de nouveau à partir d'un raisonnement de type évolutionniste que cette définition sera justifiée dans ce passage de l'*Éthique* de 1932 :

> L'homme a été défini comme un animal utilisateur ou inventeur d'outils. Il a été suggéré que ses défauts en termes de moyens de défense et d'attaque l'ont poussé à inventer l'arc et les flèches ainsi que d'autres armes, et que ses déficits en termes de capacités d'assimilation de nourritures non transformées ont stimulé les inventions relatives à l'augmentation de sources de nourriture et de préparation de nourriture. Incapable de migrer comme le font les oiseaux, il construit des abris plus élaborés et découvre le feu[3].

Dewey propose ici une interprétation évolutionniste de la version du mythe de Prométhée qui est livrée dans le *Protagoras* de Platon. Ce mythe est associé à l'idée que chaque espèce se définit par une forme d'adaptation à

1. CL 2, p. 132.
2. CL 1, p. 1769.
3. E, p. 437, LW 7, p. 374-375.

l'environnement et que c'est précisément par le travail, en tant que transformation de la nature pour satisfaire les besoins de l'espèce, que les humains doivent être caractérisés. En ce sens, ce mythe présente bien le processus économique comme une modification du processus biologique de satisfaction des besoins tel qu'il se présente dans les espèces animales non humaines. Cette référence au mythe de Prométhée n'en est pas moins problématique d'un point de vue darwinien. La théorie de l'évolution des espèces suppose en effet une continuité entre espèces non humaines et humaines tout en expliquant leurs différences par leurs modalités d'adaptation à l'environnement [1], alors que ce mythe semble vouloir souligner une rupture entre humains et non humains essentiellement inadaptés à l'environnement naturel. Il est certes difficile de comprendre comment une espèce pourrait être issue d'un processus de sélection naturelle mais néanmoins biologiquement inadaptée et par conséquent contrainte de trouver une solution artificielle à son inadaptation naturelle !

Sans doute Dewey se réfère-t-il au mythe de Prométhée pour illustrer le thème de l'importance des outils et du travail dans l'adaptation des humains à leurs environnements, davantage que comme une préfiguration de l'explication évolutionniste de ces modes d'adaptation à l'environnement. Il n'est cependant pas impossible de donner une interprétation évolutionniste du mythe de Prométhée. L'évolutionnisme contemporain explique en effet la divergence entre les hominidés et les autres primates par ce qui ressemble à une telle interprétation. Confrontés à l'indisponibilité croissante de la source de nourriture associée à la vie en forêt à laquelle ils étaient adaptés, ils durent s'aventurer dans des espaces (savane et régions boisées) auxquels ils étaient relativement inadaptés et durent résoudre les nouveaux problèmes d'extraction de ressources (charronnage, chasse, extraction de tubercules) et de défense contre de nouveaux prédateurs en développant des techniques de défense, et d'extraction et de transformation de la nourriture [2]. Qu'ils aient ensuite eu à s'adapter à des environnements très variables, au cours des migrations de l'espèce humaine, a rendu ce rapport problématique à l'environnement permanent. Remarquons que cette interprétation darwinienne du mythe de Prométhée est compatible

1. Comme Dewey le souligne lui-même en 1903 dans ses *Studies in Logical Theory* : « La signification de la méthode évolutionniste en biologie et en histoire sociale est que chaque organe particulier, chaque organe, structure ou formation, chaque groupement de cellules ou d'éléments, doit être traité comme un instrument d'ajustement ou d'adaptation à une situation environnante particulière » (MW 2, p. 310).

2. K. Sterelny, *Thought in a Hostile World : The Evolution of Human Cognition*, Oxford, Blackwell, 2003, p. 126-128. Notons que les tubercules, notamment, ne peuvent être extraits sans usage d'outils et ne peuvent devenir consommables sans un travail de transformation.

avec le thème du premier chapitre d'*Expérience et nature*, suivant lequel le caractère précaire de l'expérience humaine est l'un de ses traits essentiels, et qu'il est à l'origine, entre autres « de l'art et de l'industrie »[1]. Cette même idée est développée dans le premier chapitre de *La quête de la certitude* qui souligne que c'est en réponse à l'« incertitude » caractéristique de sa propre condition que l'être humain se mit à

> inventer les arts et, grâce à eux, à mettre les puissances de la nature à son service. Il entreprit ainsi de construire une forteresse à partir de ses conditions et de ces forces mêmes qui le menacent. Il bâtit des abris, tissa du linge, apprivoisa le feu ennemi et s'engagea dans les arts compliqués de la vie en commun. [...] Pour les peuples anciens, les arts étaient un présent des dieux ou une mise en question de leurs prérogatives. Ces deux options témoignent de la conviction qu'il se joue quelque chose d'extraordinaire, de surhumain ou de contre-nature[2].

Il est intéressant que dans ce passage, Dewey ne se réfère pas au mythe de Prométhée comme une explication pertinente mais comme à un ensemble de croyances (des « convictions ») témoignant de l'importance que les premiers humains ont accordé au travail, importance qui est illustrée également par les « rituels » qui accompagnent souvent les actes techniques dont dépend la vie de la société[3]. L'intérêt de ce mythe ne relève donc pas tant de l'explication évolutionniste que de « l'histoire naturelle des conceptions du travail et des arts »[4] qu'il appelle de ses vœux sans jamais complètement la développer.

Le cours de « Éthique politique » de 1898 propose sans doute la première expression de la thèse suivant laquelle le processus économique est une modification du processus par lequel les organismes régulent leurs interactions avec la nature pour satisfaire leurs besoins :

> Le processus biologique, considéré comme biologique du point de vue du développement des structures qui facilitent le contrôle de l'environnement est essentiellement le processus économique; et le processus économique tel que nous le concevons ordinairement, le procès industriel de la société, est simplement une extension de cette différenciation de structures et d'outils adaptés à un objectif de contrôle de l'environnement, à ceci près que le cours du second est devenu conscient et plus indirect, de telle sorte que les organes et la structure sont devenus des outils, des instrumentalités[5].

1. EN, p. 70, LW 1, p. 43.
2. QC, p. 23-24, LW 4, p. 3.
3. QC, p. 30, LW 4, p. 9.
4. QC, p. 25, LW 4, p. 4.
5. CL 1, p. 1768.

La conception du processus économique en tant qu'extension et différenciation du processus biologique n'a pas été abandonnée par la suite, comme le prouve le syllabus « Social Institutions and the Study of Morals » de 1923, dans la partie intitulée « Economic and Biologic Process », de même que le cours de « Philosophie politique » de 1926. En fait, c'est en différents sens, que le processus économique est un processus biologique modifié : la transformation de l'environnement par le travail est analogue à l'adaptation de l'organisme à son environnement; la division du travail est analogue à la complémentarité des fonctions organiques; l'échange et la consommation correspondent au métabolisme par lequel s'effectue la communication entre les organes assignés aux fonctions interdépendantes. C'est en tous ces sens à la fois que le cours de « Philosophie politique » de 1926 affirme que le processus économique est « la projection de processus biologiques sur un plan spécifiquement humain » [1]. Il n'en reste pas moins que dans ces différents textes, l'analogie concerne surtout le travail comme transformation de l'environnement et comme division du travail. Elle concerne ce que le cours de 1898 appelle le « processus industriel », et le syllabus le « cycle économique industriel » [2], c'est-à-dire la fonction économique du travail entendu comme une activité de transformation de l'environnement naturel, comportant une dimension technique et coopérative, qui permet de satisfaire des besoins humains ne pouvant pas être assouvis par des comportements guidés par des instincts adaptés à l'environnement, comme dans les autres espèces.

Conformément à la logique de son naturalisme non réductionniste, dans les textes où il développe l'idée d'une analogie entre le processus biologique propre aux autres espèces et le « processus industriel » propre aux humains, Dewey souligne des éléments faisant du processus social un processus qui tout à la fois prolonge le processus biologique et lui est irréductible. La continuité entre les interactions avec l'environnement médiatisées par l'instinct, dans les autres espèces, et celles qui le sont par le travail, chez les humains, tient tout d'abord au fait que les instincts aussi bien que le travail sont des formes d'adaptation à l'environnement, *de régulation des rapports avec l'environnement* ou de « contrôle » de l'environnement. La continuité entre ces deux types d'interaction avec l'environnement tient d'autre part au fait que la *différenciation fonctionnelle des organes* trouve son équivalent dans la différenciation de l'activité de travail globale d'un groupe humain en différents types d'activités ayant pour fonction de

1. CL 2, p. 2682.
2. MW 5, p. 250.

satisfaire différents types de besoins. L'idée de « processus économique » désigne donc aussi le travail en tant qu'il est pris dans un processus de division sociale du travail. Dans le cours de 1926, Dewey souligne ces deux continuités en même temps qu'il indique qu'elles remontent plus fondamentalement à une continuité du physique, du biologique et du social, en présentant le processus biologique et le travail comme des dépenses d'énergie qui permettent de rétablir l'équilibre avec l'environnement après qu'un déséquilibre s'est produit dans l'expérience du besoin.

> Les processus économiques sont la projection de processus biologiques sur un plan spécifiquement humain. Les enjeux biologiques, réduits à leurs termes fondamentaux, sont relatifs à l'adaptation des organismes à leur environnement pour maintenir les fonctions vitales – maintenir et perpétuer la vie.
>
> Le processus économique est exactement la même sorte de chose – l'acquisition du contrôle sur l'environnement naturel qui garantira et perpétuera les fonctions vitales. La différence de son contenu est due au fait que la fonction vitale de l'être humain est différente de celle des animaux. Les qualités de leur vie sont tellement différentes que ces différences tendent à obscurcir l'identité fondamentale de ces processus.
>
> Toute fonction vitale implique un état d'équilibre non perturbé. Aussi longtemps que la vie se poursuit jusqu'à la mort, un certain degré de coordination stable entre les énergies de l'organisme et celles de l'environnement doit exister. Conjointement à cet état d'harmonie fixe, non perturbée, les conditions d'équilibre sont perturbées, instables. Le fait concret dans lequel ces perturbations se manifestent est l'existence de besoins (*wants*, *needs*) de la part de l'organisme qui s'expriment dans un état de dérangement et d'inquiétude (*restlessness and uneasiness*) causant une redistribution des énergies pour atteindre l'équilibre nécessaire. Toute vie humaine se développe normalement sur un plan assuré par un contrôle de l'environnement. Il faut qu'il y ait des ressources à disposition. Ensuite, il y a des besoins qui conduisent à une dépense d'énergie que nous appelons travail, en conséquence de laquelle, par l'intermédiaire de l'utilisation des ressources, l'équilibre est restauré à un certain degré [1].

Si le travail permet de penser ainsi le social comme un prolongement des processus physiques et biologiques, il permet également de situer ce qui le rend irréductible à ces processus. Un premier trait notable concerne le fait que le travail, plutôt que de seulement sélectionner dans l'environnement des ressources adaptées aux besoins organiques, *transforme*

1. CL 2, p. 2682. On trouve les mêmes thèmes dans le syllabus de 1923 : MW 15, p. 248.

l'environnement pour rendre ces ressources adaptées aux besoins humains. Cette transformation de l'environnement ne se solde pas seulement par la production de biens de consommation, périssables, mais aussi de biens d'usage, durables, qui en viennent à constituer un *nouvel environnement*, « artificiel », ou « culturellement modifié ». Les produits du travail que sont les instruments de travail et les objets d'usage (vêtements, abris, etc.) sont des entités artificielles qui produisent un nouvel environnement, définissant à son tour de nouveaux besoins qui de nouveau doivent être satisfaits par le travail. De même qu'il faut du travail pour produire des outils et des objets d'usage, de même c'est par le travail que ces derniers peuvent être réparés, entretenus, etc. Le travail ne sert donc pas seulement à transformer la nature pour satisfaire des besoins, mais aussi à produire les outils dont on a besoin pour transformer la nature, de même qu'à produire et réparer les objets artificiels qui en sont venus à structurer des activités sociales. En d'autres termes, le travail ne permet pas seulement de satisfaire des besoins primaires, indépendants du travail, mais aussi les besoins secondaires, produits indirectement par le travail, comme le soutenait déjà Hegel dans la section de ses *Principes de la philosophie du droit* consacrée au « système des besoins »[1]. Le travail n'est pas seulement une modalité de contrôle de l'environnement naturel, mais aussi une modalité de contrôle de l'environnement artificiel. À propos de ces différentes spécificités du « processus industriel », Dewey écrit notamment :

> Alors que l'ensemble du cycle économique industriel représente une continuation du processus biologique, ou du processus qui maintient la vie, sa continuation sur le plan humain manifeste des différences significatives.
> 1) Le besoin est une demande de possession et de contrôle durable, et non pas d'utilisation temporaire. [...].
> 2) L'opération consistant à satisfaire cette demande suppose l'intervention, entre l'activité organique et les changements externes, d'outils, d'ustensiles, d'appareils d'une variété et d'une complexité croissante. Émerge ainsi un second ordre de besoins et de satisfactions qui conditionne à tel point le premier ordre de besoins et de satisfactions que les seconds attirent à eux l'attention, l'intérêt et l'effort.
> 3) L'usage d'outils implique que certaines des modifications de l'environnement sont relativement permanentes; les outils vont au-delà des exigences d'une déficience immédiate. Les outils rendent également possibles d'autres modifications permanentes de l'environnement qui déterminent des activités futures, de futures demandes-efforts-satisfactions. Les environnements modifiés culturellement ou « artificiellement » perdurent de génération en

1. Voir tout particulièrement les paragraphes 190-198.

> génération, et transforment radicalement les modalités suivant lesquelles le processus vital se manifeste lui-même (c'est la raison principale pour laquelle il n'y a pas d'évidence dans l'identification du processus économique au processus biologique). Ces environnements sont composés de choses comme les routes (les conditions de transport), les immeubles, les meubles, les vêtements, la musique, la littérature, les traditions et les coutumes d'appropriation et d'usage qui constituent les régulations légales de propriété, de famille, de rang social, etc. (c'est-à-dire les organes politiques et légaux ou les structures qui conditionnent et déterminent l'action des processus plus directement biologiques)[1].

Naturaliste, Dewey ne peut interpréter l'émergence d'un environnement artificiel comme une opposition du naturel et de l'artificiel[2]. Contre la vision spencérienne d'une adaptation passive des organismes naturels à un environnement donné indépendamment de lui, Dewey souligne que l'organisme et l'environnement ne doivent pas être considérés comme des entités indépendantes, mais comme les facteurs d'un processus vital les intégrant l'un à l'autre. Cette conception processuelle de l'interaction de l'organisme et de l'environnement permet de reconnaître que les organismes transforment de différentes manières leurs environnements. Le cours de « Sociologie de l'éthique » de 1902-1903 conclut ainsi une longue polémique avec la conception spencérienne du rapport entre organisme et l'environnement, que l'on trouvait déjà dans le cours d'« Éthique politique » de 1898, en affirmant que « l'organisme introduit toujours dans l'environnement des changements qui rendront les conditions environnementales plus appropriées au processus qui est maintenu par l'organisme »[3]. Dewey semble ici pleinement reconnaître que la transformation active de l'environnement qui est manifeste chez les humains est déjà à l'œuvre dans les autres espèces animales, de sorte que la spécificité des interactions du travail avec l'environnement ne relève pas tant un saut de la nature dans l'artifice que d'un développement sans précédent de processus de transformations actives et durables de l'environnement naturel qui sont déjà à l'œuvre dans d'autres espèces. Précurseur d'un courant important des théories évolutionnistes contemporaines, Dewey soutient ainsi qu'en s'adaptant à l'environnement naturel tout en le transformant durablement, les humains sont plus que toute autre espèce des « constructeurs de niche ».

1. MW 15, p. 250-251.

2. Une déconstruction analogue du dualisme du naturel et de l'artificiel a été entreprise sur une base évolutionniste et en prenant notamment appui sur Leroi-Gourhan par F. Tinland dans *La différence anthropologique. Essai sur les rapports de la nature et de l'artifice*, Paris, Aubier, 1977.

3. CL 1, p. 2270.

On souligne dans ce courant que le fait que les hominidés soient des constructeurs de niche implique qu'aux formes de sélection naturelle à l'œuvre dans d'autres espèces s'ajoutent de nouveaux mécanismes de sélection des traits adaptés aux environnements artificiels dans lesquels les processus éducatifs, vecteur de la transmission culturelle, jouent des rôles déterminants [1]. D'où la nécessité biologique de l'éducation qui est soulignée pour ces mêmes raisons dans le premier chapitre de *Démocratie et éducation.*

Nous avons mentionné que la thèse du processus industriel comme processus biologique modifié dépendait notamment d'une analogie entre le travail en tant qu'il est pris dans un processus de division sociale du travail, d'une part, et la complémentarité des fonctions organiques, d'autre part. Aux yeux de Dewey, il s'agit là d'un fait d'importance qui mérite donc un commentaire. Il y voit en effet l'origine de la dimension essentiellement coopérative de la vie sociale. Dans le cours d'« Éthique politique » de 1898, il affirme que le « lien social » dérive pour une grande part du processus économique, en l'occurrence, de la nécessité de travailler avec autrui pour satisfaire ses propres besoins. Certes, dans des sociétés plus évoluées, le lien économique n'est pas « le seul lien d'unité », mais la vie sociale reste fondée sur la division sociale du travail :

> Le point important est que les individus sont primitivement liés les uns aux autres sur la base de leurs relations à la nature. Il ne s'agit certes pas du seul lien d'unité (*bond of union*), et dans les sociétés ultérieures et plus complexes, il est même très difficile de retrouver le lien d'unité primitif; mais la conjonction immédiate, la connexion immédiate, se retrouve toujours, je crois, y compris dans les sociétés plus développées, dans les modes communs d'attaque de la nature, pour ainsi dire, de contrôle et d'utilisation de la nature, et très certainement, dans la forme primitive, ce lien constitue une très large part de l'ensemble du lien social [2].

On retrouvera cette même idée dans le cours de « Philosophie politique » de 1926. Dans l'énumération des spécificités qui définissent la transposition du processus biologique sur un plan proprement humain, Dewey y mentionne la « division du travail » et il y souligne qu'elle rend possible une forme

1. Dans les débats contemporains en théorie de l'évolution, ce type de position est défendu notamment par F. J. Odling-Smee, K. N. Laland, M. W. Feldman, *Niche Construction : The Neglected Factor in Evolution*, Princeton, Princeton University Press, 2003, chap. VI, et par K. Sterelny, *The Evolved Apprentice. How Evolution Made Humans Unique*, Cambridge (Mass.), The MIT Press, 2012. Le fait que Dewey préfigure les théories de la construction de niche a été relevé par T. Pearce, « Dewey, le darwinisme et la variation dirigée », dans A. Daratos, P. Walter, *Penser l'évolution. Nietzsche, Bergson, Dewey*, Paris, Vrin, 2019, p. 147.

2. CL 1, p. 1788.

spécifique de coopération qui se distingue des formes de coopération physique et biologique non humaines qui se réduisent à des formes d'interdépendance. Le propre de la coopération sociale est en effet, comme Dewey le souligne notamment dans *Le public et ses problèmes* [1], la possibilité d'une participation à des actions conjointes motivée par la conscience d'un intérêt commun ou de valeurs ou idéaux partagés – ce qui revient à définir la coopération non pas seulement comme « l'action conjointe » mais aussi par des « intentions communes » [2]. Or ces intentions communes n'ont pas pour origine première des instincts ou des dispositions psychologiques innées, comme l'imitation, mais la structure même de la division du travail qui explique la sélection de ces dispositions au cours du processus de l'évolution des espèces :

> La participation n'est pas un processus ou une opération, ou quoi que ce soit d'autre, qui pourrait être défini en termes d'imitation. Cette dernière est plutôt la conséquence de certains processus qui ne sont pas psychologiques, la division du travail par exemple, qui peut conduire à partager les buts et les sentiments qui animent le groupe entier [3].

C'est la structure même de la division sociale du travail qui est à l'origine des sentiments altruistes [4] et qui fait la possibilité d'une dimension proprement coopérative de la vie sociale. Si l'on voulait transposer cette thèse dans les débats contemporains entre explications évolutionnistes de la coopération, on devrait dire que Dewey partage le point de vue de ceux qui voient dans la coopération un produit direct de la sélection naturelle et non un produit indirect s'expliquant par la sélection d'autres caractéristiques avantageuses à l'espèce humaine (comme pourrait l'être par exemple

1. PP, p. 288-289, LW 2, p. 353 : « Tandis que le comportement en association est, comme nous l'avons déjà remarqué, une loi universelle, le fait de l'association ne produit pas de lui-même une société. Cela exige, comme nous l'avons aussi vu, la perception des conséquences d'une activité conjointe et du rôle distinctif de chaque élément qui la produit. Une telle perception crée un intérêt commun, c'est-à-dire une préoccupation de la part de chacun pour l'action conjointe et pour la contribution de chacun des membres qui s'y livrent. Alors il existe quelque chose qui est véritablement social et pas seulement associatif ». Sur cette différence, soulignée également dans « The Inclusive Philosophic Idea », entre ce qui est seulement associatif et véritablement coopératif, voir F. Fischbach, *Le sens du social. Les puissances de la coopération*, Montréal, Lux, 2015, p. 175-187.

2. Dans la littérature philosophique contemporaine sur la coopération, on trouve ce type de définition de la coopération par la « joint action » et la « joint intention » notamment chez R. Tuomela, « What is cooperation », *Erkenntnis*, vol. 38, n°1, 1993, p. 87-101.

3. CL 2, p. 2689.

4. On lit ainsi dans le cours de philosophie sociale inédit de 1927/1928, p. 73 : « Cette interdépendance [propre à la division du travail] est la réalité de l'altruisme. Je suis le gardien de mon frère » (*This interdependence* [*is*] *the reality of altruism. I am my brother keeper*).

l'altruisme)[1], et qu'il partage également le point de vue de ceux qui pensent que l'avantage évolutionnaire de la coopération concerne l'exploitation des ressources de l'environnement par l'intermédiaire de la division du travail plutôt que la coopération guerrière[2].

L'*Éthique* de 1908 souligne que le travail est l'une des formes primitives du lien social, au même titre que la famille qui elle aussi est une « unité économique »[3]. Dans les premières sociétés, sa dimension coopérative en fait également l'un des principaux « facteurs de socialisation » (*socializing agency*)[4]. De même que la survie de l'espèce humaine a exigé une transmission non biologique, éducative, des techniques mise en œuvre dans le processus de travail, de même elle a exigé une transmission éducative des normes permettant à la coopération productive de se perpétuer. Cela ne signifie cependant pas que les sociétés humaines ont toujours organisé la division du travail conformément à ces normes coopératives. Si la division sociale implique toujours une interdépendance sociale, elle n'implique pas toujours la coopération sociale. Dans *Le public et ses problèmes*, Dewey souligne ainsi que si « des interactions et des transactions se produisent *de facto* et des situations d'interdépendance se produisent s'ensuivent »[5], celles-ci n'en sont pas moins compatibles avec des formes d'exploitation de certains groupes sociaux par d'autres groupes sociaux. Rousseau est crédité d'avoir dénoncé par avance la confusion de l'interdépendance de fait et de l'idéal d'une société coopérative. À propos du thème idéologique de l'harmonisation des intérêts par l'interdépendance marchande, Dewey écrit en effet :

> Rousseau a donné par avance une réponse adéquate à la doctrine de l'économie « naturelle » – selon laquelle l'échange commercial devrait mener à une telle interdépendance que l'harmonie en résulterait automatiquement. Il a montré que l'interdépendance ne donne lieu qu'à une situation dans laquelle il est possible et avantageux aux plus forts et

1. Pour une discussion critique des théories concurrentes au sein de ces débats, voir C. Paternotte, *Agir ensemble. Fondements de la coopération*, Paris, Vrin, 2017, p. 101-113.

2. On trouve chez K. Sterelny (*The Evolved Apprentice*, *op. cit.*, chap. VIII) une défense convaincante de l'hypothèse suivant l'avantage évolutionnaire de la coopération concerne le rapport avec l'environnement plutôt qu'avec d'autres groupes humains, ainsi qu'une critique des différents arguments mobilisés à l'appui de cette dernière hypothèse (notamment par S. Bowles et H. Gintis dans « Origins of Human Cooperation », *in* P. Hammersteinn (dir.), *Genetic and Cultural Evolution of Cooperation*, Cambridge (Mass.), The MIT Press, 2003, p. 429-443).

3. MW 5, p. 29-31.

4. MW 5, p. 45-47.

5. PP, p. 247, LW 2, p. 330.

> aux plus aptes d'exploiter les autres en vue de peurs propres fins et de les maintenir dans un état de sujétion afin d'en faire des outils animés[1].

La division sociale du travail ne définit qu'une possibilité de vie sociale authentiquement coopérative mais cette possibilité peut être contrariée de différentes manières, notamment par les rapports de domination qui se développent eux aussi à partir de la division du travail :

> La coopération physique n'est pas équivalente avec la coopération sociale. L'interdépendance sociale est établie [par la division du travail] mais peut ne pas prendre la forme de la coopération, c'est-à-dire que la coopération n'est pas nécessaire, car l'interdépendance peut prendre la forme d'une domination de certains métiers et donc de certaines personnes[2].

Récapitulons. Les différents textes qui viennent d'être cités permettent de comprendre que la définition de l'humain comme *homo faber* n'affirme pas seulement que le travail constitue le critère biologique de l'espèce humaine, en tant que modalité spécifique d'adaptation de l'espèce humaine à ses environnements. Cette définition peut également rendre compte d'autres spécificités de l'existence humaine, irréductibles à un critère biologique, notamment, le fait que les êtres humains vivent dans des environnements sociaux artificiels, que les modalités de la régulation des rapports avec les environnements naturels et sociaux confèrent un rôle décisif aux mécanismes d'éducation dans le processus de perpétuation et d'évolution de la vie humaine, et que la vie sociale est soumise à des normes de coopération auxquelles elle peut se soustraire.

D'autres définitions traditionnelles de la nature humaine peuvent être rattachées au thème de l'*homo faber*. Le lien du travail avec le langage et la connaissance est en effet souligné dans les quatrième et cinquième chapitres d'*Expérience et nature*. Son lien avec le langage tient tout d'abord à l'interdépendance de la technique et du langage. Dewey souligne ainsi que seul le langage peut transformer l'agencement efficace d'un moyen et d'une fin en une technique, identifiable dans son instrumentalité propre, et transmissible comme telle de génération en génération. D'où la thèse suivant laquelle le langage est « l'outil des outils » :

> Être un outil, servir de moyen en vue de conséquences, c'est avoir une signification, en être pourvu, le langage étant l'outil des outils, la mère nourricière de tout ce qui possède une signification. Les autres instruments

1. PP, p. 250, LW 2, p. 332.
2. CL 2, p. 2685.

> [...] ne peuvent prendre leur origine et se développer qu'au sein de groupes sociaux que le langage a rendus possibles [1].
> Le hasard pourrait conduire une créature à se chauffer au moyen d'un feu ou à utiliser un bâton pour remuer la terre, de manière à favoriser la croissance d'une plante dont elle se nourrit. Toutefois, le confort qu'il apporte cesse avec le feu, et un bâton, une fois qu'il a été utilisé comme levier, revient à son état de bâton, tant que la relation établie avec ses conséquences n'a pas été distinguée et maintenue. Seul le langage ou une forme de signe artificiel permettent d'inscrire la relation et de la rendre fructueuse dans d'autres contextes [2].

Ces affirmations, en ce qu'elles présentent le langage comme la condition de l'outil, pourraient conduire à conclure que sur ce point au moins, l'interaction avec l'environnement médiatisée par des outils, c'est-à-dire le travail, n'est qu'un trait secondaire. Mais, le développement dont sont tirés ces deux extraits commençait par inverser cet ordre de conditionnement. Le propre du langage est d'être composé de signes, et le propre des signes est leur structure de renvoi, or, c'est l'outil qui, dans l'histoire de l'espèce humaine fait émerger pratiquement l'importance de cette structure de renvoi :

> L'invention et l'usage d'outils ont joué un grand rôle dans la consolidation des significations, car le propre d'un outil n'est pas d'être traité directement et physiquement, mais de servir de moyen par rapport à des conséquences. Un outil est intrinsèquement relationnel, anticipatif et prédictif [3].

Dans la mesure où Dewey associe, à la suite de Darwin, la main humaine et la technique (nous y reviendrons), on peut en outre considérer qu'il présente l'émergence des techniques comme irréductible à celle du langage, à l'échelle de l'évolution de l'espèce, lorsqu'il écrit : « La voix est celle du premier homme mais la main est celle de la nature » [4]. Mais il est sans doute plus juste de conclure qu'il établissait un rapport de dépendance réciproque entre outils et langage.

Il en va de même du rapport entre langage et coopération : la différence entre simple coordination des activités, comme dans les autres formes de socialité animale, et coopération est en effet indissociable de l'émergence d'une forme langagière de communication. En définitive, c'est donc à une

1. EN, p. 176, LW 1, p. 146.
2. EN, p. 178, LW 1, p. 147.
3. EN, p. 176, LW 1, p. 146.
4. EN, p. 70, LW 1, p. 44.

interaction entre technique, division du travail et langage que nous avons affaire. En témoigne ce passage d'*Expérience et nature* :

> Les lances, les urnes, les paniers, les pièges ont peut-être trouvé leur origine accidentelle dans une conséquence sur laquelle des événements naturels ont débouché. Mais seul le fait que l'action concertée en ait permis la répétition peut expliquer qu'ils aient été institutionnalisés en tant qu'outils, et ce concert d'action dépend, quant à lui, de l'utilisation de moyens de remémoration et de la communication[1].

Le caractère intégratif de l'anthropologie de l'*homo faber* tient aussi au lien étroit établi par Dewey entre travail et connaissance. C'est tout à la fois le rapport cognitif à l'expérience, les formes de la connaissance de la nature, et le développement de la connaissance qui s'expliquent par le travail. Tout cela permet de décrire le travail comme un « facteur de rationalisation » (*rationalisation agency*) dans l'*Éthique* de 1908[2].

De l'« Interpretation of Savage Mind » de 1902 à *Expérience et nature*, nombreux sont les textes dans lesquels Dewey présente le travail comme l'origine de la connaissance en tant qu'il occasionne aussi bien une transformation des choses expériencées en objets de connaissance qu'une objectivation des rapports entre les choses expériencées dans des relations de cause et d'effet[3]. Que le travail soit à l'origine de la transformation des choses expériencées en objets thématisés dans leurs propriétés propres tient au fait que le travail isole un moyen d'action de ses effets lorsque le raisonnement technique s'interroge sur les moyens à mettre à œuvre dans le cadre d'un processus pratique qui ne conduit pas immédiatement aux objectifs visés. Dans le travail, les moyens cessent d'être seulement un aspect de l'action orientée vers une fin, ils deviennent des moyens existant pour eux-mêmes, en tant que moyens qu'il s'agit de mettre en œuvre de la meilleure manière pour atteindre la fin. Or, comme l'affirme « On the Interpretation of Savage Mind » :

> C'est seulement quand les choses sont traitées uniquement comme des *moyens*, lorsqu'elles sont perçues et maniées comme des moyens distincts de buts éloignés, qu'elles deviennent des « objets »[4].

On retrouve cette même idée dans le chapitre IV d'*Expérience et nature* : l'outil, en tant que moyen existant indépendamment des objectifs qu'il

1. EN, p. 178, LW 1, p. 147.
2. MW 5, p. 43-45.
3. Ce point a été souligné par L. Hickman, dans les chapitres IV et V de son *John Dewey's Pragmatic Technology*, *op. cit.*
4. MW 2, p. 44.

permet d'atteindre, et dont l'usage doit être ordonné à ses propriétés objectives si l'on veut atteindre l'objectif, est à l'origine du rapport cognitif à l'expérience.

> Le premier pas accompli dans le sens d'un affranchissement à l'égard de l'oppression exercée par les choses et les événements immédiats fut celui de la mise en œuvre d'outils et d'appareils permettant de manipuler les choses pour qu'elles répondent à nos désirs. Toute chose étant considérée non pas pour ses qualités immédiates mais en vue de ce que l'on en attend, ces mêmes qualités immédiates furent alors rejetées dans l'ombre, tandis que tout ce qui s'apparentait à un signe ou à un indice de quelque chose d'autre s'en trouva par là même mis en relief. Ce qui compte est moins ce qu'une chose est que ce qu'elle rend possible. Au centre de ce qu'est à nos yeux la signification cognitive et de ce qui compte intellectuellement, il y a l'idée que l'immédiateté est subordonnée à ce que les choses annoncent ou à ce dont elles témoignent. Un signe intellectuel indique qu'une chose n'est pas considérée dans son immédiateté, mais renvoie à ce qui pourrait en dériver[1].
>
> La meilleure preuve qu'on puisse obtenir du fait que les animaux ne « pensent » pas est qu'ils n'ont pas d'outils, et qu'ils sont sous la dépendance de propres structures corporelles relativement fixées pour produire des effets[2].

Le travail est également l'origine d'une thématisation des objets selon des relations de causalité. Le chapitre III d'*Expérience et nature* affirme ainsi que c'est l'expérience du travail qui explique la croyance dans le principe de causalité, et non l'habitude de la conjonction constante des observations comme l'affirme Hume, ou un principe logique autonome comme le pense Kant, ou encore l'expérience de notre propre volonté comme l'avance Nietzsche :

> Il y a une [...] chose qui, dans l'expérience est la plus évidente de toute, c'est le travail utile et sa nécessité contraignante [...]. Du point de vue du travail, une chose représente ce que seront ses effets sur une autre chose – c'est la seule manière que nous avons de définir un outil ou un obstacle. Des raisons extraordinaires ou subtiles ont été invoquées à l'appui de la croyance au principe de causalité. Le travail et l'usage d'outils semblent toutefois constituer une raison empirique suffisante en ce qu'ils sont les seuls événements empiriques dont on peut particulièrement montrer qu'ils entrent dans cette relation. Ce sont des fondements plus adéquats de l'acceptation de la croyance en la causalité que ne le sont la régularité des enchaînements dans la nature, les catégories de la raison ou les faits présumés

1. EN, p. 126-127, LW 1, p. 105.
2. EN, p. 176, LW 1, p. 146.

> de la volonté. Le premier penseur ayant proclamé que tout événement est l'effet de quelque chose et la cause de quelque chose d'autre, que toute existence particulière est à la fois conditionnée et conditionnante n'a fait qu'exprimer en mots la démarche de l'ouvrier, convertissant ainsi une manière de faire en une formule [1].

Il n'est donc pas étonnant que l'expérience du travail ait été la source des premiers développements de la connaissance de la nature et de la société, avant que le discours philosophique, puis les sciences, s'engagent dans des recherches systématiques de connaissance. Le chapitre IV d'*Expérience et nature* souligne lui aussi l'importance du travail pour le développement de la connaissance :

> Que les sciences virent le jour à partir des arts; les sciences physiques à partir des métiers et des techniques de guérison, de navigation, de la guerre et du travail du bois, des métaux, du cuir, du lin et de la laine; les sciences de l'esprit à partir des arts de la gestion politique, voilà, je suppose, une chose connue. L'attitude typiquement intellectuelle qui marque l'enquête scientifique est née des efforts destinés à contrôler les personnes et les choses de telle sorte que les conséquences, issues, résultats, bénéficient d'une stabilité et de garanties supérieures [2].

C'est donc à juste titre que le chapitre IV d'*Expérience et nature* souligne « l'ingratitude » des philosophes grecs qui, victimes des préjugés conduisant les membres de la « classe de loisir » à dévaloriser tout ce qui est lié au travail, n'ont pas compris que c'est aux activités industrieuses qu'ils devaient les démarches intellectuelles qu'ils cherchaient à développer pour elles-mêmes et le savoir intellectuel dont ils héritaient :

> L'ingratitude des penseurs à l'égard des artistes qui, en créant des objets harmonieux, ont fourni à l'idéalisme philosophique des modèles empiriques de ses objets ultimement réels, s'est exprimée dans une plus grande mesure encore à l'égard des artisans. Les résultats accumulés des observations et des manières de procéder des paysans, des navigateurs, des bâtisseurs, ont été une source d'information factuelle sur les événements naturels; elle a fourni également le modèle de la subordination logique et métaphysique du changement aux réalisations se prêtant à une possession et à une appréciation directe. Pendant que les penseurs condamnaient la classe industrieuse et méprisaient le travail, ils leur empruntaient les faits et les conceptions auxquelles leurs théories devaient leur forme et leur substance [3].

1. EN, p. 106, LW 1, p. 73.
2. EN, p. 126, LW 1, p. 105.
3. EN, p. 123-124, LW 1, p. 102-103.

Une autre caractéristique distinctive de la vie humaine tient au fait que le travail, en tant que mode de contrôle actif et conscient avec l'environnement, et en tant que production d'un environnement artificiel plus facilement modifiable que l'environnement naturel, permet à l'homme de participer non plus seulement au processus d'une évolution des espèces subie, mais aussi à celui d'une évolution socio-historique susceptible d'être dirigée, et de l'être intelligemment. Un développement du cours de « Philosophie de l'éducation » de 1896 qui suit la présentation de l'être humain comme un « working being » est assez clair à ce propos :

> Les activités humaines se distinguent de celles des animaux parce que les hommes deviennent conscients de leur pouvoir de contrôle et de la méthode de subordination des forces physiques à lui-même. Ce n'est pas qu'il ait davantage d'organes que les animaux, ou que l'un de ces organes soit en lui-même plus puissant. C'est plutôt que l'homme en vient à prendre conscience de lui-même comme d'une fin. En d'autres termes, la méthode de contrôle qui a été à l'œuvre tout au long de l'évolution de la vie animale devient consciente chez l'homme et est ainsi transformée en force de progrès spirituel. L'évolution, en effet, a procédé jusqu'à aujourd'hui par l'intermédiaire des différents moyens (*instrumentalities*) qui permettaient de subordonner l'environnement, considéré comme une source de nourriture et de moyens de défense et de protection, au processus de la vie. L'homme, en s'appropriant cette méthode, accélère considérablement le rythme du progrès et en transformant ce dernier en un but, s'élève de la région de l'accident à celle du contrôle intelligent[1].

On retrouvera ce même thème, délesté de l'interprétation discutable du processus historique comme un processus évolutionnaire accédant au contrôle conscient et intelligent, dans le cours de « Philosophie politique » de 1926. À propos du « processus économique » industriel, c'est-à-dire du travail, Dewey affirme qu'il est l'occasion d'un « développement de l'intelligence » à même les « luttes des hommes pour assurer leur subsistance, pour assurer leur survie et une vie toujours meilleure » :

> Le processus économique implique le développement de l'intelligence, l'intelligence en un sens objectif. Non pas au sens d'une capacité de la raison mais d'un pouvoir actif (*operative power*) réalisé dans la connaissance et la distinction à la fois des moyens et des fins. C'est par l'intermédiaire des luttes des hommes pour assurer leur subsistance, pour assurer leur survie et une vie toujours meilleure, que l'humanité a été transformée d'une combinaison d'impulsions organiques, instinctives, ou d'activités qui expriment sa structure organique, en un être intelligent[2].

1. CL 2, p. 132-133.
2. CL 2, p. 2710.

La définition de l'être humain comme *homo faber* n'énonce donc pas seulement un critère biologique, mais aussi un critère intégratif de différentes dimensions biologiques, socio-historiques et cognitives de l'existence humaine. Son caractère intégratif tient au fait qu'en tant que mode de régulation des rapports avec l'environnement, le travail permet de rendre compte de l'homme comme être biologique (le processus économique étant un processus biologique modifié) et comme être d'artifice (ou comme constructeur de niche), comme être coopératif, comme être de langage et comme être de connaissance. Cette anthropologie est-elle pour autant si intégrative que nous l'avons affirmé ? Et rend-elle vraiment compte des thèses principales de l'anthropologie deweyenne ? On pourrait en douter en soulignant que dans *Human Nature and Conduct*, Dewey définit l'être humain comme un être d'habitudes, et qu'à première vue, cette définition semble n'entretenir aucun lien avec celle que nous venons d'examiner. Dans la mesure où aucune des citations relatives à l'analogie entre processus biologique et « processus industriel » ne provient d'un article ou ouvrage publié, alors que *Human Nature and Conduct* se donne explicitement pour objectif de définir la « nature humaine », la définition de l'être humain comme un être d'habitude semble pouvoir se prévaloir d'une autorité supérieure à sa définition comme *homo faber*, même si cette dernière figure bien dans plusieurs textes publiés, et même si l'argument du caractère intégratif de cette définition peut lui aussi s'appuyer sur différents textes publiés, comme nous venons de le constater. Pour mesurer la portée de cette objection, examinons la manière dont *Human Nature and Conduct* présente les spécificités de la conduite humaine.

IMPULSIONS ET HABITUDES

Dans *Human Nature and Conduct*, Dewey soutient que les « impulsions » (*impulses*) et les « habitudes » (*habits*) sont les deux facteurs explicatifs de la conduite. Il reprend ainsi à son compte la manière dont des auteurs évolutionnistes, dont C. Lloyd Morgan, avaient cherché à construire une psychologie, d'inspiration darwinienne, dont le principe est que l'évolution ne sélectionne pas seulement des capacités adaptées à l'environnement (relevant de l'instinct), mais aussi des aptitudes à acquérir de telles capacités (des « impulsions » susceptibles d'être transformées en « habitudes »)[1]. Cette théorie souligne donc une double spécificité qui relève du thème

1. Voir notamment C. Lloyd Morgan, *Habit and Instinct*, London, Arnold, 1896. Sur Morgan, voir G. Hodgson, *The Evolution of Institutional Economics : Agency, Structure and Darwinism in American Institutionalism*, London, Routledge, 2004 p. 110-115.

darwinien de la plasticité du vivant[1], développé à l'époque de Dewey par W. James et M. Baldwin[2] : d'une part, les êtres humains sont dotés d'un ensemble de dispositions innées, issues de la sélection naturelle, qui sont marquées par une forte plasticité (elles ne sont pas des instincts mais des impulsions); d'autre part, les dispositions qui organisent effectivement l'agir, et qui sont donc les vecteurs de l'adaptation effective à l'environnement, ne sont pas innées mais acquises : elles sont des habitudes. Cette psychologie évolutionniste permet donc de distinguer la question de la sélection naturelle (des impulsions), de celle de l'adaptation à l'environnement (les habitudes) puisque ce qui est sélectionné est compatible avec différentes formes d'adaptation. Dewey reprend ces idées à son compte en soulignant la plasticité du comportement humain aussi bien sur le plan somatique[3] que sur le plan psychologique. Ici encore le naturalisme deweyen est non réductionniste : la psychologie de l'impulsion et de l'habitude articule les questions de la sélection naturelle et de l'adaptation à l'environnement sans réduire la seconde à la première[4]. Dewey défend en ce sens une position analogue à celle des psychologies évolutionnistes contemporaines qui soulignent qu'on ne peut identifier sélection génétique et adaptation[5].

Ces thèses, constitutives de la psychologie évolutionniste de Dewey, semblent totalement indépendantes de la définition de l'être humain comme un *homo faber*, mais elles lui sont en fait doublement liées. Le travail intervient en effet aussi dans bien dans la strate des impulsions que dans

1. Thème développé dans *The Variation of Plants and Animals under Domestications*, London, John Murray, 1868.

2. Voir à ce propos, T. Pearce, « Dewey, le darwinisme et la variation dirigée », dans A. Daratos, P. Walter, *Penser l'évolution. Nietzsche, Bergson, Dewey*, *op. cit.*, p. 147-148.

3. Comme le suggère *Expérience et nature*, les humains se distinguent des « animaux qui sont sous la dépendance de structures corporelles relativement fixes pour produire leurs effets » (EN, p. 177, LW 1, p. 146).

4. « Il y a une forte, certain dirait absolue, présomption que tout instinct ou impulsion qui est trouvé aujourd'hui dans l'être humain est présent parce qu'il a été réellement bénéfique à un moment ou un autre, parce qu'il a apporté une aide positive dans le processus de confrontation avec les conditions de la vie, parce qu'il a contribué à maintenir et à préserver la vie. Cependant, du fait qu'il a été bénéfique, il ne résulte pas qu'il est aujourd'hui bénéfique, ou qu'il le sera à l'avenir sans changement ou modification. La présomption est au contraire, pourrait-on dire, qu'en raison du fait qu'il a originellement évolué comme un pouvoir ou une capacité en relation avec d'autres conditions, il doit maintenant connaître des modifications, il doit être redirigé, avant d'être rendu disponible » (CL 2, p. 416).

5. Voir pour une synthèse des débats en psychologie évolutionniste, M. Mameli, « Evolution and Psychology in Philosophical Perspective », *in* L. Barrett, R. Dunbar (dir.), *Oxford Handbook of Evolutionary Psychology. Oxford Handbooks Online*. Oxford, Oxford University Press, 2012. (https://www.oxfordhan »dbooks.com/view/10.1093/oxfordhb/9780198568308.001.0001/oxfordhb-9780198568308-e-003).

celle des habitudes. Le caractère décisif du travail d'un point de vue philogénétique s'exprime déjà dans l'existence d'une impulsion spécifiquement liée à l'activité de travail (l'*instinct of workmanship*). Ce caractère décisif tient ensuite au fait que c'est notamment la capacité du travail à produire des environnements artificiels, socialement contrôlables et donc susceptibles de modifications rapides à l'échelle du rythme de l'évolution des espèces, qui implique que l'adaptation à l'environnement ne puisse pas être assurée par des instincts produit par le processus à long terme de la sélection naturelle, mais seulement par des dispositions acquises (des habitudes) dans le processus à court terme de la socialisation. Or, les effets formateurs du travail en font l'un des principaux configurateurs d'habitudes.

Commençons par la présence du travail sur le plan de l'impulsion. Étant donné que l'homme est défini comme un animal utilisateur et fabricateur d'outils, il n'est pas étonnant que l'*Éthique* de 1932 se réfère à un « instinct of workmanship » en mentionnant Veblen[1] qui est à l'origine de ce concept et lui avait consacré un article[2] puis un livre[3]. Veblen s'appuyait lui aussi sur la psychologie de l'instinct et de l'habitude. Pour Dewey comme pour Veblen la centralité anthropologique du travail s'exprime notamment dans une sorte d'impulsion naturelle au travail bien fait chez les humains. Dewey écrit dans *Démocratie et éducation* que « les activités fondamentales communes à tous les hommes tournent autour de la nourriture, de l'abri, des vêtements, du mobilier et des moyens de production, d'échange et de consommation » et qu'elles « puisent à la source profonde des instincts »[4]. L'intérêt que nous prenons au travail dès notre enfance est l'expression d'une disposition qui remonte à la nécessité dans laquelle les hommes se trouvèrent de « maîtriser la nature dans et par leur travail pour protéger et enrichir les conditions de leur propre vie »[5], et aujourd'hui encore, alors que le travail fait l'objet de différents préjugés dépréciatifs, on peut constater que « personne n'aime faire ce qu'il ne sait faire qu'à moitié »[6] et qu'il existe un « intérêt à bien faire » ce qu'on fait[7]. Cependant, comme toute impulsion, cet « instinct du travail » bien fait peut être canalisé ou contrarié de différentes manières par les habitudes acquises au cours de la socialisation. Chez Dewey tout comme chez Veblen, l'idée d'« instinct of workmanship »

1. E, p. 458, LW 7, p. 392 (la traduction française rend par « instinct de compagnonnage »).
2. T. Veblen, « The Instinct of Workmanship and the Irksomeness of Labor », *op. cit.*
3. T. Veblen, *The instinct of workmanship and the state of the industrial arts*, *op. cit.*
4. DE, p. 287, MW 9, p. 207.
5. MW 1, p. 95.
6. DE, p. 410, MW 9, p. 327.
7. DE, p. 167, MW 9, p. 91.

est dirigée contre les présupposés anthropologiques de l'économie politique. Dewey explique ainsi dans l'article « Industry and Motives » que l'action économique n'est pas dirigée seulement par l'intérêt personnel, mais aussi et plus encore par « le besoin humain de rester en activité (*to keep busy*), de faire quelque chose » [1], de même que par les habitudes qui canalisent l'expression de ce besoin [2]. Il suit également Veblen lorsqu'il affirme, dans *Human Nature and Conduct*, que seules des conditions institutionnelles spécifiques peuvent expliquer que « l'instinct of workmanship » puisse être contrarié par des habitudes rendant l'intérêt personnel et extérieur à l'activité prédominant, conformément aux présupposés anthropologiques de l'économie néoclassique, en même temps que le travail est transformé en activité pénible (*irksome*) :

> Il est « naturel » pour une activité d'être agréable. Elle tend à s'accomplir, et le fait qu'elle trouve un débouché est en soi satisfaisant, parce qu'il signale un accomplissement partiel. Si l'activité productive est devenue si intrinsèquement insatisfaisante que les humains doivent être artificiellement incités à s'y engager, c'est la preuve que les conditions selon lesquelles le travail est effectué contrecarrent un ensemble d'activités au lieu de les promouvoir, irritent et frustrent des tendances naturelles au lieu de les pousser à leur développement complet [3].

La définition de l'être humain comme être d'habitudes n'est donc pas totalement indépendante de sa définition comme *homo faber* si les habitudes sont des canalisations d'impulsions fondamentales et si parmi ces dernières on compte ce que Veblen désignait par le concept d'« instinct of workmanship ». Mais il existe une raison plus fondamentale de penser que la définition de l'être humain comme être d'habitudes n'est pas totalement indépendante de sa définition comme *homo faber*. Cette raison tient au fait que l'habitude apparaît comme la modalité adaptée de l'organisation des interactions avec un environnement artificiel et susceptible d'être transformé par l'action humaine. Or, c'est précisément le travail qui est à l'origine de cette spécificité des environnements proprement humains.

Dans une recension de 1894, Dewey affirmait déjà clairement que la transmission intergénérationnelle des dispositions pratiques et intellectuelles n'est pas produite seulement biologiquement lorsque « le milieu est modifié de manière à créer des conditions qui stimulent et facilitent la formation

1. MW 13, p. 281.
2. MW 13, p. 282.
3. MW 14, p. 87.

d'habitudes similaires de la part de chaque individu »[1]. On retrouvera ce thème au début du premier chapitre de *Démocratie et éducation*, traitant de l'éducation comme processus biologique. Dewey y soulignera de nouveau que c'est l'éducation, en tant que processus de transmission intergénérationnelle, qui assure la continuité de la vie humaine alors que chez les animaux, la continuité intergénérationnelle de la vie dépend intégralement du processus de reproduction intraspécifique. Nous avons déjà remarqué que le rôle du travail comme forme d'adaptation à l'environnement implique que la vie humaine ne pourrait pas subsister sans un processus d'éducation reproduisant le savoir technique développé par les générations précédentes et inculquant les normes de la coopération sociale. Le fait que cet environnement soit produit et modifié par le travail implique par ailleurs qu'il est soumis à des transformations plus rapides que celles de l'évolution des espèces. Il en résulte que le gouffre existant entre l'action guidée par les impulsions non canalisées (ou engagées dans un processus de canalisation spontané) et les modalités du comportement adapté à cet environnement tend à s'accroitre toujours plus, ce qui rend le processus éducatif transformant les impulsions en habitudes adaptées toujours plus déterminant (et toujours plus long serait-on tenté d'ajouter) :

> Les réalités premières et inéluctables de la naissance et de la mort de chacun des membres constitutifs d'un groupe social déterminent la nécessité de l'éducation. D'une part, il y a le contraste entre l'immaturité des membres nouveau-nés du groupe, ses seuls représentants futurs, et la maturité des membres adultes qui possèdent la connaissance et les coutumes du groupe. D'autre part, il y a la nécessité non seulement de protéger la vie d'un nombre suffisant de ces membres qui ne sont pas encore mûrs, mais encore de les initier aux intérêts, aux objectifs, aux informations, au savoir-faire et aux pratiques des adultes, faute de quoi le groupe cesserait de mener la vie qui le caractérise. Même dans une tribu primitive, les réalisations des adultes sont infiniment supérieures à ce que les membres non encore parvenus à maturité seraient capables de faire s'ils étaient laissés à eux-mêmes. Avec le développement de la civilisation, l'écart entre les capacités originelles de celui qui n'a pas atteint la maturité et les règles et les coutumes de ses ainés augmente encore[2].

1. EW 4, p. 212-213 (« L. F. Ward. *The Psychic Factors of Civilization*. Boston, Ginn and Co., 1893 ; B. Kidd, *Social Evolution*, New York-London, Macmillan Co., 1894 ; G. B. Adams, *Civilization during the Middle Ages*, New York, Charles Scribner's Sons, 1894 ; and R. Flint, *History of the Philosophy of History*, New York, Charles Scribner's Sons, 1894 »).
2. DE, p. 81, MW 9, p. 5-6.

Tout cela conduit à penser que bien loin de consister en une définition de l'être humain concurrente de celle comme *homo faber*, sa définition comme être d'habitudes trouve bien plutôt son fondement naturaliste dans le fait que le rythme de la sélection naturelle des instincts est trop lent pour pouvoir assurer l'adaptation des comportements humains à des environnements dont la caractéristique est qu'ils sont produits et modifiés par le travail et susceptibles d'évolutions rapides. D'où l'intérêt de la sélection d'impulsions dotées d'une forte plasticité et d'un mécanisme d'adaptation de ces impulsions sous forme d'habitudes : l'éducation.

La définition de l'être humain comme *homo faber* relève donc d'une anthropologie intégrative également au sens où le travail rend compte de la spécificité de l'adaptation des humains à leur environnement spécifique, tout à la fois naturel, artificiel et social, tout comme du fait que c'est l'habitude, issue d'une éducation, qui est l'opérateur de cette adaptation. Cependant, il serait très certainement contraire à la pensée deweyenne d'affirmer que la sélection naturelle du travail comme mode de régulation avec l'environnement est le fait fondamental et que la psychologie de l'impulsion-habitude, de même que le langage et développement cognitif, doivent être considérés comme des faits dérivés. Ce type de définition de la nature humaine par un facteur unique, ou par une série de facteurs indépendants et fondamentaux, traditionnel dans les débats philosophiques, n'est pas seulement incompatible avec le caractère processuel et anti-fondationnaliste, hérité de Hegel, de la pensée deweyenne. Cette manière d'aborder la question des spécificités des comportements humains est également incompatible avec la manière dont Darwin a périmé le concept essentialiste de la nature humaine en expliquant les spécificités humaines par l'interaction d'un ensemble de facultés déjà présentes dans d'autres espèces [1]. La manière dont Dewey défend la définition de l'être humain comme un *homo faber* doit plutôt être rapprochée des théories évolutionnistes contemporaines qui soulignent elles aussi qu'il est vain de chercher un facteur unique de la bifurcation évolutive des hominidés. Différents facteurs ont dû entrer dans des boucles de rétroaction positive : un nouveau type d'extraction des ressources, un type d'organisation sociale coopératif, un développement des capacités d'apprentissage et des capacités à collecter, à transmettre et accroître les informations sur l'environnement naturel et les manières d'agir sur lui [2]. La spécificité des comportements humains est

1. M. Kronfeldner, N. Roughley and G. Toepfer, « Recent Work on Human Nature : Beyond Traditional Essences », *Philosophy Compass* 9, 2014, p. 642-652 ; M. Kronfeldner, *What's Left of Human Nature ? A Post-Essentialist, Pluralist, and Interactive Account of a Contested Concept*, Cambridge (Mass.), The MIT Press, 2018.

2. K. Sterelny, *The Evolved Apprentice*, *op. cit.*

alors conçue en termes authentiquement darwiniens, processuels et anti-fondationnalistes. Mais en quel sens précisément la définition deweyenne de l'être humain comme *homo faber* s'inscrit-elle dans un héritage darwinien ?

LES SOURCES DARWINIENNES DE LA CENTRALITÉ DU TRAVAIL

Dewey interprète donc la société comme un processus d'interaction avec la nature médiatisé par le travail et il voit dans ce processus une transformation du processus biologique. Ces thèses empruntent leurs justifications à Darwin, et il ne fait pas de doute que dans l'esprit de Dewey, en elles également se joue l'« influence du darwinisme sur la philosophie ». Cependant, il n'est pas moins contestable qu'elles s'écartent de la théorie darwinienne sur des points décisifs. Comment faire la part des choses ?

Les emprunts à Darwin concernent tout d'abord le thème suivant lequel les caractéristiques spécifiques de la vie humaine doivent être considérées comme des modifications des formes de la vie animale non humaine. On pourrait penser que déjà sur ce point, Dewey n'est que partiellement fidèle à Darwin dans la mesure où pour ce dernier, tout est affaire de degré dans la comparaison des humains avec les espèces animales [1], c'est-à-dire de différence quantitative, alors que Dewey semble rechercher des différences qualitatives et qu'il les rattache au travail. Qu'il pense la spécificité de la vie humaine en termes qualitatifs trouve une illustration parmi d'autres dans cette affirmation déjà citée : « La meilleure preuve qu'on peut obtenir du fait que les animaux ne "pensent" pas est qu'ils n'ont pas d'outils » [2]. Cette prise de distance avec Darwin, apparemment décisive, n'est cependant pas si significative. Hégélien, Dewey sait qu'à un certain degré, les variations quantitatives se transforment en variations qualitatives et il voit dans le darwinisme le modèle d'un naturalisme continuiste dont la fonction est précisément de rendre compte de telles transformations. Par ailleurs, le fait que Darwin considère bien que toutes les différences quantitatives entre les humains et les autres animaux ne sont pas significatives au même titre implique qu'il adopte une conception des rapports des variations quantitatives et qualitatives semblable, à ce haut niveau de généralité, à ce qu'on trouve chez Dewey.

1. Voir par exemple, C. Darwin, *La filiation de l'homme*, trad. fr. M. Prum *et al.*, Paris, Syllepses, 1999, p. 214 : « La différence entre l'esprit de l'homme et celui des animaux supérieurs, aussi grande soit-elle, est certainement une différence de degré et non de nature ».

2. EN, p. 176, LW 1, p. 146.

La question est alors de savoir quelles sont les différences les plus significatives. Or, sur ce point, Dewey semble de nouveau s'écarter de Darwin. Là où le premier définit l'être humain comme un *homo faber*, le second situait la différence la plus significative dans les dispositions morales [1], et il récusait explicitement la définition de l'être humain comme animal utilisateur ou fabricateur d'outils :

> On dit souvent qu'aucun animal n'utilise d'outil ; mais le chimpanzé à l'état de nature brise un fruit indigène, ressemblant plus ou moins à une noix, avec une pierre [...]. Les singes anthropomorphes, probablement guidés par l'instinct, se construisent des plates-formes temporaires, mais comme beaucoup d'instincts sont largement sous la gouverne de la raison, les plus simples, comme de construire une plate-forme, ont pu tout bonnement devenir des actes volontaires et conscients. L'orang est connu pour se couvrir feuilles de Pandanus pendant la nuit ; et Brehm affirme que l'un de ses babouins avait l'habitude de se protéger de la chaleur du soleil en se mettant un tapis de paille sur la tête. Dans ces diverses habitudes, on retrouve probablement les premières étapes vers quelques-uns des arts les plus simples, comme l'architecture et l'habillement grossiers, tels qu'ils apparurent chez les premiers ancêtres de l'homme [2].

Néanmoins, même concernant la signification anthropologique du travail, Dewey pouvait prétendre rester d'une certaine manière fidèle à Darwin, et cela sur deux points essentiels. D'une part, on trouve sous la plume de ce dernier des passages qui semblent donner un rôle fondamental au travail (ce qu'on appellera l'argument de la main) [3] ; d'autre part, il soulignait lui-même l'existence d'une discontinuité entre la manière dont la sélection naturelle était à l'œuvre d'une part chez les végétaux et les animaux non humains, et, d'autre part chez les animaux humains (ce qu'on appellera l'argument de l'évolution de l'évolution).

L'argument de la main joue un rôle comparable chez Dewey et Darwin. Le premier peut s'autoriser des passages de *La Filiation de l'homme* soulignant l'importance de la libération de la main dans le processus d'hominisation ainsi que le lien qu'elle entretient avec l'émergence de l'intelligence [4]. Dewey se réfère probablement à ces passages lorsqu'il écrit dans *Expérience et nature* que « la main est celle de la nature » [5] et dans

1. C. Darwin, *La filiation de l'homme*, *op. cit.*, p. 730-731.
2. *Ibid.*, p. 166-168.
3. Ce qui avait conduit Engels, dans un texte intitulé « Le rôle du travail dans la transformation du singe en homme » (F. Engels, *Dialectique de la nature*, trad. fr. E. Bottigelli, Paris, Éditions sociales, 1961, p. 170-183), à fonder lui aussi son anthropologie de l'*homo faber* sur Darwin.
4. C. Darwin, *La filiation de l'homme*, *op. cit.*, p. 133, 135.
5. EN, p. 70, LW 1, p. 44.

l'*Éthique* de 1932 : « L'habileté de la main et le développement du cerveau sont allés de pair » [1]. On peut remarquer que Mead, qui tout comme Dewey, et en étroite collaboration avec lui, chercha à tirer les conséquences philosophiques du darwinisme, souligna lui aussi du point de vue phylogénétique l'importance d'une main dotée d'un pouce opposable pour les interactions spécifiquement instrumentales avec l'environnement [2]. Sur ce point la différence entre Dewey et Bergson est notable puisque ce dernier explique l'émergence des outils par l'intelligence en tant que capacité à inventer et puissance d'artifice [3]. Dewey est plus proche de la manière dont Leroi-Gourhan a lui aussi souligné l'importance de la libération de la main dans l'émergence des premiers outils, tout en précisant également que l'émergence des techniques lithiques, et par là même du travail comme mode d'interaction avec la nature, ne doit pas être conçue comme l'effet d'une invention, mais comme un produit de la sélection naturelle [4]. L'intelligence ne précède pas la technique et le travail, elle va de pair avec leur développement.

Par ailleurs, l'argument de l'évolution de l'évolution, dont nous avons déjà évoqué le rôle qu'il joue chez Dewey, et qui est très explicitement formulé par lui [5], était déjà présent chez Darwin. Ce dernier, toujours dans la *Filiation de l'homme*, avait cherché à montrer que le processus de la sélection naturelle s'exerçait de façon modifiée dans l'histoire de l'espèce humaine. Elle cesse d'impliquer l'élimination des plus faibles et ce sont au contraire des formes de solidarité qui se développent [6]. L'insistance sur

1. E, p. 437, LW 7, p. 375.

2. G. H. Mead, *L'esprit, le soi, la société*, trad. fr. D. Cefaï et L. Quéré, Paris, P.U.F., 2006, p. 300-302.

3. H. Bergson, *L'évolution créatrice*, *op. cit.*, p. 612 : « En ce qui concerne l'intelligence humaine, on n'a pas assez remarqué que l'invention mécanique a d'abord été sa démarche essentielle, qu'aujourd'hui encore notre vie sociale gravite autour de la fabrication et de l'utilisation d'instruments artificiels, que les inventions qui jalonnent la route du progrès en ont aussi tracé la direction ».

4. A. Leroi-Gourhan, *Technique et langage*, Paris, Albin Michel, 1964, p. 140, 151-152.

5. « La théorie psychologique doit reconnaître le changement dans les conditions de l'évolution qui est impliqué par le développement du pouvoir objectif et impersonnel de l'intelligence », *in* « The Psychic Factors of Civilization », EW 4, p. 208.

6. On a pu parler d'effet réversif de l'évolution pour rendre compte de l'originalité de la position de Darwin sur ce point; voir notamment P. Tort, « L'effet réversif de l'évolution. Fondements de l'anthropologie darwinienne », dans P. Tort (dir.), *Darwinisme et société*, Paris, P.U.F., 1992, p. 13-54. L'idée d'effet réversif de l'évolution donne à penser que le mécanisme de la sélection naturelle n'agit plus de la même manière dès lors qu'il est question de l'histoire des sociétés humaines, alors que d'autres commentateurs soulignent que différentes formes de sélection naturelle jouent en même temps; voir notamment T. Dobzhansky, « Man and Natural Selection », *American Scientist*, vol. 49, n°3, 1961, p. 285-299. La position de Dewey est plus proche de cette seconde interprétation, comme on le constate dans sa controverse avec Huxley (étudiée dans la prochaine section).

la portée anthropologique du travail permet à Dewey de proposer une explication de cette spécificité de l'évolution des sociétés humaines qui soit alternative à celle que propose Darwin tout en étant pleinement conforme à l'orientation générale du naturalisme darwinien. La spécificité de l'évolution des humains et de leur vie sociale était conçue chez Darwin comme un développement des facultés morales, lié au fait que les instincts sociaux déjà présents dans différentes espèces animales, et issus de la sélection naturelle chez les hommes également, sont modifiés sous l'effet de l'intelligence, elle aussi issue de la sélection naturelle. La capacité de l'intelligence à transformer les instincts en habitudes, et l'effet de la sensibilité à l'approbation d'autrui, liée à l'instinct de sympathie et amplifié le développement de la mémoire, enclenchent d'après lui un processus d'apprentissage moral qui conduit à généraliser le principe d'assistance aux faibles (qui se substitue au principe de leur élimination) en même temps qu'une extension de la bienveillance (initialement restreinte au groupe d'appartenance). Le propre de l'évolution des humains et de leur vie sociale s'explique donc principalement chez Darwin par la sélection naturelle d'un certain nombre de facultés dont l'interaction a rendu possible le développement d'un sens moral[1]. Comme le soulignait Tuft en 1909, pour le cinquantième anniversaire de l'*Origine des espèces*, le défaut de ce type d'explication est double : d'une part, elle donne une explication seulement psychologique et non pas également sociale des spécificités de l'évolution humaine, d'autre part, cette explication souligne le rôle des instincts et des sentiments moraux sans donner d'importance aux fonctions pratiques de la pensée[2]. Dans la mesure où Dewey et Tuft sont les deux auteurs de l'*Éthique* de 1908, dont la première partie traite des « commencements et de la croissance de la moralité », il y a fort à parier que Dewey partageait cette double critique de Darwin. Tandis que Darwin expliquait le passage, partiel, d'une évolution éliminative à une évolution solidaire, en se référant à la sélection naturelle d'un ensemble de *facultés entrant en synergie*, Dewey cherche à l'expliquer à partir du travail comme *processus d'adaptation* en faisant ressortir le rôle de la division sociale du travail et des

1. D'où l'idée que les animaux auraient eux aussi certainement pu développer un sens moral s'ils avaient acquis une intelligence analogue à celle de l'homme : « La proposition suivante me semble hautement probable : à savoir que tout animal, quel qu'il soit, doué d'instincts sociaux bien affirmés incluant les affections parentale et filiale, acquerrait inévitablement un sens moral ou conscience, dès que ses capacités intellectuelles se seraient développées au même point, ou presque, que l'homme » (*La filiation de l'homme*, *op. cit.*, p. 184).

2. J. H. Tufts, « Darwin and Evolutionary Ethics », *Psychological Review* 16, 1909, p. 195-206.

capacités de direction intelligente de l'évolution historique. En termes contemporains, c'est à la « construction de niche » et à « l'explosion de la coopération »[1], plutôt qu'au développement des instincts altruistes déjà présent dans d'autres espèces, qu'il rattache l'évolution solidaire.

Le travail peut donc être présenté comme un facteur clef de l'évolution des sociétés humaines. Il l'est doublement. Premièrement, le fait que les activités de travail biologiquement décisives ne puissent se développer sans division du travail implique que l'espèce humaine doit être définie comme une espèce coopérative. De même que l'importance du travail dans l'histoire de notre espèce fournit l'explication de la sélection d'un « instinct of workmanship », de même, comme nous l'avons déjà remarqué, la dimension coopérative du processus de division sociale du travail est l'origine des sentiments altruistes. Deuxièmement, le travail est la condition de possibilité d'un passage d'une évolution subie à une évolution consciemment dirigée puisque l'environnement artificiel produit par le travail peut également être transformé par lui, et que les formes de la division sociale du travail peuvent être modifiées pour être rendues plus adéquates aux normes de solidarité qui, immanentes à la division sociale du travail, n'en sont pas moins, comme nous l'avons aussi remarqué, en tension permanente avec les intérêts particuliers propres aux groupes sociaux qui se constituent dans cette même division du travail et qui sont à l'origine des rapports de domination qui traversent le monde social[2]. Dans la mesure où l'environnement transformé par le travail et les efforts de l'humanité pour résoudre les problèmes sociaux et politiques auxquels elle est confrontée est un « environnement social où le savoir, les idées et l'art s'incarnent dans les institutions »[3], les enjeux d'une transformation d'une évolution subie en évolution consciemment contrôlée sont aussi ceux de la meilleure utilisation possible « des ressources culturelles et spirituelles qui sont, non pas le produit des individus qui se les sont accaparées, mais le produit d'un travail de coopération de l'humanité dans son ensemble »[4].

1. K. Sterelny, *Thought in an Hostile World*, *op. cit.*, chap. VII.

2. C'est l'un des grands thèmes des différents cours de philosophie sociale qui ont été conservés (voir sur ce point T. Midtgarden, « Critical Pragmatism. Dewey's social philosophy revisited », *European Journal of Social Theory*, vol. 15, n°4, 2012, p. 505-521), et qu'on retrouve également dans des textes publiés comme l'*Éthique* de 1932 ou *Individualism Old and New*.

3. LSA, p. 145, LW 11, p. 50.

4. LSA, p. 126, LW 11, p. 39.

LA CRITIQUE DU SOCIAL DARWINISME

La question de la manière dont le principe de la sélection naturelle peut être appliqué au règne humain ne pose pas seulement le problème théorique de la spécificité des comportements humains et de l'évolution des sociétés humaines. Elle pose également un problème politique qui fut perçu comme étant de la plus haute importance à la fin du XIXe et au début du XXe : comment répondre au darwinisme social qui s'appuyait sur le principe de la sélection-élimination pour présenter le mécanisme de la libre concurrence comme le meilleur moyen d'assurer la sélection des plus aptes et par là même de promouvoir le progrès, comme l'expression d'une loi de l'évolution naturelle que les gouvernements ne devraient pas chercher à réguler [1] ?

La polémique de Dewey avec le darwinisme social se développe d'une part dans le cadre d'une critique des conceptions du progrès comme s'effectuant de manière automatique et de l'évolution comme soumise à des lois qui n'évoluent pas. Visant spécifiquement Spencer, cette critique est développée notamment dans l'article « Progress » de 1916 [2]. Cette polémique vise d'autre part les références à l'idée de sélection naturelle pour justifier la concurrence dérégulée. Ainsi, dans l'*Éthique* de 1908, Dewey oppose l'individualisme démocratique, qu'il défend, et l'individualisme de l'« école de la survie du plus apte » qu'il dénonce pour son orientation aristocratique, pour ses implications impérialistes et sa justification de l'injustice et de la domination sociales [3]. Enfin, cette polémique se développe sous la forme d'une récusation des présuppositions malthusiennes du modèle darwinien qui jouèrent un rôle déterminant chez les darwiniens sociaux. Dewey souligne à ce sujet que chaque organisme vit dans un environnement qui lui est spécifique au sens où il est relatif non seulement à ses besoins mais aussi aux moyens par lesquels il peut les satisfaire [4]. Il en résulte que les différentes espèces ne sont pas en lutte pour la survie dans le même environnement, contrairement à ce que croyait Darwin, car chaque nouvelle espèce implique une nouvelle manière d'extraire des

1. On peut penser que l'une des raisons expliquant que la philosophie deweyenne ait exercé une si profonde influence sur la vie intellectuelle du début du XXe siècle aux États-Unis tient au fait qu'elle fournissait une alternative à l'évolutionnisme conservateur de Spencer. Voir sur ce point R. Hofstadter, *Social Darwinism in American Thought*, Boston, Beacon Press, 1967, p. 125.

2. MW 10, p. 233-244.

3. MW 5, p. 469-470, 474-475.

4. Que l'organisme pose les éléments de l'environnement qui l'affectent, c'est l'une des thèses centrales de l'article sur l'Arc Réflexe, rédigé en 1896, soit deux ans avant « Evolution and Ethics » où le modèle malthusien est rejeté.

ressources de son environnement, ou un nouveau type de processus économique. C'est dans un article de 1898, intitulé « Evolution and Ethics » que Dewey développe cette argumentation[1].

Nous avons déjà remarqué que dans la *Filiation de l'homme*, Darwin avait répondu par avance au darwinisme social en soulignant que le principe de l'élimination des moins aptes ne gouverne pas l'histoire des sociétés humaines qui se caractérise par l'affirmation de formes de solidarité. Thomas Huxley, dans une série de conférences intitulées « Evolution and Ethics » (1893) avait radicalisé l'idée d'une telle spécificité de l'évolution des sociétés humaines en opposant le « cosmic process » et le « ethical process ». Dewey, dans l'article du même nom, « Evolution and Ethics », propose une réfutation systématique de ces thèses[2]. L'objectif est de trouver une autre réponse à l'évolutionnisme conservateur des spencériens[3] que celle de Huxley, coupable, aux yeux de Dewey, de réintroduire un dualisme entre nature et sociétés humaines, et, de ce fait, de fournir des arguments à la critique réactionnaire du darwinisme. Dewey défend dans cet article des positions analogues à celles de George Henry Lewes et David George Ritchie qu'il cite à différentes reprises à cette époque. Comme eux, il cherche à tirer les conséquences du fait que la *Filiation de l'homme* implique que l'idée de sélection naturelle doit être entendue en un sens plus souple que celui que lui donnaient les darwinistes sociaux aussi bien que Huxley lorsqu'il caractérise le « cosmic process »[4].

Pour Huxley, c'est parce que l'homme est parvenu à s'extraire du règne naturel en créant un monde artificiel qu'il a pu effectuer une double substitution : substitution, d'une part, du progrès de la sympathie et de la

1. EW 5, p. 51-52.

2. Pour une analyse la polémique de Dewey avec Huxley, voir J. Teehan, « Evolution and Ethics : The Huxley/Dewey Exchange », *Journal of Speculative Philosophy*, vol. 16, n°3, 2002, p. 225-238.

3. Précisons que les idées de Spencer trouvaient en fait des réceptions politiques les plus opposées. L'idée spencérienne suivant laquelle le problème de l'adaptation à l'environnement est également celui de l'adaptation à l'environnement social, et la thèse suivant laquelle la vie est parfaite quand l'adaptation à l'environnement est parfaite, conduisait différents auteurs, dont Kropotkin, à voir dans l'évolutionnisme spencérien un fondement du socialisme ; voir à ce propos T. Pearce, *Pragmatism's Evolution*, *op. cit.*, p. 231-234.

4. Nous suivons ici les analyses de R. Hodgson, *The Evolution of Institutional Economics*, *op. cit.*, chap. v, qui souligne que pour parvenir sur ces bases darwiniennes à une théorie de l'évolution sociale satisfaisante, il fallait faire un pas de plus que Lewes ou Ritchie, en explicitant ce qui reste implicite dans la théorie darwinienne, à savoir une ontologie non réductionniste et émergentiste, un pas qui sera fait non pas seulement par Veblen, comme le suggère R. Hodgson, mais aussi par Dewey.

coopération à la lutte pour l'existence, et remplacement, d'autre part, du processus de sélection des plus aptes à la survie par l'objectif de rendre aptes à la survie le plus grand nombre d'individus. Dewey souligne que cette double substitution est pensée dans le cadre d'une opposition de la morale à l'instinct[1]. Contre Huxley, il soutient que la production d'un environnement artificiel doit être comprise comme un processus par lequel l'homme utilise la nature à ses propres fins plutôt qu'il ne s'oppose à elle[2]. Il affirme par ailleurs que les exigences morales ne doivent pas être conçues comme étant opposées aux instincts puisque ces derniers resteront toujours les moteurs de l'action et que la morale se définit par un conflit de l'idéal et de l'instinct. Il souligne en outre que la lutte pour l'existence, au sens de l'effort pour parvenir à la meilleure adaptation possible à l'environnement continue à se développer dans les sociétés humaines, à l'échelle individuelle et collective, et qu'elle continue à y produire des conflits qui participent du processus même du progrès[3]. Enfin, il avance que ce qui est en jeu dans ce processus est bien la sélection de ce qui est le plus « apte » à cette adaptation à l'environnement, mais que les notions d'aptitude à l'adaptation, de lutte pour l'existence et de sélection naturelle, doivent être interprétées en fonction des caractéristiques spécifiques de l'environnement social auquel il s'agit de s'adapter : un environnement collectif, dynamique et consciemment modifiable[4].

Aux yeux de Dewey, la réponse darwinienne au social darwinisme qui est la plus cohérente ne consiste donc pas à opposer à la théorie de la sélection des plus aptes par la concurrence l'image d'une histoire humaine dirigée par le sens moral, mais à rendre compte des spécificités du processus par lequel les hommes ont cherché à s'adapter à l'environnement qui est le leur. Il faut tenir compte aussi bien des spécificités de cet environnement – non pas seulement naturel mais aussi artificiel et collectif – que de celles des ressources spécifiques qui sont à leur disposition – à savoir des capacités d'adaptation active par l'intermédiaire de la transformation de l'environnement et de l'aptitude à la résolution intelligente des problèmes.

Dans une recension de 1894 déjà citée, « The Psychic Factors of Civilization », c'est une autre critique stérile du social darwinisme qui est rejetée et une autre alternative qui est proposée. De même qu'il est erroné de croire que le progrès social dépend de la lutte de tous contre tous, de même il est

1. EW 5, p. 36.
2. EW 5, p. 37-38.
3. EW 5, p. 37.
4. EW 5, p. 52-53.

erroné de croire qu'il proviendra de la suppression du conflit. Celui-ci suscite la pensée et la transformation intelligente qui est la condition du progrès. Si « l'élimination du conflit est, je crois, un idéal sans espoir et auto-contradictoire », tel n'est pas le cas de « la direction de la lutte visant à réduire le gâchis et de garantir sa contribution maximale » [1]. On retrouve donc la thèse suivant laquelle ce qui est en jeu dans l'évolution proprement humaine est de modifier l'environnement proprement humain, de telle sorte que des évolutions sociales deviennent possibles qui produisent non seulement une meilleure satisfaction des besoins, mais aussi le développement d'habitudes plus satisfaisantes sur les plans individuel et collectif. Il s'agit d'opposer au darwinisme social non seulement que l'histoire des sociétés humaines est spécifique, mais qu'en outre, les conflits sociaux actuels, ainsi que les possibilités de contrôle technique et démocratique caractéristiques du temps présent, soulèvent le défi d'une évolution des sociétés humaines ouvrant sur des progrès sociaux non plus subis mais scientifiquement et démocratiquement organisés.

Si l'on peut juger cohérent, voire convaincant, l'argument suivant lequel cette conception de l'évolution proprement humaine est la réponse au darwinisme social qui est la plus conforme au darwinisme, il n'en reste pas moins qu'elle s'écarte de nouveau de Darwin sur deux points décisifs : la mise en avant du thème de l'évolution active par la modification consciente de l'environnement, et une valorisation du conflit dans l'histoire.

DEWEY ENTRE DARWIN ET HEGEL ?

Comment Dewey a-t-il été conduit à cette manière de lire Darwin tout en s'écartant de lui sur ces points décisifs ? De nouveau, c'est dans les sources hégéliennes de la pensée deweyenne qu'il faut chercher une partie de la réponse et plus particulièrement dans la manière dont certains membres de l'école hégélienne britannique en étaient venus à interpréter Darwin. Alors que T. H. Green, le fondateur de l'hégélianisme britannique, avait rejeté l'évolutionnisme darwinien, certains de ses élèves, dont E. Caird et S. Alexander [2], ont entrepris d'opposer au mécanisme de l'évolutionnisme spencérien une interprétation mettant en avant l'activité de l'organisme

1. EW 4, p. 210.

2. Sur la réception de Darwin et Spencer chez Green, Caird et Alexander, et sur l'influence de ces derniers sur Dewey, voir T. Pearce, « The Dialectical Biologist, circa 1890 : John Dewey and the Oxford Hegelians », *Journal of the History of Philosophy* 52, 2014, p. 747-777, et *Pragmatism's Evolution*, *op. cit.*, chap. IV.

dans son adaptation à l'environnement. Alors que Darwin s'opposait à la vision transformiste lamarkienne faisant de l'organisme le sujet de l'évolution, ces auteurs ont suggéré, un siècle avant la « biologie dialectique » de Lewontin[1], que l'évolution des espèces était conçue de manière plus adéquate si l'organisme était considéré tout à la fois comme l'objet et le sujet des processus de sélection naturelle. C'est dans leur sillage que Dewey a pu faire de l'ajustement du comportement de l'organisme à son milieu la catégorie de base de son naturalisme, tout en concevant cet ajustement comme une action réciproque. Il anticipait ainsi des idées développées dans la période contemporaine en attribuant à l'organisme non seulement la capacité de filtrer les éléments de l'environnement auxquels il réagit, mais aussi de modifier cet environnement[2]. C'est sans doute parce qu'il s'est approprié Darwin dans cette perspective hégélienne qu'il a pu introduire d'autres thèmes hégéliens dans sa lecture de Darwin, comme ceux de la centralité du travail et du conflit dans l'histoire de l'espèce humaine.

De nouveau, la problématique du travail conduit donc à mettre en lumière des dimensions généralement inaperçues du « résidu hégélien permanent dans la pensée », ainsi qu'à reformuler des interprétations classiques. Elle permet notamment de penser autrement que Rorty la synthèse de Hegel et de Darwin qui est à l'œuvre chez Dewey[3]. Il est sans doute difficilement contestable que la spécificité du type d'hégélianisme qu'a défendu Dewey dans sa période hégélienne est liée au souhait de

1. R. C. Lewontin, « The Organism as the Subject and Object of Evolution », *Scientia* 118, 1983, p. 63-82.

2. Pour une discussion de la pertinence de ces thèmes du point de vue de la biologie contemporaine, voir notamment P. Godfrey-Smith, « The Subject as Cause and Effect of Evolution », *Interface Focus* 7, 2017 (http://dx.doi.org/10.1098/rsfs. 2017.0022). P. Godfrey-Smith a lui-même souligné la manière dont Dewey anticipait certains des thèmes de Lewontin ; voir notamment « Organism, Environment, and Dialectics », *in* R. S. Singh, C. B. Krimbas, D. B. Paul, J. Beatty (dir.), *Thinking about Evolution. Historical, Philosophical and Political Perspectives*, Cambridge, Cambridge University Press, 2001, p. 258 et *Complexity and the Function of Mind in Nature*, *op. cit.*, p. 115-116. On a également rapproché Dewey des théories évolutionnistes contemporaines, qui, à la suite de l'article célèbre de S. J. Gould et R. Lewontin (« The Spradel of San Marco and the Panglossian Paradigm : A Critique of the Adaptationist Programme », *Proceedings of the Royal Society of London*, Series B, vol. 205, n°1161, 1979, p. 581-598), critiquent le « paradigme adaptationniste » (comme par exemple chez B. Stiegler, « Évolution, adaptation, automatisation. La révolution darwinienne selon Nietzsche et Dewey », dans A. Daratos, P. Walter, *Penser l'évolution. Nietzsche, Bergson, Dewey*, Paris, Vrin, 2019, p. 173-197). Dewey confère cependant au concept d'adaptation une fonction architectonique. Plutôt qu'à le disqualifier, il cherche à en pluraliser les formes : adaptation active *vs* passive, adaptation conservative *vs* transformative, adaptation à l'environnement naturel *vs* artificiel.

3. R. Rorty, « Dewey entre Hegel et Darwin », *Rue Descartes* 5-6, 1992, p. 53-71.

marier Hegel et Darwin. Mais ce que Dewey a retenu ultérieurement de ce mariage n'est pas seulement un primat de l'histoire, comme l'affirme Rorty, mais également un naturalisme.

Rorty écrit dans son article « Dewey entre Hegel et Darwin » : « quand on commence à chercher le pragmatisme chez Hegel, on en trouve suffisamment pour continuer » [1]. Qu'en retient-il exactement? Il souligne surtout 1) l'idée que « la conscience morale de l'individu n'est qu'une phase dans le processus de l'organisation sociale » [2] et que les questions éthiques doivent être reformulée de façon situationnelle [3] (c'est dans les deux cas le passage de la *Moralität* dans la *Sittlichkeit* qui est visé), 2) une conception de la philosophie comme entreprise visant à répondre aux besoins de son temps [4] et 3) le fait que la philosophie est conçue comme une synthèse des sciences sociales plutôt que des sciences de la nature [5], ce qui n'est en fait conforme ni à la définition hégélienne de la systématicité philosophique, ni à l'importance conférée par Hegel aux sciences de la nature.

Il est frappant que Rorty ne retienne en revanche rien de ce qui relève de l'ontologie processuelle de Dewey et de son naturalisme. Le naturalisme et la théorie processuelle de l'expérience ne jouent pas davantage de rôle dans le néo-pragmatisme de Rorty que dans les interprétations néo-pragmatistes de Hegel et de Dewey que l'on trouve chez Rorty et Brandom [6]. Or, c'est d'une part parce que Dewey voit dans la théorie de l'évolution une confirmation de l'ontologie processuelle de Hegel, et d'autre part parce qu'il interprète la théorie hégélienne des niveaux de la nature et des rapports de la nature et de l'esprit comme une forme de naturalisme émergentiste, qu'il rapproche Hegel et Darwin. Le rapport établi entre la théorie de l'évolution des espèces et l'ontologie processuelle de Hegel est presque direct lorsqu'on lit les affirmations suivantes, issues de *L'influence de Darwin sur la philosophie*, tout en les rapportant à la critique darwinienne

1. *Ibid.*, p. 64.

2. EW 4, p. 147 ; R. Rorty, « Quelques usages américains de Hegel », *Philosophie* 99, 2008, p. 10.

3. R. Rorty, « Dewey entre Hegel et Darwin », *op. cit.*, p. 65.

4. *Ibid.*, p. 64 : « On peut, en particulier, tirer profit de la remarque de Hegel selon laquelle « la philosophie est son temps saisi en pensée ». Cette remarque pourrait servir de devise aux tentatives de Dewey de voir les problématiques changeantes des philosophes comme des reflets de développements socioculturels ». Ce dernier point avait déjà été mis en dans *La philosophie au miroir de la nature* et *Contingence, ironie et solidarité*.

5. R. Rorty, « Quelques usages américains de Hegel », *op. cit.*, p. 10.

6. Nous avons souligné ces spécificités du néopragmatisme dans « Hégélianisme et pragmatisme selon Dewey et Rorty », *Archives de Philosophie*, vol. 82, n°3, 2019, p. 525-539, et « The Naturalistic Side of Hegel's Pragmatism », *op. cit.*

de l'idée de fixité des espèces : l'intérêt de la philosophie hégélienne tient au fait que « l'idée de processus » est élevée « au-dessus de celle d'une origine fixe », et qu'elle présente « l'ordre moral et social, de même que l'ordre intellectuel, comme une scène en devenir »[1]. De même, il est difficile de ne pas rapprocher la valorisation de Hegel de celle de Darwin lorsque le premier est crédité d'avoir dépassé, contre le matérialisme et le spiritualisme, les différentes formes du dualisme de l'esprit et du corps, dans sa théorie de l'« âme ». Il est significatif que ces affirmations se trouvent dans un développement d'un cours de Dewey sur la philosophie hégélienne de l'esprit se référant explicitement au « processus de l'évolution »[2].

Pour comprendre le sens véritable de la synthèse deweyenne de Darwin et Hegel, il faut remonter à l'époque où elle s'est forgée, celle des années 1890-1900. Dewey s'efforçait alors de combiner trois types d'interprétation de Hegel. L'hégélianisme de G. S. Morris, dont l'enseignement exerça sur lui une profonde influence, a joué un rôle indéniable. Élève de Trendelenburg, Morris commença par adhérer à sa critique de Hegel, qu'il contribua à diffuser aux États-Unis[3], avant de prendre conscience que la philosophie hégélienne pouvait être interprétée comme une entreprise visant à restituer par la pensée le dynamisme et l'organicité de l'expérience. Cette dernière position peut être désignée par la catégorie d'« idéalisme dynamique » dont on a pu considérer que les trois représentants principaux furent Morris, Dewey et A. H. Lloyd[4]. On retrouve les traces d'une appropriation hégélienne de Trendelenburg chez Dewey, notamment dans l'idée qu'une même activité se développe dans la nature organique et dans la pensée où elle prend une forme reconstructive (Trendelenburg parlait d'« activité constructive ») par laquelle l'expérience est élevée à sa signification

1. ID, p. 71, MW 4, p. 43.

2. J. R. Shook, J. A. Good, *John Dewey's Philosophy of Spirit, with the 1897 Lecture on Hegel, New York, Fordham University Press, op. cit.*, p. 121.

3. Voir notamment G. S. Morris, « Friedrich Adolf Trendelenburg » [1874], *in* M. H. Dearmey, J. A. Good (dir.), *The St. Louis Hegelians, vol. 1 : Origins, the Dialectique, and the Critique of Materialism, op. cit.*, p. 37-75. Sur l'influence de Trendelenburg sur Morris, voir G. G. Rosenstock, *F. A. Trendelenburg : Forerunner to John Dewey*, Carbondale, Southern Illinois University Press, 1964, p. 103-111. Sur Morris et son influence sur Dewey, voir J. A. Good, *A Search for Unity in Diversity : The "Permanent Hegelian Deposit" in the Philosophy of John Dewey, op. cit.*, p. 110-117.

4. Deux ouvrages de ce dernier sont cités par Dewey dans le « Cours sur la Science de la logique » (CL 2, p. 1586) : *Citizenship and Salvation*, Boston, Little, Brown, and Co., 1897 et *Dynamic Idealism*, Chicago, A. C. McClurg, 1898. Sur l'idéalisme dynamique de Morris, Lloyd et Dewey, voir notamment J. H. Randal, *Philosophy after Darwin*, New York, Columbia University Press, 1977, p. 155-160.

véritable[1]. Dans son cours sur la philosophie hégélienne de l'esprit, c'est en idéaliste dynamique que Dewey attribue à Hegel une conception de la pensée comme élévation de l'expérience à sa signification véritable par l'intermédiaire de la résolution des contradictions qui la traversent[2]. C'est également en idéaliste dynamique qu'il souligne la continuité de la Philosophie de la nature et de la Philosophie de l'esprit. Il rappelle que la nature est chez Hegel une série de niveaux de complexité croissante, qu'elle déploie un processus d'intégration progressive d'éléments en action réciproque, et que l'âme appartient à son niveau d'intégration supérieur. En insistant sur l'importance de la section « Anthropologie », rarement remarquée dans les études hégéliennes de son temps, il souligne d'ailleurs que dans le § 389 de l'*Encyclopédie*, Hegel entreprend de dépasser, contre le matérialisme et le spiritualisme, les différentes formes du dualisme de l'esprit et du corps.

Une deuxième spécificité de l'hégélianisme deweyen tient au fait qu'il s'inspire de la manière dont certains membres de l'école hégélienne britannique en étaient venus à interpréter Darwin. Nous avons déjà indiqué qu'E. Caird et S. Alexander[3] avaient mis en avant l'activité de l'organisme dans son adaptation à l'environnement. C'est dans leur sillage que Dewey, dans le cours d'« Éthique politique », de même que dans le cours de « Sociologie de l'éthique », défend la nécessité de dépasser ces deux conceptions unilatérales de l'évolution qui consistent à affirmer soit un contrôle complet de la sélection naturelle par l'environnement, chez Spencer, soit une conception de la variation dirigée par l'organisme, chez Weismann[4]. C'est dans ce contexte qu'il en vient à faire de l'ajustement actif du comportement de l'organisme à son milieu la catégorie de base de son naturalisme,

1. La proximité de la pensée de Dewey avec celle de Trendelenburg a été soulignée par G. G. Rosenstock, *F. A. Trendelenburg : Forerunner to John Dewey*, *op. cit.*, p. 111-136. Beaucoup d'éléments attribués à Trendelenburg dans ce livre pourraient cependant être trouvés déjà chez Hegel ou dans des formes d'appropriations idéalistes de Darwin qui ne semblent pas devoir grand-chose à Trendelenburg.

2. J. R. Shook, J. A. Good, *John Dewey's Philosophy of Spirit, with the 1897 Lecture on Hegel*, *op. cit.*, p. 105 : « Nous avons déjà noté un trait de cette méthode, à savoir qu'elle est basée sur une conception de la pensée non comme faculté subjective mais comme la manifestation de la réalité elle-même. Cette idée de la méthode a été approfondie et presque transformée par la conviction hégélienne de la place importante de l'opposition, de la contradiction et de la négation dans la vie ».

3. Dans la préface à son livre *Outlines of a Critical Theory of Ethics* (1891), Dewey reconnaît sa dette à leur égard. En outre, les ouvrages de Caird sur Hegel et Kant sont cités dans les deux cours sur la Philosophie de l'esprit et la Science de la logique.

4. Pour une étude de la prise de position de Dewey dans ce débat, voir T. Pearce, « Dewey, le darwinisme et la variation dirigée », dans A. Daratos, P. Walter, *Penser l'évolution. Nietzsche, Bergson, Dewey*, *op. cit.*

tout en concevant cet ajustement comme une « action réciproque », catégorie dont il souligne par ailleurs le caractère central chez Hegel dans ses leçons sur la Science de la logique [1] et dans *The Knowing and the Known* [2].

En même temps que Dewey intégrait ce darwinisme hégélianisé dans son idéalisme dynamique, il introduisait des thèmes darwiniens dans son interprétation de Hegel. Il pouvait ainsi présenter la philosophie hégélienne comme un accomplissement des pensées de l'évolution qui se développaient depuis Herder, et voir dans la dialectique un moyen de décrire le processus de réajustement du comportement de l'organisme dans son environnement : ce réajustement procède d'un dépassement des contradictions qui signalent le désajustement. Dans le premier cours dispensé à l'université du Michigan sous le titre « Movement of Thought in the Nineteenth Century » (1891), on voit émerger ce qui constituera l'une des caractéristiques durables de son pragmatisme, à savoir une conjonction de l'évolution (ou du développement, les deux termes étant utilisés l'un pour l'autre dans le contexte des discussions philosophiques de l'époque concernant Darwin et Spencer), de l'instrumentalisme (la pensée comme instrument de réajustement) et de la dialectique :

> Hegel rend compte des contradictions apparentes entre l'intelligence et les conditions effectives de la vie par l'intermédiaire de l'idée d'évolution. L'organisation de l'expérience n'est pas quelque chose qui est donné à un homme : elle doit être produite. Au cours du procès de développement, il y aura une grande quantité de conflits. Mais ce conflit même, dès que l'homme devient conscient de la discorde, conduit au réajustement, à la mise en place d'une meilleure organisation [3].

La troisième source de l'hégélianisme deweyen provient de la manière dont les hégéliens de Saint Louis insistaient sur l'institutionnalisme des *Principes de la philosophie du droit* tout en soulignant l'importance de l'éducation et en cherchant à promouvoir une philosophie engagée dans l'histoire présente dont ils trouvaient la trace chez Hegel lui-même [4].

1. CL 2, p. 1587-1588.
2. LW 16, p. 116, note 7.
3. J. Dewey, « Movements of Thought in the Nineteenth Century », Lecture 12 (31 November 1891). On trouve une copie de ce texte au Center for Dewey Studies. Nous le citons d'après T. Pearce, « The Dialectical Biologist, circa 1890 : John Dewey and the Oxford Hegelians », art. cit., qui souligne que les termes d'évolution et de développement sont utilisés indifféremment dans les discussions de l'époque.
4. Comme en témoigne notamment la publication de l'article de K. Rosenkranz, « Hegel as Publicist », *Journal of Speculative Philosophy* 6, 1872, p. 258-279. L'importance des hégéliens de St. Louis pour Dewey est soulignée par J. A. Good, *A Search for Unity in Diversity : The "Permanent Hegelian Deposit" in the Philosophy of John Dewey*, *op. cit.*,

Comme les hégéliens de Saint Louis, Dewey souligne que l'esprit est défini chez Hegel par un effort pour prendre conscience de son essence et la réaliser dans une histoire conçue comme processus de *Bildung*, ou de formation-culture. Conçue comme *Bildung*, l'histoire apparaît comme une transformation progressive des environnements naturels et de la nature interne de l'homme (processus de formation), en même temps que la production d'un environnement incorporant toujours plus en lui de savoir et de normes juridiques et morales (processus de culture) et supposant des effets de transmission culturels par l'intermédiaire d'une production continue d'habitudes (processus d'éducation). En ce qu'elle confère un rôle central aux effets éducatifs produits par les institutions, conçus chez Hegel lui-même en termes d'« habitude » et de « seconde nature », cette conception de l'histoire conduit à souligner des spécificités de cet environnement particulier que constituent les sociétés contemporaines. Ce que Hegel pense sous le concept d'« esprit objectif » est cela même que désigne Dewey lorsqu'il souligne que les sociétés humaines, en tant que « produit d'un travail de coopération de l'humanité dans son ensemble », sont un « riche gisement de trésor de savoirs, d'idées, et de desseins accumulés »[1].

L'ensemble des thèmes qui viennent d'être mentionnés est pensé par Dewey dans des termes indissociablement hégéliens et darwiniens. Hegel est pour lui non pas seulement un auteur qui, au même titre que Darwin, souligne la processualité du réel tout en récusant le dualisme de la nature et de l'esprit. Il est aussi celui qui rattache l'historicité des sociétés humaines à la problématique darwienienne des « luttes de la vie », tout en permettant d'introduire dans cette dernière une prise en compte de la diversité des contradictions qui traversent l'expérience humaine et la vie sociale, ainsi qu'une reconnaissance du potentiel de solidarité et de rationalité qui s'est accumulé au cours de l'histoire. L'intérêt de la conception hégélienne de l'histoire tient précisément ce qu'elle conduit « à localiser la raison quelque part au sein des luttes de la vie »[2].

p. 62-78. Sur la *Bildung* comme élément du « résidu hégélien » permanent, voir J. A. Good, J. Garrison, « Traces of Hegelian *Bildung* in Dewey's Philosophy », *op. cit.*

1. LSA, p. 125-126, LW 11, p. 38-39.
2. ID, p. 71, MW 4, p. 43.

CHAPITRE III

LE TRAVAIL COMME MÉTIER

Dewey n'analyse pas seulement le travail comme un type spécifique d'activité et comme le facteur déterminant de l'adaptation à l'environnement qui est propre aux humains. Il conçoit aussi le travail comme un mode d'organisation de l'existence individuelle. Le concept pertinent à ce propos est celui d'« *occupation* ». Il correspond aux termes français « métier » et « profession » au sens large de l'activité professionnelle durable, et non au sens étroit du « métier » comme activité professionnelle liée à des savoirs et des compétences hautement spécifiques et valorisés (lorsqu'on déplore la « fin des métiers »), ou des activités professionnelles constituées en « professions », c'est-à-dire dotées d'un statut institutionnalisé et de modes de régulation internes (médecins, avocats, etc.). Nous choisissons de suivre l'usage consistant à traduire « *occupation* » par « métier » [1]. Dewey utilise

1. Voir les traductions d'Everett Hughes qui distingue clairement ce qui relève de l'« *occupation* » et de la « *profession* » tout en soulignant qu'une « *occupation* » peut-être prise dans une dynamique de « *professionalization* ». Dans l'avant-propos de sa traduction des principaux essais de Hughes, J.-M. Chapoulie écrit : « le terme anglais *profession* s'appliquait, au XIXe siècle, principalement à la médecine, au barreau, et au professorat d'université, et, par extension, à des métiers associés à un statut élevé. Au cours du XXe siècle se sont développés aux États-Unis, parmi les métiers de statut moins élevé – bibliothécaires, travailleurs sociaux, infirmières, etc. – des mouvements qui revendiquaient un statut analogue à ces professions, c'est-à-dire la professionnalisation de ces métiers. La France n'a pas connu ce type de mouvements sociaux et, en conséquence, les connotations du vocabulaire ne sont pas les mêmes en français et en anglais. J'ai traduit en général le terme anglais profession par le terme français « profession établie » et au contraire, j'ai toujours utilisé le terme « métier » pour traduire le terme anglais occupation, dépourvu de connotation positive ou négative » (dans E. Hughes, *Le regard sociologique*, Paris, Éditions de l'EHESS, 1996, p. 8). Cet usage n'est cependant pas général. Ainsi, C. Dubar et P. Tripier, dans un chapitre consacré à la sociologie interactionniste des professions, rendent-ils « occupation » par « emploi » (*Sociologie des professions*, Paris, Armand Colin, 2010, p. 98).

un autre terme pour désigner le métier au sens étroit (*vocation*) tout en précisant que le métier en ce sens étroit peut aussi être une vocation (*calling*). Pour éviter la confusion entre les sens larges et étroits du terme « métier », nous indiquerons entre parenthèses le terme anglais (*vocation*, *calling*) lorsqu'il s'agira du métier au sens étroit. Toute autre traduction (par « occupation », « emploi » ou « profession », par exemple) aurait posé davantage de problèmes.

L'avantage du terme « métier » est qu'il peut être entendu en un sens très large, comme lorsque l'on dit qu'il n'y a pas de sous-métier, ou lorsqu'on parle de faire son « métier d'humain ». Il a néanmoins l'inconvénient d'être moins large que le terme « *occupation* » dans la variété de ses usages deweyens. On dira difficilement en français que la chasse et la cueillette des chasseurs-cueilleurs sont des métiers, ou encore que le travail domestique correspondant à la deuxième journée de travail souvent imposée aux femmes est un métier. Ce sont pourtant des « *occupations* », au sens des activités de travail exercées durablement, et associées à une fonction sociale et à des compétences spécifiques. On ne dira pas non plus en français que les activités de menuiserie ou de jardinage auxquelles peuvent s'exercer les enfants sont des métiers, ou qu'elles relèvent d'une pédagogie par les métiers, alors que le terme « occupation » a également ces usages chez Dewey.

Ce que Dewey entend par « *occupation* », sauf dans ces derniers cas, c'est un ensemble d'activités et d'expériences sociales liées aux modalités de notre insertion dans la division du travail et dans une histoire sociale des groupes et des activités professionnels. Les métiers définissent des « groupes sociaux » caractérisés « liens psychologiques de sympathie »[1]. Associés à des habitudes collectives (*customs*) qui leur sont propres, les métiers s'inscrivent dans une « tradition » impliquant des formes spécifiques de transmission intergénérationnelle d'un art professionnel au sens large de compétences techniques dans l'usage de certains types d'instrumentalité et de savoir-faire permettant de résoudre la gamme de problèmes susceptibles d'être rencontrés dans l'activité de travail propre à un métier[2]. Dans le

1. J. Dewey, « Evolution of Morality » [1901], CL 1, p. 2060 : « Les métiers déterminent directement ou indirectement les groupements sociaux. Les gens se distribuent toujours en groupes, ou s'organisent sur la base de leur travail dans la vie. Le fait que les gens font des choses semblables produit un sentiment psychologique de sympathie ».

2. J. Dewey, « Individuality and Experience », LW 2, p. 56-57 : « Nous pouvons dire que les coutumes (*customs*), méthodes et normes de travail (*working standards*) de la profession constituent une “tradition”, et que l'initiation à la tradition est le moyen par lequel les potentialités (*powers*) des apprenants sont libérées et dirigées ».

langage contemporain, provenant de l'école sociologique de Chicago, le métier est un « monde social »[1]. Mais, comme le soulignait déjà E. Hughes, l'une des principales figures de cette école, et fortement influencé par Dewey et Mead, le métier est aussi un enjeu identitaire fondamental et une trajectoire biographique[2].

Dewey insiste également sur ces deux derniers points. Le métier exercé affecte l'ensemble de notre existence parce qu'il « est une tâche continue et une activité sérieuse »[3] et qu'il « implique une certaine manière de vivre (*an occupation involves a certain scheme of living*) »[4]. C'est en tant que métier, qu'activité dans laquelle des groupes d'individus s'engagent de manière durable, que le travail produit de profonds effets formateurs qui structurent le caractère aussi bien que les activités sociales dans lesquelles s'engagent les individus et les groupes. C'est en tant que métier que le travail peut donc se voir attribuer des enjeux psychologiques, sociologiques, éthiques et politiques fondamentaux.

S'il est devenu habituel de considérer que l'école de Chicago, dont on connaît les sources pragmatistes, a eu pour spécificité d'analyser l'effet du métier sur l'identité et les processus biographiques, de concevoir les métiers comme des « mondes sociaux » et comme des interactions chargées normativement[5], et s'il semble légitime de considérer Dewey comme l'un des précurseurs de ces analyses[6], on n'a sans doute pas assez souligné que la première école de Chicago, contemporaine de Dewey, ne donnait pas autant d'importance que ce dernier à la question des métiers. Aucune entrée n'y est consacrée dans le manuel publié par R. Park et E. Burgess en 1921 : *Introduction to the science of sociology*.

La théorie deweyenne des métiers est donc novatrice d'un point de vue sociologique ; elle l'est plus encore d'un point de vue philosophique. Nul philosophe n'a sans doute donné autant d'importance que lui aux modalités de l'insertion dans la division du travail, parce que nul n'a sans doute été assez rigoureux pour analyser en quel sens spécifique on peut attribuer des effets formateurs au travail : ou bien les philosophes ont attribué un pouvoir

1. A. Strauss, *La trame de la négociation*, *op. cit.*, p. 269-282.

2. E. Hughes, *Le regard sociologique*, *op. cit.*

3. CL 2, p. 2683.

4. CL 2, p. 2685.

5. Voir notamment C. Dubar, P. Tripier, *Sociologie des professions*, *op. cit.*, chap. v, et C. Dubar, *La socialisation. Construction des identités sociales et professionnelles*, Paris, Armand Colin, 1998, chap. v.

6. Voir notamment la conception des professions, dite deweyenne, proposée par A. Abbott dans *Processual Sociology*, Chicago, University of Chicago Press, 2016, p. 268-276.

formateur à l'activité de travail en tant que telle (comme Hegel dans le chapitre IV-A de la *Phénoménologie de l'esprit*), ou bien ils l'ont attribué à la division du travail en général (comme Hegel dans la section consacrée au « système des besoins » dans les *Principes de la philosophie du droit*, comme Marx dans *L'Idéologie allemande*, l'un et l'autre suivant alors Smith et Ferguson)[1]. Ajoutons que la littérature contemporaine sur les effets formateurs du travail n'apporte pas vraiment de clarification supplémentaire puisqu'elle attribue ces effets ou bien à l'« emploi » sans analyser les activités qui se déploient dans un emploi déterminé, ou bien à l'activité en tant que telle[2], sans souligner que c'est seulement lorsque l'activité de travail prend la forme d'une « tâche continue et [d'] une activité sérieuse »[3], d'une « activité continue qui rend service aux autres et utilise les capacités personnelles des individus pour parvenir à des résultats »[4], qu'elle produit des effets formateurs profonds. Il n'en va pas de même du travail réalisé comme loisir récréatif (par exemple le potager ou le bricolage du dimanche) qui, du point de vue de la théorie de l'action, relève néanmoins bien du travail.

En examinant les différentes dimensions de la théorie deweyenne des effets formateurs du travail, on trouvera donc un moyen de préciser le sens général du concept d'effet formateur du travail. On trouvera également l'occasion de combler une nouvelle lacune des études deweyennes. Ce qui

1. Hegel, dans les *Principes de la philosophie du droit*, a souligné les effets formateurs de la division du travail liés à la spécialisation croissante des activités de travail et des besoins, sans s'attacher aux effets formateurs spécifiques de chacune des branches de la division du travail, sauf en ce qui concerne les effets formateurs négatifs produits sur la « populace ». La problématique des effets formateurs spécifiques de chacune des branches de la division sociale du travail n'est pas davantage développée chez Marx, qui met lui aussi en lumière certains effets généraux des progrès de la division du travail, comme la production d'« individus partiels » et l'autonomisation du travail intellectuel. De nouveau, les effets formateurs spécifiques, sont d'ordre négatif, et ils concernent le prolétariat, c'est-à-dire une classe plus qu'une branche de la division du travail. Nous n'évoquons pas ici Platon qui, dans *La République*, donne pourtant une importance fondamentale à la répartition des fonctions sociales aux différents individus composants la cité. Cependant, d'une part, il ne conçoit pas la division des fonctions sociales comme une division du travail, et d'autre part, il pense la juste distribution des fonctions à partir des capacités de chacun là où la problématique des effets formateurs du travail souligne que les capacités sont déterminées, pour partie au moins, par les modalités de l'insertion dans la division du travail. Sur la problématique des effets formateurs de la division du travail chez Smith et Ferguson, voir C. Gautier, *Voir et connaître la société. Regarder à distance dans les Lumières écossaises*, Lyon, ENS Éditions, 2020, p. 181-208.

2. Pour une discussion de ces limites, voir E. Renault, « Identité et autonomie au travail », art. cit.

3. CL 2, p. 2683.

4. DE, p. 412, MW 9, p. 329.

y fait tout particulièrement obstacle à la prise en compte de la centralité du travail liée à la profondeur des effets formateurs des métiers, c'est l'insistance sur le pluralisme de Dewey et sur sa philosophie des institutions éducatives. D'une part, l'orientation pluraliste de la philosophie deweyenne, le fait qu'il souligne la diversité des dimensions de l'expérience et la spécificité des biens qui peuvent y être cultivés, semble rendre impossible qu'un type particulier d'expérience, en l'occurrence l'expérience du travail, se voit attribuer un privilège. D'autre part, l'importance accordée par Dewey aux institutions éducatives peut donner à penser que l'éducation familiale et scolaire, et non le métier, produit les effets formateurs les plus puissants.

Aucune de ces deux idées ne résiste à l'examen. Comme nous l'avons déjà noté, la thèse de la centralité du travail présuppose une forme de pluralisme : elle affirme que les expériences liées au travail produisent des effets sur des expériences n'ayant rien à voir avec le travail, expériences où il est possible de cultiver des biens distincts de ceux qui sont propres aux expériences de travail. Quant à l'idée suivant laquelle les effets formateurs des institutions éducatives seraient plus profonds que ceux du travail, elle repose en fait sur deux contresens quant aux principes de la philosophie deweyenne de l'éducation. Dans *Démocratie et éducation*, Dewey entend l'idée d'éducation au sens large des effets formateurs des institutions quelles qu'elles soient. Il distingue l'éducation formelle, ou dirigée, relevant des pratiques pédagogiques, et l'éducation informelle, ou relevant de l'effet formateur propre à tout apprentissage des conduites adaptées aux différents contextes sociaux. Comme nous l'avons déjà indiqué dans l'introduction, la nécessité de poser la question du rapport entre démocratie et éducation à partir de ce concept extensif d'éducation résulte du fait que la démocratie au sens véritable, c'est-à-dire comme manière de vivre et non pas seulement comme dispositif institutionnel, suppose un ensemble d'habitudes démocratiques qui ne peuvent dépendre seulement des institutions éducatives – bien que le rôle de ces dernières ne doive pas être négligé. S'il est absurde de croire que l'apprentissage de l'obéissance inintelligente à l'école permettra de créer les habitudes de tolérance et de discussion rationnelle chez les futurs citoyens, ainsi que le sens critique que présuppose l'idée de démocratie, il n'est pas moins absurde de croire que l'apprentissage de l'obéissance inintelligente sur le lieu de travail, pendant la plus grande partie de la vie adulte, pourrait être compatible avec la formation et l'entretien de telles habitudes et un tel sens critique. La thèse principale de *Démocratie et éducation* est que toutes les institutions susceptibles de participer à la constitution d'habitudes démocratiques doivent être démocratisées et non pas seulement l'école. Or, parmi ces différentes institutions, ce sont bien celles qui organisent nos activités du travail qui produisent les effets formateurs les plus profonds.

Dans ce qui suit, on décrira tout d'abord le concept deweyen de métier, qui a parfois souffert dans les études deweyennes d'une réduction à ses enjeux pédagogiques [1], avant d'expliquer la manière dont l'analyse des effets formateurs du travail conduit Dewey à défendre la thèse d'une centralité tout à la fois psychologique et sociale du travail. En guise de conclusion, on cherchera à préciser comment les versions deweyenne et marxienne de l'idée de centralité sociale du travail se distinguent l'une de l'autre.

« La philosophie de la société coïncide avec la philosophie des métiers »

Nous avons déjà remarqué que la thèse suivant laquelle les processus économiques consistent en un processus biologique modifié dépend principalement d'une analogie entre complémentarité des fonctions organiques et division sociale du travail. Or, c'est précisément en tant qu'il consiste en une activité inscrite dans une division sociale du travail que le travail prend la forme du métier au sens large d'« *occupation* ». On comprend donc que ce soit notamment au moyen du concept de métier que Dewey distingue ce qui est distinctement humain et social dans le prolongement du processus biologique sous forme de division sociale du travail. C'est donc déjà son naturalisme évolutionniste qui explique l'importance conférée aux métiers. En témoigne cette formulation du cours de « Sociologie de l'éthique » de 1902-1903 : « Le métier est pour ainsi dire la fonction biologique exprimée en termes sociologiques » (*the biological function*

1. Les articles portant sur le concept d'« *occupation* » chez Dewey le réduisent à une méthode d'apprentissage qui doit être centrale dans le cursus scolaire : R. D. Lakes, « John Dewey's Theory of Occupations : Vocational Education Envisioned », *Journal of Vocational and Technical Education* 2, 1985, p. 41-47 ; J. Palermo, « Dewey on the Pedagogy of Occupations : The Social Construction of the Hyper-Real », *Philosophy of Education : Proceedings of the Annual Meeting of the Philosophy of Education Society* 48, 1992, p. 177-186 ; A. A. DeFalco, « An Analysis of John Dewey's Notion of Occupations : Still Pedagogically Valuable ? », *Education and Culture* 26, 2010, p. 82 - 99. Si l'idée d'une éducation par des pratiques comme le jardinage, l'élevage, la construction et le travail du bois, etc., joue un rôle central dans la théorie pédagogique de Dewey, et si de nombreux textes y consacrent des analyses (on en trouve un relevé dans le troisième article cité), l'idée de « métier » est chez lui loin de se réduire à une méthode d'apprentissage.

stated in sociological terms)[1]. Vingt ans plus tard, dans le syllabus de 1923, alors que Dewey a totalement abandonné l'organicisme social de ses cours des années 1890 et du début du siècle, on lit encore l'affirmation suivante : « La transformation de l'activité en *métier* est le fait premier (*the transformation of activity into* occupation *is the primary fact*) »[2]. Cet énoncé trouve son explication dans le cours de 1928. La transformation du processus biologique en processus économique y est directement associée à sa transformation en système d'activités productives spécialisées. Dewey écrit ainsi :

> Le fait central dans les phénomènes sociaux sur le plan économique est l'existence du métier. Cela signifie que l'activité consistant à se rendre disponible les matériaux de la vie, l'activité biologique, est transformée sur le plan humain en métier[3].

Cette remarque lui donne l'occasion de souligner deux caractéristiques du métier qui définissent ce qui dans le prolongement économique du processus biologique le rend irréductible à ce dernier :

> Un métier est une occupation permanente (*continuous endurance*) et une activité sérieuse. Alors que les activités des animaux sont plus ou moins isolées, et qu'elles ont lieu quand des besoins particuliers font sentir leur urgence, l'activité humaine est illustrée par le fait que le métier comporte un caractère plus permanent. Deuxièmement, un métier implique l'application d'une espèce d'énergie et d'une espèce de matériau à d'autres espèces d'énergie ou de matériaux afin de parvenir à des conséquences par l'intermédiaire desquelles une demande est finalement satisfaite. La satisfaction n'est pas produite directement par une dépense d'énergie, mais par l'intermédiaire d'activités permettant à des matériaux environnants et à des énergies de réagir les uns avec les autres et de produire ainsi indirectement la satisfaction[4].

L'activité de travail, lorsqu'elle s'exerce dans le cadre d'une branche particulière de la division du travail se distingue donc de l'activité animale par son caractère de spécialisation durable autant que par sa fonction économique de moyen de satisfaction non immédiate des besoins sociaux. Ces deux caractéristiques sont importantes pour l'idée de centralité du travail. D'une part, en effet, c'est parce que l'activité est exercée durablement que les effets formateurs du travail sont les plus significatifs. D'autre part,

1. CL 1, p. 2271.
2. MW 15, p. 251.
3. CL 2, p. 2683.
4. CL 2, p. 2683.

le fait qu'en tant que métier, le travail soit essentiellement un travail pour satisfaire des besoins sociaux, en d'autres termes un travail pour autrui, définit des effets formateurs spécifiques. Insérées dans la division du travail, les activités productives peuvent devenir l'occasion d'une prise de conscience de l'union de l'intérêt personnel et de l'intérêt général, prise de conscience dont les enjeux éthiques ne sont pas moins importants que les enjeux politiques.

Dans les « Lectures on Political Ethics » de 1898, Dewey tirait surtout les conséquences éthiques de l'interprétation de la division du travail comme source de la dimension coopérative de la vie sociale. Il expliquait, comme nous l'avons déjà indiqué dans le chapitre précédent, que c'est par l'intermédiaire du travail comme métier que les individus sont introduits dans des réseaux de solidarité et de coopération. Chez Hegel déjà, la division du travail apprenait aux individus à se concevoir eux-mêmes comme les membres de la société à laquelle ils contribuent et dont ils dépendent. On retrouve cette idée dans *Démocratie et éducation*, où elle est formulée dans une perspective pédagogique. Dewey y souligne qu'en donnant aux enfants l'occasion de se familiariser avec des activités professionnelles, on leur offre la possibilité de s'approprier les significations et les valeurs sociales qui leur sont associées.

Pour les adultes également, le métier peut avoir une importance éthique décisive. Quand il est compatible avec des formes de réalisation de soi, il permet de faire l'expérience du fait que l'intérêt personnel est étroitement lié à l'intérêt de l'ensemble de la société, ce qui permet aux individus d'associer la représentation de leurs droits avec celle de leurs devoirs à l'égard de la société. Dewey affirme à ce propos que le métier est « libérateur » (*liberalizing*) au sens où il permet le progrès moral consistant à associer son existence personnelle à des principes de portée générale[1]. Dans la mesure où les métiers sont la forme principale de l'équilibre entre les intérêts particuliers et l'intérêt collectif, aussi bien sur le plan objectif de l'interdépendance des activités et des intérêts que sur le plan subjectif du sentiment altruiste et de la représentation des devoirs, il n'est donc pas si étonnant que Dewey ait pu affirmer que « la philosophie de la société coïncide avec la philosophie des métiers (*vocations*, *occupations*) ou des vocations (*callings*) »[2] :

1. DE, p. 287, MW 9, p. 208.
2. CL 1, p. 1865.

> Nous pourrions dire que le problème de l'éthique sociale est celui des métiers (*vocations*), des vocations (*callings*), des métiers dans la vie (*occupations in life*)[1].
> Le problème des métiers (*vocations*) est celui de l'équilibre et de l'équation entre les deux côtés suivants : d'un côté le besoin social, la correspondance aux exigences sociales, et de l'autre, satisfaire à ces exigences par l'intermédiaire d'une série d'activités qui intéressent l'individu, c'est-à-dire qui retienne et concentre son attention tout en sollicitant ses capacités et en lui permettant de sentir qu'il est réellement en train d'exercer sa propre activité et de se développer lui-même (*to feel that he is really exercising himself*)[2].

On voit donc Dewey associer ici l'idée de métier, au sens large et étroit du terme, à des enjeux éthiques décisifs qu'il serait très réducteur d'interpréter comme les effets d'une « notion éthicisée du "travail" [...] qui est propre au puritanisme de la Nouvelle Angleterre »[3].

Les enjeux politiques ne sont pas moindres dans la mesure où il faut parvenir à associer son intérêt particulier avec le reste de la vie sociale pour être en mesure de s'engager dans des tentatives de résolution démocratique des conflits entre intérêts particuliers, et pour être sensible à la valeur des délibérations collectives qui sont au cœur de l'idéal démocratique. En ce sens, la question des métiers, par l'intermédiaire de celle de l'équilibre entre intérêt particulier et exigences sociales, ne définit rien moins qu'une condition de l'idéal démocratique, comme l'explique l'article « The Ethics of Democracy »[4].

Les « Lectures on Political Ethics », de même que l'article « The Ethics of Democracy », datent de la fin des années 1890. Il ne faudrait pas croire que Dewey a donné moins d'importance par la suite à la question des métiers. Comme nous l'avons vu, elle occupe toujours une place centrale dans les cours de philosophie sociale des années 1920, ce qui constitue une caractéristique surprenante du point de vue des thèmes généralement associés aujourd'hui à l'idée de philosophie sociale. Il est frappant en effet que Dewey ne se contente pas de souligner que les métiers définissent l'une des principales spécificités du processus biologique transformé « sur le plan humain », mais qu'il propose également des listes de métiers, en

1. CL 1, p. 1863.
2. CL 1, p. 1864.
3. C. W. Mills, *Sociology and Pragmatism. The Higher Learning in America*, *op. cit.*, p. 173.
4. EP, p. 37-61, EW 1, p. 228-250. A. Honneth a souligné ce point dans « John Dewey and the Theory of Democracy Today », *Political Theory*, vol. 26, n°6, 1998, p. 763-783.

suggérant ainsi qu'il n'est pas possible d'expliquer ce qu'est la société, et de quelle nature sont les problèmes sociaux, sans décrire ce qui distingue les métiers les uns des autres. Une section du syllabus de 1923 consiste d'ailleurs en une liste de métiers, que l'on retrouve sous une forme développée dans les « Leçons de philosophie politique » de 1926 :

> Les différents métiers :
> 1) Les métiers liés à l'entretien du foyer (*the maintenance of a household*). Cela inclut l'acquisition des biens de consommation, le soin, la préparation de la nourriture (*sustenance*, *care*, *nurture*), la direction de domestiques, l'administration de l'équipement matériel. Cela concerne l'institution familiale en tant que la famille est une unité économique. Elle est particulièrement importante parce que ces activités sont associées à la consommation aussi bien qu'à la production. Le foyer est le lieu d'activités de consommation plus que de n'importe quelles autres activités.
> 2) Les activités consistant à garantir l'accès à des manières premières. Elles concernent la terre. L'agriculture est un exemple. Mais cela vaut aussi des mines et de l'exploitation forestière.
> 3) Les métiers manufacturiers, le processus au cours duquel les matières premières sont transformées en un objet de forme plus malléable pour un usage ou une consommation future.
> 4) La distribution dans le processus d'échange des marchandises – matières premières ou produits manufacturés.
> 5) Le transport – la distribution au sens physique.
> 6) Les métiers financiers – ceux qui concernent la mise à disposition des moyens monétaires ou du crédit que requièrent les activités développées dans d'autres emplois. Plus les processus intervenants entre la production et la consommation sont longs, plus il est nécessaire de disposer de moyens d'anticiper la consommation différée. Plus le processus économique est médiatisé par les processus intervenant avant l'échange et la consommation, plus il est nécessaire que des instrumentalités permettant d'anticiper la consommation soient disponibles.
> 7) Les Professions. Il existe trois formes de professions – les prêtres, les avocats, et les docteurs.
> 8) La découverte et la diffusion du savoir, au sens de la communication (*in the broadcast sense*). Enseignants, scientifiques, journalistes, etc.
> 9) Les artistes, en tant que distingués des artisans. Peintres, sculpteurs, etc.
> 10) Ceux qui procurent de la distraction et de l'amusement.
> 11) Les fonctionnaires [1].

1. CL 2, p. 2690-2691. On lit dans le syllabus de 1923 : « 1) L'entretien et le soin du foyer, en incluant les enfants, les serviteurs, de même que l'équipement matériel. 2) Labourer le sol. 3) La production d'outil, et l'usage d'outil pour obtenir d'autres produits – travail manufacturier. 4) La distribution de marchandises au consommateur, au détail et en

Un fait marquant dans cette liste est que le travail domestique vienne en premier. Dewey ne tombe donc pas sous la critique féministe[1] suspectant les philosophies du travail d'être modelées sur l'analyse du travail masculin et d'oublier le travail domestique. Il voit dans le travail domestique (*domestic work* ou *household work*) un travail comme un autre même s'il comporte de nombreuses caractéristiques qui le distinguent des travaux de type artisanal ou industriel qui constituent généralement le point de référence exclusif des philosophes lorsqu'ils traitent du travail. Le travail domestique, le travail agricole et le travail intellectuel, qui sont tous très différents du travail consistant à transformer des matériaux naturels en œuvres, n'en constituent pas moins des activités de travail à part entière, et si les deux premiers figurent en début de liste, c'est probablement en raison de l'interprétation du processus économique comme un processus biologique modifié. C'est donc le naturalisme de Dewey qui contribue à accorder aux métiers contribuant le plus directement à la reproduction de la vie, aux échelles quotidiennes et intergénérationnelles, une priorité. Dans le cours de « Sociologie de l'éthique » de 1902-1903, qui comporte une première classification des métiers ainsi qu'un long développement justifiant la nécessité d'une « théorie des métiers », Dewey indique qu'il convient de compter parmi les principes de classification : « les faits premiers du processus vital que j'ai déjà mentionnés – ceux de l'entretien de la vie –, aussi bien de la vie de l'individu et du groupe ou de l'espèce à laquelle l'individu appartient – c'est-à-dire la nutrition et la reproduction »[2]. Dewey peut donc être rapproché des théories féministes qui soulignent l'importance du travail reproductif[3], et il est frappant que dans l'*Éthique* de 1908, il soit

gros. 5) Le transport, du stockage à l'administration du système ferroviaire. 6) Les emplois financiers – rendus nécessaires en raison d'une "médiation" accrue entre le début et la fin. 7) Les professions – médecins, prêtres, avocats, journalistes, etc. 8) Les enseignants, les chercheurs, les agents de publicité. 9) Les artistes, peintres, sculpteurs, architectes, auteurs, etc. 10) Tous ceux qui produisent des activités récréatives, de l'amusement, de la convivialité, la prostitution, etc. 11) Les fonctionnaires, du policier, des assesseurs, des soldats, aux juges, aux présidents, aux rois » (MW 15, p. 252).

1. Pour une caractérisation du féminisme de Dewey, voir F. Gregoratto, « Agonist Recognition, Intersections, and the Ambivalence of Family Bonds : John Dewey's Critical Theory Manifesto in China », *Transactions of the Charles S. Peirce Society*, vol. 53, n°1, 2017, p. 127-145 et « The Critical Nature of Gender : A Deweyan Approach to the Sex/Gender Distinction », *Journal of Speculative Philosophy. New Series*, vol. 31, n°2, 2017, p. 373-285. On peut imaginer que le féminisme de Dewey a été influencé notamment par Jane Addams ; voir à ce propos A. Le Goff, *Care et démocratie radicale*, Paris, P.U.F., 2013.

2. CL 1, p. 2276.

3. Voir notamment T. Bhattacharya (dir.), *Avant 8 heures. Après 17 heures. Capitalisme et reproduction sociale*, Toulouse, Blast, 2020.

écrit que le fait que les femmes soient assignées au travail de reproduction qui implique un « ajustement personnel » et dont les contraintes sont irréductibles à celles des différents systèmes productifs, implique que leur travail « résiste au système » [1]. Mais il y est également souligné, en suivant notamment W. I. Thomas [2], que l'essentiel de l'activité de production était pris en charge par les femmes dans les premières sociétés où elle relevait de la cueillette, et que ce n'est qu'à l'issue d'une série de transformations de la division sexuelle du travail qu'elles se sont trouvées assignées à un travail de reproduction séparé aussi bien du travail agricole que du travail artisanal et industriel [3]. L'*Éthique* de 1908 souligne d'ailleurs que l'industrialisation et la mise au travail industriel des femmes ont impliqué une nouvelle transformation de la division sexuelle du travail : cela « a entraîné la disparition des arts et des savoir-faire domestiques, à l'exception de la cuisine. Le travail de la femme au foyer s'en est trouvé vidé de tout intérêt. Il est devenu trivial » [4]. On notera en outre que la définition du travail domestique proposée par Dewey est extensive. Elle ne renvoie pas seulement à cette liste d'activités répétitives qui relèvent du travail ménager (ménage, cuisine, nettoyage, etc.), et dont il souligne qu'elles ont perdu de leur intérêt, mais elle recouvre aussi des activités relationnelles (*care*) et administratives, dont l'*Éthique* de 1908 souligne qu'elles se caractérisent par des contraintes spécifiques et des formes de reconnaissance et de satisfactions distinctes. Que l'ensemble de ces activités comptent « parmi les faits premiers du processus vital », y compris celui de l'administration de la famille comme unité économique, et qu'elles ne soient donc pas destinées à rester triviales et sans intérêt, c'est ce qui explique que dans les écoles deweyennes, elles soient enseignées aux élèves des deux sexes. Les garçons apprennent non seulement la cuisine, mais aussi la couture et le raccommodage [5], ce qui prouve que Dewey était loin de confondre les formes actuelles de la division sexuelle du travail avec des formes anthropologiquement nécessaires.

Les commentaires ajoutés à cette liste dans le syllabus de 1923 et le cours de 1926 permettent de préciser les intentions de cette énumération des métiers si étonnamment longue et complète. Si dans la « Sociologie

1. MW 5, p. 522.
2. W. I. Thomas, *Sex and Society : Studies in the Social Psychology of Sex*, Chicago-London, University of Chicago Press-Unwin, 1907.
3. MW 5, p. 522-523. Des thèmes analogues ont été développés par M. Mies, *Patriarchy and Accumulation on a World Scale. Women in the International Division of Labour.*, London, ZED Books, 2014.
4. E, p. 519, LW. 7, p. 445.
5. MW 8, p. 442-444.

de l'éthique » de 1902-1903 la liste des métiers est guidée par l'analogie entre organisme et système des métiers, il n'en va plus de même dans les années 1920. L'objectif est manifestement alors de souligner la diversité des métiers. Une théorie du travail ne peut être convaincante que si elle parvient à rendre compte de cette diversité (y compris de la prostitution dans le syllabus !) au lieu de forger une définition du travail sur un seul type de métier. Dewey semble suggérer que selon le métier qui est le nôtre, on tendra à se faire une image différente de la nature et de la valeur du travail.

La typologie des métiers relève donc d'une démarche comparative visant à promouvoir une conception intégrative des activités de travail à laquelle font obstacle les préjugés dépréciatifs dont certaines de ces activités font l'objet. Dewey avait bel et bien l'intention de lutter contre l'idée que les emplois jugés les plus nobles et les plus vils correspondent à des activités incomparables, et tout autant de remettre en cause l'idée d'une hiérarchie stricte des métiers. C'est dans l'article « Individuality, Equality, Superiority » (1922) que cette critique est développée pour elle-même. Que l'étude du travail gagne à adopter une approche comparative délestée de ces préjugés hiérarchiques et capable de rendre compte des problèmes communs à tous les métiers, c'est une thèse que la sociologie du travail développée ultérieurement à Chicago a soutenue avec force [1].

La démarche comparative a également une fonction critique. Elle permet de mettre en lumière le fait qu'en raison de la manière dont les métiers sont organisés, la pénibilité l'emporte sur les satisfactions internes à l'activité dans certains d'eux, tandis que certains travailleurs engagés dans ces métiers sont contraints à l'obéissance tout en bénéficiant d'une faible reconnaissance sociale. C'est en ce sens que le syllabus de 1923 distingue 1) « les satisfactions

1. On peut penser ici à E. Hughes qui écrivait en 1951 : « Il faut nous débarrasser de toutes les notions qui nous empêchent de voir que les problèmes fondamentaux que les hommes rencontrent dans leur travail sont les mêmes, qu'ils travaillent dans un laboratoire illustre ou dans les cuves malpropres d'une conserverie. Les recherches dans ce domaine n'auront pas abouti tant que nous n'aurons pas trouvé un point de vue et des concepts qui nous permettent de faire des comparaisons entre le travail du ferrailleur et du professeur sans vouloir rabaisser l'un ou traiter l'autre avec condescendance » « Le travail et le soi », (*Le regard sociologique*, *op. cit.*, p. 80). Ou encore : « Étudier les métiers (*occupations*) en les comparant permet de mieux comprendre le travail des médecins en étudiant celui des plombiers, et celui des prostituées en étudiant celui des psychiatres. Il ne s'agit pas de suggérer que le degré de similitude entre ces couples de métiers est plus élevé que ne le permettent de l'estimer les lois du hasard mais de préciser simplement que le chercheur part de l'hypothèse que tous les types de travail figurent sur la même liste, quel que soit leur classement sur les échelles de prestige ou de valeur morale » (« Des erreurs dans le travail », *ibid.*, p. 87-97).

intrinsèques (*the intrinsic reward*) des métiers en eux-mêmes par opposition à la dépense d'énergie mécanique et externe », 2) « l'opposition entre d'une part le contrôle, la direction, et d'autre part la subordination », et 3) « les différents degrés de reconnaissance, d'estime, d'honneur, de prestige qui s'attachent à ces différents types de métiers » [1]. La typologie est tout particulièrement apte à faire apparaître l'arbitraire de la hiérarchie du prestige associé aux différents métiers, alors que tous remplissent des fonctions socialement indispensables.

Nous avons déjà remarqué qu'en suivant Veblen, Dewey associe la dévalorisation aristotélicienne des emplois manufacturiers au prestige associé aux emplois occupés par la classe de loisir. Il oppose également la dévalorisation des emplois associés à des tâches d'exécution dénuées de contenu intellectuel à la forte valorisation des emplois qui consistent à organiser le travail d'autrui, ou à financer les activités de production ou d'échange. Il mentionne en outre le fait que parmi les différents emplois fortement valorisés, un prestige inférieur est associé aux emplois concernant les conditions sociales normales par comparaison avec les emplois concernant les « pathologies sociales » (« les professions et les pathologies sociales – sorcier, prêtres, avocats, etc. » [2]). Mais il précise que ces inégalités sont moindres que l'inégalité existant entre un emploi manuel ou d'exécution et un emploi intellectuel ou de direction. Toutes ces hiérarchies de prestige sont d'après lui contingentes et contestables : elles se fondent sur les dualismes de la *poèsis* et de la *praxis*, du travail et du loisir, du corps et de l'esprit. Elles établissent des ordres de grandeur arbitraires entre des fonctions sociales qualitativement différentes et également importantes.

Contre la démarche consistant à penser le travail et sa valeur unilatéralement, à partir d'un type isolé de métier, Dewey souligne donc la complémentarité des métiers. Il ne le fait pas seulement en suggérant, conformément à l'analogie de l'organisme et de la division du travail, qu'ils définissent autant de branches fondées sur une différenciation des fonctions permettant d'assurer la reproduction du processus de la vie sociale. Il soutient en outre, et plus précisément, que le système de la division sociale du travail est structuré par l'imbrication des trois grands processus économiques : le processus de production, le processus d'échange et le processus de consommation. Que l'une des fonctions de la liste des métiers soit de faire apparaître l'imbrication de ces trois processus, cela apparaît dans les points 1 (relatifs à l'imbrication de la consommation et de la

1. MW 15, p. 253.
2. MW 15, p. 252.

production), et dans le point 6 (relatif à l'imbrication de l'échange, de la production et de la consommation).

Enfin, il se pourrait également que l'insistance sur la diversité des métiers soit liée chez Dewey à la conscience de la diversité des effets formateurs qu'ils sont susceptibles de produire. Examinons maintenant la manière dont il aborde la problématique des effets formateurs du travail.

CENTRALITÉ PSYCHOLOGIQUE

Dewey souligne avec insistance les effets du travail sur le processus de formation et d'unification des habitudes, c'est-à-dire sur la constitution du caractère. Dans la mesure où le caractère produit ses effets sur l'ensemble de l'existence, et non pas seulement sur la part de l'existence qui est consacrée à un métier, on peut parler de centralité du travail.

Dans *Individualism Old and New*[1], Dewey affirme ainsi que le métier agit sur le caractère plus que n'importe quel autre facteur social et il ajoute dans l'*Éthique* de 1932 que « les démocraties historiques ont commis une erreur en sous-estimant la portée éducative des institutions économiques et en surestiment la vertu pédagogique de l'institution éducative par excellence, à savoir l'école »[2]. On trouvait déjà dans *The School and Society* (1899) l'affirmation suivant laquelle le travail contribue à l'unification des impulsions et à l'équilibre entre les dimensions pratiques et intellectuelles de l'existence. Le chapitre VII, intitulé « The Psychology of Occupations », soutient que tant qu'il ne se réduit pas à une corvée, le travail « maintient un équilibre entre les phases intellectuelles et les phases pratiques de l'expérience »[3] et qu'il développe des aptitudes spécifiques tout en « fournissant les occasions idéales à la fois pour l'exercice sensoriel et pour la discipline de pensée »[4]. Dewey y ajoute que le travail associé à un métier, déjà chez l'écolier, « unifie un vaste ensemble d'impulsions, qui resteraient sinon séparées et spasmodiques, en un squelette cohérent doté d'une solide colonne vertébrale »[5].

On retrouve des arguments analogues dans *Démocratie et éducation* où Dewey souligne que le travail continue d'exercer ses effets unificateurs à l'âge adulte. Il y présente le métier comme un ensemble de compétences

1. EP, p. 351, LW 5, p. 117.
2. E, p. 425, LW 7, p. 364.
3. MW 1, p. 92.
4. MW 1, p. 93.
5. MW 1, p. 96.

productives coordonnées les unes aux autres : il agit en ce sens « comme un aimant qui attire et une colle qui assure la cohésion ».

> Un métier (*occupation*) est un principe organisateur d'informations et d'idées, de connaissance et de développement intellectuel. Le métier fournit l'axe qui traverse une immense diversité de détails; il ordonne les uns par rapport aux autres les différents éléments de l'information, des faits et des expériences [...]. Le métier (*vocation*) agit à la fois comme un aimant qui attire et une colle qui assure la cohésion. Organisée de cette manière, la connaissance est vivante car elle se rapporte à des besoins; elle s'exprime et se réadapte dans l'action continuellement, si bien que cette dernière ne se fige jamais [1].

La thèse de la profondeur des effets formateurs du travail est fondée chez Dewey sur un double argument. Le premier est de nature quantitative : le travail est l'activité qui non seulement est la plus continue dans notre existence puisque nous travaillons quotidiennement pendant une partie de notre enfance et la plus grande part de votre vie adulte, et c'est l'activité qui occupe quotidiennement la plus grande partie de notre vie diurne. « Democracy and Educational Administration » formule ce constat en ces termes :

> Il est impossible que la manière suivant laquelle les activités sont développées pendant la plus grande partie des heures de la journée éveillée, et que la manière suivant laquelle les individus prennent part à la conduite d'affaires telles que s'assurer ses moyens de subsistance et atteindre une sécurité matérielle et sociale, ne constituent pas des facteurs hautement importants dans la formation des dispositions personnelles; en bref, dans la formation du caractère et de l'intelligence [2].

Le second argument est de nature qualitative : le travail est le lieu d'expression d'impulsions fondamentales (dont l'*instinct of workmanship* et l'impulsion à participer à des activités partagées) qui sont liées à des enjeux cruciaux dans l'histoire de l'espèce (comme celui de la coopération productive), et il coordonne les différentes dimensions (pratiques, émotionnelles et intellectuelles) de notre existence de même que différents types d'habitudes (relatives aux dimensions techniques, organisationnelles et relationnelles de l'activité de travail).

Constituant l'activité la plus durable et continue de notre existence, et mobilisant différents facteurs à l'œuvre dans nos habitudes, ainsi que différents types d'habitudes, le travail associé à un métier produit des effets

1. DE, p. 402-403, MW 9, p. 319.
2. LW 11, p. 221.

plus profonds que toute autre activité sur la constitution et l'unification des habitudes, c'est-à-dire sur le caractère. Qui plus est, comme nous l'avons déjà remarqué, l'expérience du travail peut être l'origine d'une prise de conscience de la valeur sociale de nos compétences et capacités personnelles. Les activités professionnelles sont également une source de reconnaissance. Nous avons déjà cité le passage de l'article « Psychology and Work » soulignant que c'est par l'intermédiaire du travail qu'est satisfait « ce penchant le plus profond (*the deepest urge*) pour tout être humain de sentir qu'il compte pour quelque chose pour les autres êtres humains », c'est-à-dire d'être « reconnu par eux comme comptant pour quelque chose » [1]. Or, le métier qu'on exerce est susceptible de procurer une double reconnaissance. Un individu est socialement reconnu par l'intermédiaire de statut social associé à son métier, « différents degrés de reconnaissance, d'estime, d'honneur, de prestige » [2] s'attachant aux métiers, comme nous l'avons déjà remarqué. Un individu peut également être reconnu comme accomplissant plus ou moins bien son métier. Dewey constatait ainsi, dans le cours « Évolution de la moralité » de 1901 que « dans les métiers (*vocations*), différents degrés de compétence ou de prouesse individuelle se manifestent. C'est par l'intermédiaire du succès d'un individu dans son métier qu'il est évalué socialement (*that he is measured socially*) » [3].

Facteur d'unification de soi, le travail est donc également facteur d'accroissement subjectif. C'est en ce sens que Dewey en fait « la clef du bonheur » dans un passage d'inspiration platonicienne :

> Le métier constitue l'activité la plus caractéristique de l'individu. Un emploi est la seule chose qui permette d'équilibrer la capacité particulière de l'individu et le service qu'il doit assumer envers la société. Découvrir ce qu'un individu est capable de faire et lui fournir l'occasion de le faire est la clef du bonheur [...]. Avoir un emploi qui convient signifie simplement que les aptitudes d'une personne s'exercent harmonieusement avec le minimum de friction et le maximum de satisfaction. Pour les autres membres d'une communauté, cela signifie bien entendu que cette personne leur rend les services les meilleurs dont elle est capable [4].

On retrouve la même idée dans un texte de 1918, « Internal Reorganization after the War », où le travail, pour autant qu'il est coordonné avec une vie hors travail satisfaisante, constitue l'« axe » autour duquel s'organise son existence :

1. LW 4, p. 239.
2. MW 15, p. 253.
3. CL 1, p. 2060.
4. DE, p. 401-402, MW 9, p. 318.

> Je suppose que toute personne adulte qui a un emploi (*job*) qui l'intéresse et qui comporte pour lui de l'attrait, intellectuellement et moralement, dira que ce métier (*occupation*), accompagné de relations personnelles avec la famille et ses amis, est la grande et constante influence de sa vie, l'axe autour duquel ses activités sont organisées, ce qui confère sa stabilité à sa conduite, ce qui donne leur direction à ses pensées, ses émotions et ses intérêts. Inversement, quand une personne n'a pas d'intérêt pour son travail (*work*), on aboutit à un phénomène psychologique et moral d'une importance presque incalculable (*you have a psychological and moral phenomenon of almost incalculable significance*) [1].

Dewey proposera différents types d'analyse des effets néfastes du travail qui sont le revers de cette centralité psychologique. La perte de tout intérêt pour le travail n'est pas le seul facteur à prendre en considération. La précarisation du travail dont Dewey considère dans *Individualism Old and New* qu'elle est un trait général de la situation économique de l'époque (et pas seulement un effet de la crise de 1929), est d'après lui un facteur destructeur de l'individualité [2], comparable en cela à « l'action corrosive » du chômage sur le respect de soi [3].

Dewey mentionne également un autre revers de la centralité psychologique du travail : le travail peut perdre sa fonction psychologique positive quand il colonise toute notre existence au détriment d'autres valeurs dont dépend également le sens de notre vie : « tout individu est attiré par différents types d'occupations, et il devrait pouvoir exercer son intelligence de manière efficace dans chacune d'entre elles » [4]. Même dans le cas où l'activité de travail est riche de sens et productrice d'effets formateurs positifs, le travail ne doit pas empêcher ainsi que soient cultivés les biens propres à d'autres types d'activités. Inversement, le travail perd sa fonction psychologique structurante lorsque les expériences de travail s'isolent des autres expériences significatives de l'existence : « Tout métier perd son sens et devient une sorte d'agitation routinière si on l'isole des autres intérêts de l'individu » [5].

1. MW 11, p. 80.
2. EP, p. 295, LW 5, p. 67-68.
3. Voir notamment l'article « The Jobless – A Job for all of Us » (LW 6, p. 153-156) et « The Economic Basis of the New Society » : « Il n'est pas douteux que l'action corrosive de la vie sans travailler, en dépendant de la charité des autres, privée et publique, produit ses effets. À long terme, il serait difficile de trouver quelque chose de plus destructeur des meilleurs éléments de la nature humaine que la perspective durable d'une vie, ou au moins d'une survie, dans une situation de dépendance plus ou moins parasitaire à l'égard de la charité, fût-elle publique (LW 13, p. 317-318).
4. DE, p. 400, MW 9, p. 317.
5. *Ibid.*

Ces remarques illustrent une thèse énoncée dès l'introduction de ce livre puis dans l'introduction de ce chapitre : dans sa version deweyenne, l'idée de centralité de travail suppose non seulement une conception *pluraliste* de l'expérience sociale, mais également une théorie des rapports entre « principe organisateur », ou « axe », et ce qui est organisé par ce principe, ou axe. Elle est donc compatible avec l'*ontologie transactionnelle* de Dewey : l'expérience du travail est en interaction avec d'autres expériences, et bien qu'asymétrique, le conditionnement est réciproque. L'expérience du travail est une expérience parmi d'autres qui produit des effets sur d'autres expériences, qui ne doit pas être cultivée au détriment de ces dernières, et qui ne peut agir de manière constructive sur elles qu'à la condition de pouvoir être à son tour modifiée par elles. Les expériences liées et non liées au travail sont susceptibles de s'enrichir mutuellement ou au contraire de s'entraver mutuellement en agissant les unes sur les autres, mais leur isolement mutuel est toujours préjudiciable aux unes et aux autres.

Central du point de vue de la psychologie individuelle, le travail l'est également du point de vue de la psychologie collective. C'est de nouveau d'un point de vue évolutionniste que Dewey propose, en effet, dans l'article « Interpretation of Savage Mind », une psychologie comparative dont le principe est l'explication des « patterns » de l'esprit collectif par les formes de division du travail qui prédominent dans une société. Dewey soutient que chaque système social de division du travail est à l'origine d'une structuration spécifique de l'esprit collectif :

> Si nous cherchons les fonctions spécifiques à l'égard desquelles l'esprit est relatif dans tous les groupes sociaux, les métiers s'imposent d'eux-mêmes. Les métiers sont si fondamentaux, et ils pénètrent tellement tout, qu'ils fournissent le schème, ou le cadre, de l'organisation structurelle des traits mentaux. Les types de travail intègrent des éléments particuliers dans un tout fonctionnel [1].

L'enjeu de cet article est notamment d'éviter de tomber dans les pièges d'une lecture téléologique et rétrospective de l'évolution sociale. Contre les caractérisations de la « mentalité primitive » par ce qui lui manque du point de vue de vue la psychologie évoluée, Dewey y soutient que les traits principaux de la psychologie collective des aborigènes s'expliquent par les activités propres aux chasseurs-cueilleurs tout comme la psychologie collective des contemporains s'explique par la division du travail actuellement en vigueur.

1. MW 2, p. 41-42.

Parmi les effets formateurs du travail à l'échelle collective comptent les effets sur la culture, et c'est notamment pour cette raison qu'il est difficile d'attribuer à Dewey une surévaluation politique des transformations culturelles au détriment des transformations des structures économiques [1]. Le projet politique de Dewey a certes une dimension culturelle dans la mesure où il ne croit pas possible que les institutions démocratiques puissent remplir leur fonction sans transformation culturelle, mais ces transformations culturelles ne peuvent pas être pensées seulement sur le plan de la lutte idéologique et des transformations du système éducatif, indépendamment de la problématique des effets formateurs du travail. Il est frappant que cette impossibilité soit soulignée y compris dans les articles qui confèrent le plus d'importance au facteur culturel, comme « Politique et culture » ou « L'avenir du libéralisme » :

> Nos idées démocratiques originelles doivent faire l'objet d'une application aussi bien culturelle que politique. Ce but ne peut être atteint sans transformation économique [2].
>
> Un libéralisme qui ne considère pas comme absolument prioritaire la liberté culturelle complète et qui ne conçoit pas la relation entre cette liberté et une liberté industrielle véritable comme mode de vie, ne peut être qu'un libéralisme dégénéré et illusoire [3].

Centralité sociale

Le fait qu'on puisse également attribuer à Dewey la thèse d'une centralité sociale du travail mérite qu'on s'y arrête plus longuement dans la mesure où cette thèse semble incompatible avec un certain nombre d'idées qui sont communément associées par les commentateurs à la théorie sociale de Dewey. Lorsqu'on affirme que son contextualisme et son pluralisme le conduisent à réduire la société à une pluralité de situations sociales, comme par exemple chez Latour qui y voit le mérite commun de Dewey et de son ennemi Lippmann [4], on oublie que Dewey fait de l'économie la base de l'édifice social et qu'il conçoit l'organisation sociale à partir de la division du travail. Tout cela contribue à conférer une forme de centralité sociale au travail.

1. Comme chez S. Pratten, « Dewey on Habit, Character, Order and Reform », *Cambridge Journal of Economics*, 2015, doi : 10.1093)cje/bev038.
2. EP, p. 380, LW 6, p. 48.
3. EP, p. 400, LW 11, p. 295.
4. Il est d'ailleurs significatif que B. Latour prenne fait et cause pour Lippmann contre Dewey ; voir son introduction « Le fantôme de l'esprit public. Des illusions de la démocratie aux réalités de ses apparitions » à la traduction française : W. Lippmann, *Le public fantôme*, trad. fr. L. Decréau, Paris, Démopolis, 2008.

Nous avons déjà remarqué dans le chapitre précédent que l'idée de division du travail jouait un rôle déterminant dans l'ontologie sociale deweyenne : l'une des raisons pour lesquelles les êtres humains doivent être définis comme des « tool making and tool using animals » tient au fait que la division du travail est l'une des principales origines du « lien social ». Nous y avons également remarqué que Dewey conçoit la division du travail par analogie avec la complémentarité des fonctions organiques, alors que l'échange et la consommation correspondent au métabolisme par lequel s'effectue la communication entre les organes assignés aux fonctions interdépendantes. On peut en conclure que la division du travail est le processus structurant les phénomènes économiques, or, comme l'expliquent les *Lectures in China*, les processus économiques sont l'« infrastructure » de la société [1]. Il n'est donc pas étonnant que le cours de Philosophie politique de 1926 présente la division du travail comme « le fait déterminant de l'organisation sociale » [2]. L'argumentation qui soutient ces formulations ne relève plus de l'ontologie sociale, au sens de la théorie des spécificités des phénomènes sociaux, déjà examinée dans le chapitre précédent, mais de la théorie sociale : de la théorie des différentes sphères de la vie sociale et de leurs relations. Voyons de plus près les textes.

Les *Lectures in China* ont notamment pour objectif de critiquer les présupposés intellectualistes qui conduisent les philosophes à valoriser les questions culturelles et politiques au détriment des questions économiques. Dewey affirme au contraire que la philosophie sociale doit partir de l'analyse des problèmes économiques avant de considérer les problèmes culturels (ou intellectuels) et les problèmes politiques. On voit donc de nouveau à quel point il est erroné de reprocher à Dewey de réduire les problèmes politiques à des problèmes culturels : non seulement il distingue trois types de questions que la philosophie sociale doit prendre en compte dans ses entreprises de résolution des problèmes susceptibles d'être rencontrés dans l'expérience sociale, mais en outre, il affirme que l'importance des questions culturelles est subordonnée là où les philosophes tendent à leur donner un rôle décisif [3].

1. LC, p. 100.
2. CL 2, p. 2684.
3. Dans ses derniers textes, Dewey a il est vrai accordé un sens plus large à l'idée de culture. Dans le douzième chapitre de *Unmodern philosophy and Modern Philosophy*, il utilise ainsi le concept anthropologique de culture matérielle pour parler de l'économie. On peut cependant considérer que les distinctions qu'il faisait dans les années 1910-1920 entre problèmes économiques, politiques et culturels sont plus pertinentes du point de vue de la théorie sociale, et il n'est sans doute pas indifférent qu'il fasse usage de ces distinctions à l'époque où il développait son projet de philosophie sociale qui repose pour partie au moins sur une théorie sociale.

> Le plus dangereux des luxes que les philosophes sociaux et politiques puissent se permettre – et que nombre de tels philosophes se sont permis – est de déprécier l'économie en supposant que parce qu'elle n'est rien de plus que l'activité profane de la production et de la distribution des biens, elle n'est pas digne d'un examen philosophique [...]. Futile est la démarche consistant à chercher à comprendre les problèmes politiques et les problèmes intellectuels sans examiner d'abord l'infrastructure économique (*economic substructure*) sur laquelle les autres institutions sociales sont érigées [1].

L'idée « d'infrastructure économique » définit un principe de théorie sociale impliquant qu'il convient de commencer par l'étude des processus économiques, et tout particulièrement par celle de la division du travail, si l'on veut être en mesure d'analyser pertinemment les dimensions non économiques de la vie sociale. Sans cesse, et notamment contre Lippmann, Dewey dénonce en effet ceux qui développent une philosophie sociale « dans le vide social » [2], et qui se consacrent ainsi à l'entreprise condamnée à l'échec consistant à traiter les symptômes sans toucher à leurs causes [3].

Dans le développement précédant immédiatement cette citation, après avoir distingué problèmes économiques, problèmes politiques et problèmes culturels, Dewey avait souligné qu'il commencerait par l'étude des premiers parce qu'ils « déterminent dans une large mesure » les autres.

> Je considère comme axiomatique que la manière dont les hommes résolvent leurs problèmes économiques détermine dans une large mesure ce qu'ils entreprennent concernant leurs autres problèmes sociaux [4].

Même si Marx n'a jamais parlé de l'économie comme d'une « infrastructure », ayant seulement opposé la « structure » économique à la « superstructure », l'idée d'une « infrastructure économique » « déterminant » le reste de la vie sociale définit une forme de déterminisme économique qui témoigne indubitablement d'un emprunt à la conception matérialiste de l'histoire. Pour tous ceux qui sont convaincus, à tort, que Dewey et Marx ne peuvent rien partager de commun, il pourra donc sembler qu'il est impossible que

1. LC, p. 99-100.

2. J. Dewey, « Liberalism in a Vacuum. A Critique of Walter Lippmann's Social Philosophy » (LW 11, p. 490-496), traduit sous le titre « Un libéralisme qui tourne à vide », *in* R. Frega, *Le pragmatisme comme philosophie sociale et politique*, Lormont, Le Bord de l'eau, 2015, p. 65-74. Pour une analyse des enjeux de cette controverse, qui concerne également les usages du darwinisme, voir B. Stiegler, *« Il faut s'adapter ». Sur un nouvel impératif politique*, *op. cit.*

3. L'argument joue un rôle décisif dans *Individualism Old and New* (EP, p. 282, LW 5, p. 56), ainsi que dans le chapitre consacré à l'« enquête sociale » dans *Logique. La théorie de l'enquête* (L, p. 596-597, LW 12, p. 487-488).

4. LC, p. 99.

ces formulations expriment fidèlement la pensée de Dewey – c'est l'une des raisons qui ont pu conduire à douter de l'authenticité des *Lectures in China*[1]. Il est vrai que Dewey a récusé toute conception moniste, ou monocausale, du déterminisme économique, et qu'il a souligné, conformément aux principes de l'institutionnalisme économique, qu'il existe une interaction entre les processus économiques, les facteurs institutionnels qui les canalisent, et les facteurs politiques et culturels qui sont susceptibles d'orienter cette canalisation[2]. Il est également vrai qu'il a reproché à Marx de défendre une conception mono-causale du déterminisme économique[3]. Mais il ne faudrait pas pour autant en conclure que l'idée de déterminisme économique est incompatible avec sa pensée. Que les processus économiques soient encastrés dans un système institutionnel, et qu'il y ait conditionnement réciproque entre la base économique de la société et le reste de la société, conformément à l'ontologie transactionnelle de Dewey, n'exclut pas que les processus économiques puissent constituer des conditions déterminantes (qu'ils « déterminent ») et les facteurs non économiques des conditions non déterminantes (qu'ils « conditionnent » seulement). On pourrait ajouter que Marx lui aussi a développé une conception analogue

1. Que la thèse du déterminisme économique soit authentiquement deweyenne, c'est ce qui est prouvé par le fait qu'elle est formulée dans bien d'autres textes que les *Lectures un China*, comme nous le verrons. La thèse de l'inauthenticité des *Lectures in China* provient du fait que ce qui est désigné sous ce titre désigne un texte anglais issu d'une traduction anglaise de la traduction chinoise des conférences données en anglais par Dewey en Chine. Il n'est pas douteux qu'un tel processus de traduction doive conduire à utiliser ce texte avec précaution. Cependant, la découverte et la parution récentes des notes qui avaient servi à Dewey de matériaux pour ses conférences, et qu'il avait transmises aux traducteurs chinois de ses conférences, permettent de comprendre que les idées exprimées dans les *Lectures in China* correspondent très probablement, à quelques détails près, à ce que Dewey avait effectivement dit lors de ses conférences. La thèse suivant laquelle le traducteur, Hu Shi, aurait introduit ses propres idées marxistes dans le texte de Dewey, a été soutenue par Yung-chen Chiang, « Appropriating Dewey : Hu Shi and His Translation of Dewey's "Social and Political Philosophy" Lecture Series in China », *European Journal of Pragmatism and American Philosophy*, 2015, vol. VII, n°2, p. 71-97. Non seulement cette thèse ne peut s'appuyer sur aucune base textuelle convaincante, mais elle est également hautement improbable, car Hu Shi était le dirigeant de l'orientation libérale du mouvement de la nouvelle culture, et il critiquait à cette époque les idées anarchistes et communistes (les « ismes » qu'il opposait aux « problèmes »). Le fait que les notes de la conférence où Dewey formule sa version du déterminisme n'aient pas été retrouvées ne devrait pas suffire à autoriser ces spéculations sur l'inauthenticité des passages supposés avoir été marxisés par Hu Shi. .

2. Voir à ce propos P. Deen, « Recontextualizing John Dewey's *The Public and its Problems* », *op. cit.*, et « John Atkinson Hobson and the Roots of John Dewey's Economic Thought », *European Journal of the History of Economic Thought* 20, 2013, p. 646-465.

3. C'est déjà le cas dans le cours de « Sociologie de l'éthique » de 1902-1903 et c'est encore le cas en 1939 dans le quatrième chapitre de *Freedom and Culture*.

du déterminisme économique, d'une part, en soulignant que les lois économiques n'agissent qu'à la manière de « tendances » (comme la « loi tendancielle du taux de profit ») pouvant se développer dans différents cadres institutionnels (celui d'une économie centrée sur Manufacture et celui d'une économie centrée sur le Grande industrie), d'autre part, en indiquant, qu'il existe une « action réciproque » entre facteurs économiques et non économiques [1]. D'ailleurs, si Dewey, dans les premières décennies du XXe siècle, attribue à tort à Marx ce qu'on pourrait appeler une conception mono-causale du déterminisme économique tout en l'opposant à sa conception interactionnelle, il semble avoir reconnu son erreur à la fin de sa vie, ayant acquis une meilleure connaissance de Marx notamment grâce à Hook et à sa participation à la commission Trotsky : il prend alors soin de distinguer les « versions vulgaires » du déterminisme économique marxiste de celle de Marx [2].

Souvent, on retient trop exclusivement la critique de la version marxienne du déterminisme économique, jugée coupable (à tort ou à raison) de penser en termes d'origine plutôt que de conséquence, et de proposer une conception mono-causale de l'histoire [3]. On oublie que Dewey a affirmé à différentes reprises, non pas seulement dans ses cours (et dès la « Sociologie de l'éthique » de 1902-1903 [4]) mais aussi dans des textes publiés, qu'« il y a beaucoup de vérité dans le déterminisme économique ». On lit ainsi dans *Individualism Old and New* :

> Il y a beaucoup de vérité dans le déterminisme économique. L'industrie n'est pas extérieure à la vie humaine, mais en elle. La tradition distinguée refuse de porter le regard sur ce fait ; émotionnellement et intellectuellement, elle pousse l'industrie et sa phase matérielle dans une région éloignée de toute valeur humaine. Se contenter d'un rejet émotionnel et d'une condamnation morale de l'industrie et du commerce comme matérialistes revient à les abandonner dans cette région inhumaine où ils opèrent en tant qu'instruments au service de ceux qui poursuivent leurs buts privés. Une telle exclusion se fait complice des forces qui veulent laisser les choses en l'état [5].

1. Nous avons développé ces thèses, ainsi qu'une défense d'une interprétation pragmatiste de Marx, dans *Marx and Critical Theory*, Leiden, Brill, 2018.
2. J. Dewey, *Unmodern Philosophy and Modern Philosophy*, *op. cit.*, p. 294. Voir aussi p. 296-297.
3. PP, p. 251-252, LW 2, p. 332-333.
4. CL 1, p. 2256-2257.
5. EP, p. 350-351, LW 5, p. 116-117. Sur le déterminisme économique, voir également *Freedom and Culture* (LW 13, p. 118-123).

Que l'idée de déterminisme économique soit par ailleurs conçue par Dewey en un sens spécifique, contrastant avec d'autres conceptions du déterminisme économique, c'est ce qui est également confirmé par cet autre passage d'*Individualism Old and New* :

> Le déterminisme économique est maintenant un fait, non une théorie. Mais il existe une différence et un choix entre un déterminisme aveugle, chaotique et sans planification, résultant d'un commerce effectué pour le profit pécuniaire, et la détermination d'un développement ordonné et socialement planifié [1].

Dewey ne soutient pas ici que la thèse du déterminisme économique ne s'applique que dans les sociétés contemporaines, comme on le soutient parfois, mais qu'il prend dans ces sociétés une forme comparable à un déterminisme économique mono-causal, d'une part parce que le cadre institutionnel des processus économiques tend à les affranchir des normes qui prévalent dans les autres sphères sociales, d'autre part parce qu'aucun effort sérieux n'est entrepris pour contrôler la manière dont les processus économiques déterminent le reste de la société.

Si l'on voulait identifier le noyau central des divergences entre les versions marxienne et deweyenne du déterminisme économique il faudrait sans doute mentionner le type de théorie économique qui est revendiqué par Dewey. Celui-ci distingue l'économie comme objet (*economy*) et l'économie comme discipline (*economics*), et il reproche à la seconde de sous-estimer l'importance du facteur technique dans les processus économiques et de postuler l'indépendance des phénomènes économiques en méconnaissant la manière dont ils sont conditionnés par des facteurs sociaux non économiques. Il revendique une forme d'institutionnalisme qui a joué un rôle fondamental dans le développement de l'institutionnalisme économique par l'intermédiaire de Commons [2]. Cette conjonction de

1. EP, p. 330, LW 5, p. 98.

2. Voir à ce propos, H. Defalvard, « Pragmatisme et institutionnalisme en économie : une voie outillée », *Revue de métaphysique et de morale* 47, 2005, p. 375-389 ; C. Hedoin, *L'institutionnalisme historique et la relation entre théorie et histoire en économie*, Paris, Classiques Garnier, 2013 ; L. Bazzoli, V. Dutraive, « D'une "démocratie créatrice" à un "capitalisme raisonnable". Lecture croisée de la philosophie de J. Dewey et de l'économie de J.R. Commons », *Revue économique* 65, 2014, p. 357-372, « Sciences sociales, économie et démocratie : redécouvrir Dewey et Commons », *Alternatives économiques* 65, 2015, p. 100-112, « Economic Issues in John Dewey's Social Philosophy : an Evolutionary and Ethical Account », *Œconomia – History/Methodology/Philosophy*, NecPlus-Association Œconomia, 2019, p. 689-721. En plus du rapport de Dewey à Commons (un auteur qu'il cite à différentes reprises, notamment dans ses cours de philosophie sociale), et de l'influence que Veblen a exercé sur sa pensée (déjà évoquée dans les précédents chapitres), mentionnons également l'enthousiasme de Dewey à la lecture de Polanyi en 1844 ; voir à ce propos R. Westbrook, *John Dewey and American Democracy*, *op. cit.*, p. 460-461.

l'approche technique du déterminisme économique et de l'institutionnalisme définit à la fois une forme originale de déterminisme technique (à égale distance des thèses du déterminisme technique strict et de celle de la neutralité de la technique)[1], et une forme d'institutionnalisme modéré, consciente de l'importance de ce qui dans les phénomènes économiques ne relève pas de l'institutionnalisation de normes et de conventions.

Dewey, tout comme Marx, interprète l'histoire comme un développement progressif de forces productives dont le cœur est le progrès technique, et il souligne comme Marx que ce développement est souvent entravé par des formes sociales anachroniques. La réinterprétation de ce schème marxien qui est proposée dans *Liberalism and Social Action* consiste à souligner qu'à l'époque moderne, le progrès des forces productives est avant tout celui de la technologie et qu'il s'accompagne d'un mouvement d'organisation de la production (où l'on retrouve le thème marxien de la « socialisation » croissante de la production sous le capitalisme) qui devrait conduire à une organisation toujours plus intelligente et démocratique de l'économie. Ce qui est propre à Dewey dans la version qu'il donne de ce thème tient au fait que les facteurs qui retardent cette évolution sont tout autant les rapports de propriété que les habitudes collectives portant encore la trace des structures sociales statiques et des formes d'organisation économique pré-technologiques du passé :

> Selon les marxistes eux-mêmes, les fondations économiques de la société consistent en deux choses, les forces productives d'un côté, les relations sociales de production de l'autre, c'est-à-dire le système légal de propriété sous lequel les premières opèrent. Le deuxième « retarde » sur le premier et les « révolutions » sont produites par la capacité des forces productives à changer le système des relations institutionnelles. Mais que sont les forces modernes de production sinon celles de la technologie scientifique? Et qu'est-ce que la technologie scientifique sinon une démonstration à grande échelle de l'intelligence en action? [...] Que la coercition et l'oppression à grande échelle existent, personne ne peut honnêtement le nier. Mais ces

1. Dans *Désaturer l'esprit* (*op. cit.*, p. 284-298), P. Steiner reproche à Dewey de se contenter d'affirmer que les nouvelles techniques définissent de nouveaux moyens d'action pouvant permettre de poursuivre de nouvelles fins, et que les progrès techniques actuels pourraient rendre possible la poursuite d'autres fins que celles qui sont actuellement poursuivies, en sous-estimant le fait que « les sciences et les techniques sont conditionnées historiquement, socialement, économiquement et politiquement » (*ibid.*, p. 292). Il se demande « pourquoi la codétermination entre technique et société ne se retrouve pas chez Dewey », alors qu'elle est « en continuité avec la figure de la transaction qu'il privilégie par ailleurs » (*ibid.*, p. 293). Il nous semble au contraire que sa conception de l'articulation des facteurs techniques et institutionnels des processus économiques pointe vers un tel modèle de codétermination.

> choses ne sont pas produites par la science et la technologie, mais par la perpétuation des vieilles institutions et cadres de pensée non encore touchés par la méthode scientifique[1].

Dewey reprend ici une idée déjà présente implicitement chez Veblen, et développée ultérieurement par Ayres[2] dans sa *Theory of Economic Progress* (un livre que Dewey défendra publiquement[3]) : le progrès social dépend du progrès technique et non de la recherche du profit[4]. Il la combine avec une autre idée provenant d'Ogburn[5] et de Veblen[6] : celle du « retard culturel » due à l'inertie relative des habitudes par comparaison avec le progrès technique.

Si l'on voulait maintenant rendre compte de la spécificité des arguments deweyens en faveur du déterminisme économique, on devrait dire qu'on trouve chez Dewey trois justifications distinctes du déterminisme économique qui relèvent de la théorie de l'action. La première de ces justifications est que toute action est conditionnée par des instrumentalités disponibles. Or, les instruments auxquels recourent les conduites humaines sont pour la plupart artificiels. Leur existence présuppose donc le travail en tant que processus de transformation de la nature en artefacts. Étant donné d'une part que les processus économiques sont des processus dynamiques impliquant des transformations des modalités de la production des instruments d'action, et d'autre part que les conduites sont conditionnées par les instrumentalités disponibles, il résulte que les conduites sociales en général, et non pas seulement celles qui relèvent de l'économie, sont conditionnées par les processus économiques. Le cours de « Philosophie politique » de 1926 affirme en ce sens que c'est parce que les moyens déterminent les

1. LSA, p. 159, LW 11, p. 58-59.

2. Voir à ce propos, D. Hamilton, « Ayres'Theory of Economic Progress : An Evaluation of Its Place in Economic Literature », *The American Journal of Economics and Sociology*, vol. 40, n°4, 1981, p. 427-438, et R. Tilman, « New Light on John Dewey, Clarence Ayres, and the Development of Evolutionary Economics », *Journal of Economic Issues*, vol. 24, n°4, 1990, p. 963-979.

3. « John Dewey on *The Theory of Economic Progress* » (1944), LW15, p. 359-360.

4. J. Dewey, « Authority and Social Change », LW 11, p. 143 : « Les changements bénéfiques ont été attribués au libre jeu d'individus cherchant avant tout leur propre profit comme individus isolés. Mais en fait, l'ensemble du développement industriel moderne est le fruit de l'application technologique de la science. Dans son ensemble, les changements économiques des derniers siècles ont été des parasites des progrès effectués par les sciences naturelles (have been parasitic upon the advances made in natural science) ».

5. Voir à ce propos, P. Deen, « Recontextualizing John Dewey's *The Public and its Problems* », *op. cit.*, p. 522-528.

6. Voir à ce propos, R. Tilman, « Emile Durkheim and Thorstein Veblen on Epistemology, Cultural Lag and Social Order », *History of the Human Sciences*, vol. 15, n°4, 2002, p. 51-70.

fins qu'un contrôle social de l'infrastructure économique est requis, alors que l'économie politique classique exclut un tel contrôle social en présupposant que les phénomènes économiques sont soumis à des lois économiques inflexibles qui en outre seraient des lois rationnelles :

> Un idéal sans moyen n'est rien, mais les moyens séparés des idéaux n'en sont pas moins effectifs. Ils sont des pouvoirs, des conditions causales, et ils opèrent en conduisant à des conséquences, que ces conséquences soient elles-mêmes rationnellement désirables ou non [...]. Le déterminisme matérialiste et cette forme particulière d'idéalisme éthique [qui juge les phénomènes économiques indignes de considération] souffrent du même paralogisme consistant à séparer les fins et les moyens, chacun effectuant cette séparation à partir d'un pôle opposé. La théorie économique effectue la séparation en ce que, bien qu'il soit juste de soutenir que les processus économiques déterminent ceux des buts et des moyens des êtres humains qui deviennent opératoires, elle ajoute que ces buts sont essentiellement ce qu'ils doivent être, et qu'il n'existe aucun besoin de contrôle rationnel concernant ce qui pourrait être l'objet de délibération relatif à la situation économique actuelle [1].

Une deuxième justification du déterminisme économique combine les principes naturalistes et instrumentalistes de sa philosophie : de même que le travail est l'instrument grâce auquel les humains sont parvenus à résoudre le problème fondamental de leur interaction avec la nature, de même les humains appliquent-ils les méthodes mises en œuvre pour résoudre ces problèmes fondamentaux que sont les phénomènes économiques à d'autres types de problèmes rencontrés dans la vie sociale. Tel semble être le sens du développement suivant :

> Le niveau de civilisation atteint par un peuple, et le type d'institutions que l'homme crée, sont très largement dépendants de la nature et de l'étendue des arrangements économiques. De même qu'un homme ne peut pas vivre sans nourriture, une société ne peut s'épanouir quand ses besoins fondamentaux restent insatisfaits. Je considère comme axiomatique que les manières par lesquelles les peuples affrontent leurs problèmes économiques déterminent dans une très large mesure ce qu'ils font à l'égard de leurs autres problèmes sociaux [2].

Une troisième série d'arguments à l'appui du déterminisme économique souligne que les progrès de la division du travail s'accompagnent de progrès de la coopération et que cette dernière est le cœur de la vie sociale. Dewey souligne que « plus une société devient complexe, aussi bien dans son

1. CL 2, p. 2707.
2. LC, p. 100.

organisation économique que sous d'autres rapports, plus on remarque l'importance de deux phénomènes qui sont avant tout de nature économique : la division du travail et la coopération »[1]. Il ajoute que « la division du travail ne se contente pas de faciliter le développement de technologies particulières, mais contribue également au développement de la coopération dans la vie sociale »[2]. On n'en conclura pas pour autant que Dewey reprend naïvement à son compte l'idée durkheimienne d'une équivalence entre progrès de la division du travail et progrès de la solidarité, en oubliant que les structures sociales de classe dans lesquelles se développe la division sociale du travail donnent une forme essentiellement non coopérative à la coopération sociale. Les *Lectures in China* semblent certes souligner unilatéralement les progrès de la coopération sociale, mais d'autres textes de la même époque soulignent l'existence de conflits de classe. Dans l'article de 1918, « Pour une nouvelle science sociale », Dewey déplore ainsi la « guérilla en cours entre les employeurs et les salariés », et il souligne que compte de tenu de la centralisation des industries et du capital, la solution passe par une « concentration effective du pouvoir du travail »[3].

Nous avons déjà cité dans le chapitre précédent un passage du cours de « Philosophie politique » de 1926 soulignant que le progrès de la division du travail implique un progrès de l'interdépendance qui ne correspond pas nécessairement à un progrès de la solidarité parce que la division du travail est aussi l'origine des rapports de domination entre les groupes sociaux[4]. On retrouve cette idée dans des textes publiés. Ainsi, dans *Freedom and Culture*, après avoir exposé la thèse marxienne suivant laquelle les conditions de vie communes du prolétariat, ainsi que leur concentration dans la grande industrie, est le facteur qui explique l'émergence d'une conscience de classe, il ajoute :

> Certes, à titre d'observation, il y a une part indéniable de vérité dans cette position – tout particulièrement par contraste avec les exhortations journalistiques suivant lesquelles il ne peut y avoir aucun conflit entre le « capital » et le « travail », compte tenu du fait qu'ils dépendent mutuellement l'un de l'autre[5].

1. LC, p. 101.
2. LC, p. 102.
3. J. Dewey, « Pour une nouvelle science sociale », EP, p. 86, MW 11, p. 88.
4. J. Dewey, « Philosophie politique », CL 2, p. 2685 : « La coopération physique n'est pas équivalente avec la coopération sociale. L'interdépendance sociale est établie [par la division du travail] mais peut ne pas prendre la forme de la coopération, c'est-à-dire que la coopération n'est pas nécessaire, car l'interdépendance peut prendre la forme d'une domination de certains métiers et donc de certaines personnes ».
5. LW 13, p. 133.

En mettant en avant le progrès de la coopération sociale dans les *Lectures in China*, Dewey ne cherche pas tant à souligner la nature fondamentalement coopérative des sociétés contemporaines qu'à critiquer les conceptions qui opposent les dimensions économiques et spirituelles de la vie sociale en dévalorisant les premières au profit des secondes. Il dénonce ainsi le

> [...] paralogisme contenu dans la manière de faire habituelle consistant à assigner les questions économiques à un domaine d'enquête en quelque sorte inférieur, tout en supposant qu'elles sont très éloignées de la vie spirituelle de l'homme. [...] Ma propre position est strictement opposée : cette dichotomisation des aspects spirituels et matériels de la vie prête à confusion. La coopération dans la vie sociale, que nous avons mentionnée, relève sans aucun doute des conditions matérielles de la vie, mais dans un sens non moins véritable elle est également une fondation importante (*in a very real sense it is also an important fondation*) de la vie spirituelle de l'homme[1].

Sur le plan de la théorie sociale, la thèse de la centralité du travail dépend donc de la critique d'un nouveau dualisme : le dualisme de l'économique et du spirituel. Et de nouveau, cette critique consiste à revaloriser le terme dévalorisé (l'économique) tout en soulignant que le terme valorisé (le spirituel) dépend en fait du terme dévalorisé dont il est supposé être indépendant.

DEWEY AVEC MARX ?

Nous avons évoqué des questions, celles du déterminisme économique et du conflit de classes qui structurellement fait obstacle aux potentialités coopératives de la vie sociale, qui évoquent Marx. Plus généralement, l'idée même de centralité du travail peut sembler rapprocher Dewey de Marx, et pour tous ceux qui sont convaincus que ces deux auteurs ne peuvent partager rien d'essentiel, il y aura sans doute là une source de doute quant à la pertinence générale du portrait de Dewey que nous sommes en train de brosser. Il faut donc, pour conclure ce chapitre, considérer pour lui-même le problème du rapport de ces deux auteurs[2], problème d'autant plus difficile

1. LC, p. 102-103.

2. Sur le rapport de Dewey à Marx et au marxisme, voir notamment J. Cork, « John Dewey, Karl Marx, and Democratic Socialism », *The Antioch Review*, vol. 9, n°4, 1949, p. 435-452 ; T. Rockmore, « Marxian Epistemology and Two Kinds of Pragmatism », *Studies in Soviet Thought*, vol. 28, n°2, 1984, p. 117-125 ; J. Ryder, « Community, Struggle and Democracy : Marxism and Pragmatism », *ibid.*, p. 107-121 ; J. Campbell, « Dewey's Understanding of Marx and Marxism », *in* W. J. Gavin (dir.), *Context over Foundation :*

à démêler que les nombreuses affinités qui unissent leurs positions théoriques et politiques sont obscurcies tant par la critique intransigeante à laquelle Dewey a souvent soumis Marx, que par des critiques non moins sévères de marxistes (comme Horkheimer [1]), ou d'auteurs reprenant à leur compte des thèmes marxiens (comme C. Wright Mills [2]). Or, la plupart des critiques deweyennes de Marx témoignent de lectures pour le moins sélectives, tandis que les critiques marxisantes de Dewey proposent trop souvent de visions caricaturales ou simplistes de ce dernier. Commençons par les affinités.

Trois types d'affinités peuvent être mentionnés. Le premier, qui relève de l'anthropologie a déjà été évoqué. Comme Marx dans *L'idéologie allemande*, Dewey confère une centralité anthropologique au travail. En outre, par bien des traits, ce qui rend l'anthropologie marxienne comparable à celle de Darwin [3] – par son anti-essentialisme, son processualisme, sa localisation de l'histoire des sociétés humaines dans celle de la nature –, la rend également comparable à celle de Dewey.

Un deuxième type d'affinités relève des positions politiques. Dewey a souligné en effet avec constance, de l'article « Pour une nouvelle science sociale » (1918) à l'article « La base économique de la nouvelle société » (1939), que les idéaux démocratiques ne pourraient être réalisés sans une transformation économique radicale dans laquelle la propriété collective, la planification de la production et la démocratisation des lieux de travail joueraient un rôle déterminant. Il a par ailleurs milité pour la création d'un troisième parti qui unifierait les libéraux radicaux et les socialistes et prendrait en charge les intérêts des travailleurs et des chômeurs (tout en refusant, certes, de conférer au prolétariat un rôle hégémonique dans ce

Dewey and Marx, Dordrecht, Riedel, 1988, p. 119-145 ; P. T. Manicas, « Philosophy and Politics : A Historical Approach to Marx and Dewey », in *Rescuing Dewey : essays in pragmatic naturalism*, Lexington, Lexington Books, 2008, p. 211-236 ; E. Renault, « Dewey, Hook, Mao : quelques affinités entre pragmatisme et marxisme », in *Actuel Marx* 54, 2013, p. 138-157 ; A. Milanese, « Dewey et le radicalisme politique dans les années 1930 : entre critique et réappropriation », *Philosophical Enquiries : revue des philosophies anglophones* 5, décembre 2015, http://www.philosophicalenquiries.com/numero5Milanese.pdf ; J. Ryder, « Naturalisme, pragmatiste et marxisme », dans *Le pragmatisme comme philosophie sociale et politique*, *op. cit.*, p. 157-202.

1. M. Horkheimer, *L'éclipse de la raison*, trad. fr. J. Debouzy et J. Laizé, Paris, Payot, 1974.

2. C. W. Mills, *Sociology and Pragmatism. The Higher Learning in America*, *op. cit.*

3. Pour une exploration des affinités entre Marx et Darwin, voir M. Mameli, L. Del Savio, *Darwin, Marx e il mondo globalizzato : Evoluzione e produzione sociale*, Milano, Metelmi, 2018.

parti)[1]. Son libéralisme radical était en fait un « socialisme libéral »[2], un « socialisme démocratique »[3] ou un « socialisme public »[4] assez radical pour refuser la politique de Roosevelt jugée trop conciliante avec le capitalisme car cherchant à « sauver le système du profit contre lui-même »[5]. Dans l'article « Imperative Need : A New Radical Party », Dewey use d'ailleurs de formules que peu de marxistes pourraient renier :

> Le pouvoir réside aujourd'hui dans le contrôle des moyens de production, d'échange, de publicité, de transport et de communication. Ceux qui les possèdent dirigent la vie du pays, pas nécessairement en vertu d'une entreprise de corruption du gouvernement officiel, mais en vertu d'une nécessité. Le pouvoir est le pouvoir, et il doit agir, et il le doit conformément aux mécanismes par lesquels il opère. En l'occurrence, cette mécanique est celle de l'activité économique en vue du profit, et par l'intermédiaire du contrôle privé de la banque, des terres, de l'industrie, etc., tout cela renforcé par le contrôle de la presse, des agents de presse, et autres moyens de publicité et de propagande. Afin de restaurer la démocratie, une chose et une seule est essentielle. Le peuple gouvernera quand il aura le pouvoir, et il l'aura dans la mesure où il possèdera et contrôlera les terres, les banques, et les moyens de production et de distribution de la nation. Les délires (*ravings*) dirigés contre le bolchévisme, le communisme et le socialisme ne peuvent rien contre la vérité axiomatique de cette affirmation. Ils proviennent ou bien d'une ignorance complaisante ou bien du désir impérieux chez ceux qui ont le pouvoir et gouvernent de perpétuer leurs privilèges[6].

Un troisième type d'affinités est d'ordre méthodologique. Tout comme Marx, Dewey a soutenu une forme d'historicisme[7] puisqu'il a affirmé que les positions philosophiques devaient être critiquées non pas seulement du point de vue de leur consistance théorique mais aussi de celui des processus sociaux qui leur ont donné naissance. Il a notamment conféré un rôle décisif aux rapports sociaux qui prévalaient dans la Grèce antique et ont exercé

1. Voir les articles « Imperative Need : A New Radical Party » [1934], LW 9, p. 76-80 et « L'avenir de la politique radicale » [1933], EP, p. 381-386, LW 9, p. 66-70.

2. J. Dewey, « Un libéralisme qui tourne à vide », *op. cit.*, p. 70, LW 11, p. 493.

3. J. Dewey, *Freedom and Culture*, LW 13, p. 113-114.

4. Titre du chapitre VI d'*Individualism Old and New.* Sur le rapport de Dewey aux différents socialismes de l'époque, voir A. Ryan, *J. Dewey and the High Tide of American Liberalism*, New York, Norton, 1995, p. 309-316; R. Westbrook, *John Dewey*, *op. cit.*, chap. XII : « Socialist Democracy » ; G. Bullert, *The Politics of John Dewey*, Amherst, Prometheus Books, 1983, chap. II : « John Dewey's Guild Socialism » et L. S. Feuer, « John Dewey and the Back to the People Movement in American Thought », *Journal of the History of Ideas*, vol. 20, n°4, 1959, p. 545-568.

5. J. Dewey, « There is no Half-way House for America », LW 9, p. 289.

6. LW 9, p. 76-77.

7. J. Dewey, « Philosophie », EP, p. 249-268, LW 5, p. 161-177.

une influence déterminante sur l'histoire de la philosophie dans son ensemble. Dans *Démocratie et éducation* comme dans *Reconstruction en philosophie* et *La quête de la certitude*, il souligne à différentes reprises que les dualismes philosophiques de la théorie et de la pratique, de la raison et de l'expérience, de l'art et du travail, de l'éducation libérale et de l'éducation professionnelle, ont pour origine la structure de classe de la société grecque : les théories philosophiques « sont nombreuses à avoir été façonnées par les préjugés et les intérêts de classe » [1]. Tout comme le Marx des *Thèses sur Feuerbach*, Dewey a également affirmé que la philosophie devait être profondément transformée pour cesser d'offrir des solutions purement spéculatives à des problèmes qui, en fait, ne peuvent être résolus que par une pratique sociale transformatrice [2]. Il n'a pas non plus hésité à localiser dans la conflictualité sociale les conditions d'une transformation sociale guidée par des idéaux [3]. Enfin, tout comme Marx, Dewey a souligné que les questions politiques devaient être posées à partir d'une analyse des tendances historiques présentes, des potentialités et des besoins actuels [4].

Ces affinités ont pu conduire à la conclusion que l'on retrouve chez Dewey « le meilleur de la pensée de Marx » [5]. Mais la question de la portée qu'il convient d'accorder à ces affinités est complexe. Deux types de problèmes au moins doivent être considérés. Premièrement, même si l'on verra dans le prochain chapitre qu'il a décrit assez en détail la démocratie industrielle qu'il appelait de ses vœux, Dewey n'a pas été très précis dans la description de son socialisme, alors qu'il a été plus loquace concernant le sens de son libéralisme, ce dont on tire parfois argument pour relativiser ou mettre en doute son socialisme. Cependant, les efforts de Dewey pour distinguer socialisme libéral et non libéral, socialisme démocratique et non démocratique, pour dénoncer les caricatures du socialisme [6], et pour unir socialistes démocratiques et libéraux radicaux dans un troisième parti,

1. RP, p. 59, MW 12, p. 99.

2. « Le philosophe social qui vit dans un monde peuplé de ses propres concepts "résout" les problèmes en montrant le rapport des idées entre elles, au lieu d'aider les hommes à résoudre les problèmes dans le concret en leur fournissant des hypothèses à utiliser et à mettre à l'épreuve dans des projets de réforme. » (RP, p. 160, MW 12, p. 189)

3. « La tâche de la philosophie, à l'avenir, consiste à clarifier les idées que les hommes se font des luttes sociales et morales de leur temps [...], son but est de devenir l'instrument permettant d'appréhender ces conflits » (RP, p. 54, MW 12, p. 94).

4. J. Dewey, « Le changement social et sa direction humaine », EP, p. 359-364, LW 5, p. 363-367.

5. S. Hook, *Reason, Social Myths and Democracy*, New York, Harper Torchbooks, 1966, p. 132.

6. On notera la constance de cette volonté de refuser ces caricatures, de l'article « A Socialistic Scheme » de 1885 (publié dans le « Supplementary volume » des *Collected Works*, p. 6-7, jusqu'aux textes des années 1930.

suffisent à prouver qu'il considérait que son libéralisme correspondait à une forme de socialisme. En outre, le fait qu'il décrive avec peu de précision l'organisation de la société socialiste est parfaitement cohérent avec son expérimentalisme, et un anti-utopisme qu'il hérite notamment de Hegel. Il n'est sans doute pas inutile de rappeler ici que c'est un même anti-utopisme hérité de Hegel qui a conduit Marx à un silence comparable sur l'organisation de la société communiste [1]. Il existe certes des divergences entre l'idée que Dewey et Marx pouvaient se faire de la société socialiste. La principale étant sans doute que Marx la concevait dans l'horizon d'une substitution du plan au marché, de la propriété collective à la propriété privée, alors que, comme nous le verrons dans le prochain chapitre, Dewey envisage des combinaisons du plan et du marché, de la propriété collective et de la propriété privée [2].

Deuxièmement, Dewey a toujours souligné sa faible connaissance de Marx, mais il en avait une connaissance au moins indirecte en raison non pas seulement de ses prises de parti dans les controverses relatives à la théorie économique [3] et à la théorie de l'histoire [4], dès la fin des années 1890, mais aussi de son immersion dans les débats qui traversaient le mouvement socialiste à la fin du XIXe siècle et au début du XXe siècle, par l'intermédiaire de la Hull House à Chicago, puis de sa participation au « X club » [5] puis à l'Intercollegiate Socialist Society [6] à New York. L'analyse de ses références à Marx indique que le *Manifeste* semble avoir longtemps constitué sa principale, sinon son unique, base textuelle de première main. Mais sa collaboration étroite avec S. Hook, son voyage en URSS et sa participation à la commission Trotski ainsi que les lectures qu'il a effectuées à cette occasion [7], constituent trois autres sources d'information. Le fait que les discussions explicites de Marx se situent dans les années 1930 pourrait laisser penser que la grande crise et l'amitié

1. Comme le remarque à juste titre A. Ryan, *J. Dewey and the High Tide of American Liberalism*, *op. cit.*, p. 310.

2. Cette divergence peut elle aussi être relativisée compte tenu du fait que de nombreux auteurs ont souligné que la théorie de Marx était compatible avec l'idée d'un socialisme avec marché. Voir par exemple J. Bidet, *Théorie de la modernité*. Suivi de : *Marx et le marché*, Paris, P.U.F., 1990.

3. CL 1, p. 1781-1782.

4. CL 1, p. 2256-2257.

5. J. Weinstein, *The Decline of Socialism in America* (*1912-1928*), New York, Monthly Review Press, 1967, p. 80.

6. G. Bullert, *The Politics of John Dewey*, *op. cit.*, p. 22.

7. Sur le rapport de Dewey à Trotski, voir G. Garreta, « Their Dewey and Ours : the Meaning of the Controversy with Trotsky about Means and Ends », Conférence à l'UNAM, Mexico, janvier 2012, à paraître.

avec Hook sont à l'origine de son intérêt pour Marx. Cependant, il le cite déjà dans ces cours d'« Éthique politique », en 1898, dans le cadre d'une discussion de la théorie de la valeur [1], et en 1901 à propos de l'importance des facteurs économiques de l'histoire [2]. Nous avons montré ailleurs [3] que dans un article daté de 1909 et reproduit en 1910 dans *L'Influence de Darwin sur la philosophie et autres essais*, il fait du matérialisme historique l'un de ses alliés [4].

Il est vrai que les textes dans lesquels Dewey parle explicitement de Marx sont généralement polémiques, mais la polémique s'efforce souvent de distinguer Marx du « Marxisme orthodoxe » (notamment dans *Freedom and Culture*, dans l'article « Moyens et fins », et dans *Unmodern and Modern philosophy*) et du « communisme officiel » (dans « Pourquoi je ne suis pas communiste »). D'autre part, bien qu'elle ne soit pas sans nuance, la polémique peine à convaincre ceux qui de Marx connaissent plus que les caricatures. Enfin, et c'est le point important pour l'argument général de ce chapitre, les critiques ne remettent pas en cause la centralité qui a été accordée au travail par Marx.

Les principales critiques qui lui sont adressées relèvent en effet de la théorie de l'histoire et de la stratégie politique. La théorie de l'histoire de Marx relèverait d'une conception dogmatique, monocausale et déterministe de l'histoire, ce qui l'aurait conduit à méconnaître le pouvoir de l'action humaine dans l'histoire, et l'importance des facteurs psycho-sociaux de l'action. Quant à la stratégie politique, elle est dénoncée pour le rôle trop important qu'elle confère à la lutte des classes. Les versions les plus systématiques de ces critiques se trouvent dans le chapitre IV de *Freedom and Culture* et dans le chapitre III de *Liberalism and Social Action*. Considérons tout d'abord la théorie de l'histoire.

Nous avons déjà remarqué que Dewey reconnaît l'existence d'un déterminisme économique et qu'il souligne la nécessité d'une transformation économique radicale. La question est déjà de savoir si la version deweyenne de ces thèmes est réellement incompatible avec la version marxienne. C'est ce que Dewey affirme à différentes reprises. Dans *Freedom and Culture*, il souligne une différence, sur fond d'accord, qu'il juge néanmoins décisive :

1. CL 1, p. 1781-1782. Ce point avait déjà été relevé par J. Campbell, « Dewey's Understanding of Marx and Marxism », *op. cit.*, p. 120.

2. CL 1, p. 1957.

3. E. Renault, « Dewey, Hook, Mao : quelques affinités entre pragmatisme et marxisme », *op. cit.*

4. ID, p. 55, MW 4, p. 29-30.

> La critique n'a pas pour objectif de dénier le rôle des facteurs économiques dans la société, pas plus que de dénier la tendance du régime économique actuel à produire des conséquences faisant obstacle à la liberté démocratique. Tout cela est bien plutôt considéré pour acquis. La critique cherche à montrer ce qui se produit si ce facteur indéniable est isolé et considéré comme *la* cause de *tous* les changements sociaux. On peut soutenir que s'il doit exister une démocratie authentique et adéquate, une transformation radicale du contrôle actuel des moyens de production et de distribution doit avoir lieu, et on peut néanmoins accepter la critique qui est ici développée – et on peut même faire ou accepter cette critique *parce* que l'on croit que cette transformation est requise [1].
>
> Il est bien possible d'accepter l'idée d'une sorte de déterminisme économique. Mais l'accepter ne revient pas à l'accepter dans sa version marxienne, car l'essence de cette dernière est que la guerre de classe est le canal par lequel les forces économiques produisent changement social et progrès. Cette « loi » n'était pas dérivée, et n'était pas supposée être dérivée, de l'étude des événements historiques. Elle était dérivée de la métaphysique dialectique de Hegel [2].

Dewey reconnaît à Marx le mérite d'avoir souligné le rôle décisif des facteurs économiques dans l'histoire et d'avoir assis sa théorie du capitalisme sur une base empirique, mais il voit dans le matérialisme historique une généralisation spéculative totalement contraire à l'esprit scientifique [3]. Pour tout lecteur de *L'idéologie allemande*, la critique est paradoxale puisque Marx conçoit sa conception matérialiste de l'histoire comme une critique des conceptions spéculatives de l'histoire fondée sur des arguments analogues à ceux que Dewey lui oppose : l'histoire ne doit pas être construite de manière spéculative, mais sur la base d'enquêtes empiriques. Par ailleurs, s'il est vrai que c'est bien une interprétation d'ensemble du développement historique qui est formulée, au moyen de l'idée d'une dialectique entre rapports de production et développement des forces productives, Marx précise qu'elle ne doit pas être conçue comme une « loi » de l'histoire mais comme une directive pour l'étude. Si l'on se tourne vers d'autres textes que *L'idéologie allemande*, on s'aperçoit que Marx, par ailleurs, a pris au sérieux l'idée d'une réactualisation de ses analyses théoriques et politiques à la lumière des évolutions historiques – au point de déjuger certaines analyses du *Manifeste Communiste* que Dewey présente comme l'énoncé d'un dogme inflexible.

1. LW 13, p. 117.
2. LW 13, p. 119.
3. LW 13, p. 125.

Dewey reproche également à Marx d'avoir négligé le rôle de l'action humaine dans l'histoire, et d'avoir réduit l'action des groupes sociaux à une simple conséquence des facteurs économiques. De nouveau, la critique est paradoxale si l'on garde à l'esprit l'affirmation du primat ontologique (« la vie sociale est essentiellement pratique ») et épistémologique (le principe de l'unité de la théorie et de la pratique) que Marx accorde à la pratique dans les *Thèses sur Feuerbach*, tout en affirmant que la pratique ne doit pas être conçue comme un simple produit des circonstances, car, bien que toujours conditionnée par elles, elle a également le pouvoir de les transformer[1]. Les principes du pragmatisme deweyen, consistant à ériger la pratique en fondement et à la concevoir comme une interaction avec l'environnement, en s'opposant tout à la fois aux conceptions subjectivistes (ou intellectualistes) et objectivistes (ou behavioristes) de l'action, comportent d'évidentes affinités avec les *Thèses sur Feuerbach*. H. Joas a parlé pour cette raison d'une « extraordinaire proximité de la philosophie de la pratique de Marx et de l'idée fondamentale du pragmatisme »[2].

Les controverses concernant la centralité accordée par Marx à la lutte des classes présentent le même mélange de proximité et de critique mal informée. Nous avons déjà mentionné que Dewey est tout à fait prêt à admettre que l'antagonisme des intérêts sociaux donne lieu à une forme de « guérilla » sociale dont la solution est une « concentration effective du pouvoir du travail »[3]. Il admet également qu'il est arrivé que la lutte de classe soit le moteur du progrès social[4], mais il reproche à Marx et aux marxistes d'avoir dogmatiquement soutenu que la lutte de classe était la seule stratégie possible pour la transformation sociale radicale qui est exigée par la situation présente[5], et qu'elle ne pouvait avoir pour acteur qu'une classe et une seule : le prolétariat. Or, il existerait une autre stratégie possible, plus pertinente politiquement, notamment parce que les effets politiques de la violence risquent toujours d'être contreproductifs[6] : celle d'une recherche démocratique des meilleurs moyens d'atteindre les fins socialement désirables qui parierait sur le développement de l'intelligence collective et qui adopterait la méthode de l'expérimentation. En outre, dans une société

1. Nous avons analysé ces différents points dans *Marx and critical theory*, *op. cit.*, chap. II.

2. H. Joas, *Georg Herbert Mead. Une réévaluation contemporaine de sa pensée*, Paris, Economica, 2007, p. 36.

3. EP, p. 86, MW 11, p. 88.

4. LW 13, p. 124-125.

5. EP, p. 421, LW 13, p. 353.

6. Voir la troisième partie de *Liberalism and Social Action*.

marquée par l'existence d'une classe moyenne plus développée qu'à l'époque de Marx et que dans le contexte de la révolution russe, la stratégie d'un affrontement direct entre prolétariat et bourgeoisie ne serait plus pertinente, et la solution des problèmes devrait plutôt être cherchée dans la construction d'une majorité fondée sur l'intérêt commun de tous ceux qui vivent de leur travail ou qui souffrent du chômage et de la précarité. On lit ainsi dans « Pourquoi je ne suis pas communiste » et dans « L'avenir de l'action politique radicale » :

> Une possibilité ignorée par les communistes officiels concerne les importantes transformations, orientées vers la démocratisation de l'industrie, susceptibles d'être accomplies par les groupes qui travaillent avec les classes laborieuses, bien qu'ils n'en fassent pas strictement partie [1].
> Nous nous opposons à toute politique défaitiste qui refuse de croire à la possibilité d'une action politique effective dans ce pays, tant que la majorité de la population n'aura pas rejoint le « prolétariat » [2].

Il existe deux manières de répondre à ces critiques : soutenir qu'elles ne visent pas juste, retourner la critique. La première conduit à souligner que Marx n'a pas tant fait de la lutte des classes une stratégie politique qu'une caractéristique structurelle pouvant s'exprimer dans différentes stratégies politiques. Dewey était plus proche de Marx qu'il ne croyait quand il écrivait, dans « Moyens et fins », qu'« il y a probablement plusieurs, peut-être même de nombreuses manières différentes, selon lesquelles la lutte de classe peut-être menée » [3]. Marx a certes affirmé la nécessité d'une union du prolétariat pour renverser la domination structurelle dont il est victime, mais, à cette idée, Dewey a accordé lui aussi de la pertinence, comme nous l'avons déjà noté. Quant au marxisme, il n'a pas considéré que la lutte révolutionnaire classe contre classe était la seule option politique viable. Le vieil Engels a théorisé la nécessité de la voie parlementaire et graduelle du passage au socialisme, et Gramsci, quant à lui, a théorisé au moyen du concept d'hégémonie la nécessité d'alliances de classes dans le contexte de l'émergence d'une société-civile. L'une et l'autre de ces options auraient sans doute trouvé grâce aux yeux de Dewey. Qu'il y ait en fait bien des manières de concilier Dewey et Marx, c'est d'ailleurs ce que prouve l'histoire du marxisme qui compte au moins deux deweyens importants,

1. EP, p. 389, LW 9, p. 93.
2. EP, p. 385, LW 9, p. 69. On retrouve cette idée notamment dans l'article « Imperative Need : A New Radical Party ».
3. EP, p. 422, LW 13, p. 354.

qui n'ont certes pas été deweyens de la même manière et au même degré : Hook et Mao[1].

Il est aussi possible de retourner la critique contre Dewey en lui reprochant d'avoir privilégié des modes de résolution délibératifs des problèmes, et des alliances de classes larges, auxquels on ne peut reconnaître de pertinence qu'en sous-estimant les formes de dominations structurelles et l'antagonisme des intérêts sociaux qui traversent les sociétés contemporaines. Ce type de critique a été développé notamment par Wright Mills dans *Sociology and Pragmatism. The High Learning in America*. Dewey y est dépeint comme un penseur dont l'horizon politique est resté celui d'une philanthropie (celui de Jane Adams et de la Hull House) aveugle à la domination de classe et privilégiant le consensus à la prise de parti pour les dominés, celui d'un intellectualisme surévaluant l'intelligence comme facteur de résolution des problèmes sociaux alors que seule la force peut renverser le pouvoir accumulé par les classes dominantes. Enfin, Dewey aurait été conduit par ses principes philosophiques à privilégier l'adaptation à l'existant et les transformations graduelles aux transformations sociales globales[2].

Que sa politique soit un conservatisme, ou un réformiste tiède, est une idée étrange compte tenu de ses appels à des transformations sociales radicales qui n'impliquent rien moins qu'une nationalisation partielle de l'économie, une planification économique et une démocratisation des lieux de travail. Sa position doit plutôt être décrite comme révolutionnaire par ses objectifs (puisqu'il s'agit de dépasser le capitalisme dans un socialisme démocratique) et réformiste par ses méthodes (par une série de changements progressifs dans un processus expérimental). Dewey remettait d'ailleurs lui-même en cause la pertinence de l'opposition entre gradualisme réformiste et rupture révolutionnaire lorsqu'il soulignait qu'une révolution, au sens d'une transformation sociale radicale, ne se réduit jamais à un événement ponctuel mais consiste nécessairement en un processus[3]. Dans les articles

1. Voir à ce propos E. Renault, « Dewey, Hook, Mao : quelques affinités entre marxisme et pragmatisme », *op. cit.* et « Qui n'a pas fait d'enquête n'a pas droit à la parole ? », *in* R. Descendre, J.-L. Fournel (dir.), *Langage, histoire, politique. Avec Jean-Claude Zancarini*, Ens éditions, 2015, https://books.openedition.org/enseditions/5370.

2. Sur le rapport de Wright Mills au pragmatisme et sur sa critique de Dewey, on peut consulter la présentation précise et complète d'A. Le Goff dans *Pragmatisme et démocratie radicale*, *op. cit.*, p. 103-183.

3. J. Dewey, « Experience, Knowledge and Value : A Rejoinder » (1939), LW 14, p. 76 : « Un événement révolutionnaire est une crise de haute intensité. Mais l'idée selon laquelle la révolution en son occurrence immédiate, celle d'une date déterminée, 1789 ou 1917/1918, est quelque chose de plus que le commencement d'un processus graduel est une auto-illusion utopiste. La méthode de l'action intelligente doit être appliquée à chacune des étapes par lesquelles une révolution "suit son cours" ».

« Human Nature » (1932), « Does Human Nature Change ? » (1938) et « Contrary to Human Nature » (1940), de même que dans le chapitre « Democracy and Human Nature » de *Freedom and Culture*, il soutient que la plasticité des impulsions interdit de déduire du concept de nature humaine que des transformations sociales et politiques aussi radicales que le dépassement du système économique du profit et la suppression des guerres sont impossibles, mais que l'inertie des habitudes implique que les transformations radicales ne peuvent produire tous leurs effets que dans un temps long, de sorte qu'il est vain d'espérer qu'une révolution puisse atteindre ses objectifs à court terme. Dewey semble ainsi vouloir défendre la possibilité de transformations sociales et politiques révolutionnaires, tout en soulignant qu'elles doivent nécessairement être conçues comme des processus longs – remarquons que la nécessité de phases de transition a également été soulignée de différentes manières au sein du marxisme.

Les autres objections, relatives à la sous-estimation des clivages de classe et de l'inertie de la domination sociale, peuvent sembler plus plausibles, mais elles ne sont pas pour autant pertinentes [1]. Nous avons déjà souligné l'importance accordée par Dewey à la domination de classe dans sa caractérisation des tendances anti-démocratiques des sociétés contemporaines et dans son analyse génétique des dualismes philosophiques. Il est vrai qu'il propose une alliance de classe, fondée sur l'expérience commune du travail et de l'injustice face à l'accaparement des richesses par ceux qui ne travaillent pas. Mais existe-t-il vraiment une autre stratégie socialiste possible que celle d'une alliance large entre les classes populaires, les cadres d'entreprise et d'administration, et les intellectuels ? On peut en douter, puisqu'il faut bien que les fonctions d'encadrement et de planification soient occupées [2] (l'effondrement de l'économie Vénézuélienne en a fourni une nouvelle preuve expérimentale) !

L'idée suivant laquelle Dewey aurait reculé devant la prise de parti, en cherchant des consensus impossibles est elle aussi contredite par les textes. L'objectif de Dewey, qui a plus que tout autre pris au sérieux le fait que l'expérience était structurée par des intérêts potentiellement conflictuels [3],

1. Ces critiques ont elles-mêmes fait l'objet de nombreuses critiques. Voir notamment M. Smiley, « Pragmatic Inquiry and Social Conflict : A Critical Reconstruction of Dewey's Model of Democracy », *Praxis International* vol. 9, n°4, 1990, p. 365-380 ; A. Kadlec, « Reconstructing Dewey : The Philosophy of Critical Pragmatism », *Polity*, vol. 38, n°4, 2006, p. 519-542 ; R. W. Hildreth, « Reconstructing Dewey on Power », *Political Theory*, vol. 37, n°6, 2009, p. 780-808.

2. Pour une « défense de ce point de vue, voir par exemple G. Duménil, J. Bidet, *Altermarxisme*, Paris, P.U.F., 2007.

3. M. Santarelli, *La vita interessata. Una proposta teorica a partire de John Dewey*, Macerata, Quolibet, 2019.

n'était pas de proposer des outils intellectuels permettant aux délibérations de dépasser les conflits d'intérêt, mais plutôt de participer à ces conflits grâce à des moyens intellectuels adaptés, en défendant le groupe social dont les intérêts sont susceptibles de provoquer le progrès social le plus substantiel. On lit ainsi dans le syllabus de 1923, et dans les leçons de « Philosophie sociale » de 1927-1928 :

> [La philosophie sociale] est d'autant plus importante que différents types de groupes sociaux existent et que des valuations conflictuelles surgissent qui ont différentes conséquences. Chaque fois qu'un conflit survient, un choix est nécessaire, et pour ne pas être arbitraire, il doit être fondé sur une comparaison critique du fonctionnement de ces différentes normes [1].
> Ces sociétés ou groupes communautaires entrent en conflit les uns avec les autres. Quand c'est le cas, nous devons faire un choix. Nous devons distinguer celui qui est meilleur ou pire, celui dont nous voulons qu'il vainque, de quel côté nous devons-nous ranger. Or, ce choix peut être aveugle, d'un point de vue non examiné, ou effectué à la lumière de l'examen de la constitution et des conséquences de cette coutume ou de cette tendance sociale [2].

Dire que Dewey a catégoriquement exclu l'usage de la force dans les stratégies politiques suppose également des lectures trop sélectives. Il est vrai qu'il a soutenu que les fins démocratiques appellent des moyens démocratiques et qu'il a ainsi accordé une priorité à la discussion et à la persuasion. Mais il a également souligné, dans « Force, violence et droit » (1916), que la politique suppose toujours l'usage de la force, et que l'usage intelligent de la force est légitime lorsque les moyens les plus démocratiques sont inopérants. Telle est précisément la conclusion de l'article « Force et coercition » (1916). Elle peut sembler entrer en contradiction avec les condamnations plus définitives de la violence que l'on trouve dans des articles des années 1930 comme « La démocratie est radicale », ou « L'avenir de la politique radicale ». Mais la contraction n'est qu'apparente si le concept de violence est défini au sens que lui donne Dewey dans « Force, violence et droit » et « Force et coercition », à savoir comme l'usage inintelligent et destructeur de la force [3].

1. MW 15, p. 232.
2. 1927-1928, p. 2.
3. Comme le soutient A. Livingston, « Between Means and Ends : Reconstructing Coercion in Dewey's Democratic Theory », *American Political Science Review*, vol. 111, n°3, 2017, p. 522-534.

CHAPITRE IV

LES ENJEUX POLITIQUES DU TRAVAIL

Comme nous avons commencé à le comprendre à la fin du chapitre précédent, la double centralité psychologique et sociale que Dewey reconnaît au travail n'est pas sans conséquence politique : d'une part, l'expérience du travail structure la vie sociale que l'agir politique a pour fonction de transformer ; d'autre part, l'expérience du travail est le lieu d'une formation d'habitudes qui sont susceptibles de conditionner la manière dont les individus et les groupes s'engagent dans l'agir politique. Néanmoins, on résistera à la tentation de parler de centralité politique du travail chez Dewey. La thèse de la centralité psychologique et sociale du travail fait du travail l'un des foyers organisateurs de notre vie subjective (centralité psychologique) et sociale (centralité sociale) y compris lorsque l'une et l'autre se déploient dans d'autres espaces que ceux du travail. Or, si l'influence du travail sur la vie politique est décisive, les rapports de la politique et du travail sont de différents ordres qui se laissent difficilement réduire au rapport d'un centre organisateur et d'une périphérie.

Certains mouvements revendicatifs entretiennent un lien étroit avec le travail, comme le mouvement ouvrier, mais d'autres en sont assez largement indépendants, comme le mouvement d'émancipation des femmes dont Dewey décrit le développement dans le chapitre « Social Reform » de ses *Lectures in China*, et auquel il semble accorder une importance égale au mouvement ouvrier[1], En son temps, il ne concernait pas centralement le travail domestique mais au premier chef les droits politiques. La vie politique est également conditionnée négativement par différents processus qui conduisent à une désaffection politique dont certains seulement sont ancrés dans l'expérience du travail. Nous verrons que Dewey cherche à tirer toutes

1. LC, p. 74-78.

les conséquences du fait qu'une organisation non démocratique du travail fait obstacle à la constitution du « sentiment d'efficacité politique » qui conditionne la participation à la vie politique [1]. Mais comme il l'explique dans *Le public et ses problèmes*, d'autres facteurs contribuent à la désaffection politique, comme la désorientation des publics due à la structuration médiatique de l'espace public et au manque de diffusion de connaissances susceptibles de percer l'opacité propre à la « grande société » et à l'« âge de la machine » [2].

Une autre limite de l'idée de centralité politique du travail tient au fait que, comme nous le verrons, certains problèmes politiques liés à l'activité de travail, comme ceux qui concernent les finalités de la production, n'appellent pas de résolution du seul point de vue du travail, par l'intermédiaire de l'action syndicale ou de la constitution de coopératives de production par exemple, mais aussi du point de vue de la consommation, par l'intermédiaire de comités de consommateurs ou de coopératives de consommation notamment, comme le soulignait un théoricien du Guild Socialism, ayant exercé une profonde influence sur Dewey, comme G. D. H. Cole [3].

Il n'en reste pas moins que la question du travail revêt chez Dewey une importance politique fondamentale. Politiquement fondamental, le travail l'est pour trois raisons différentes. La première renvoie à la problématique des effets formateurs analysée dans le chapitre précédent : le travail étant l'un des vecteurs principaux de la formation des habitudes, sa réorganisation démocratique est une nécessité pour créer les habitudes que présuppose l'idéal démocratique. L'expérience du travail peut être le lieu de l'apprentissage d'une manière de vivre non démocratique, notamment sous la forme

1. Voir à ce sujet les études empiriques discutées par Carole Pateman dans les chapitres III et IV de *Participation and Democratic Theory*, Cambridge, Cambridge University Press, 1970.

2. Sur ces différents thèmes du *Public et ses problèmes*, voir C. Gautier, « *Le public et ses problèmes* : le problème social de la connaissance », *Philosophical Enquiries : revue des philosophies anglophones* 5, 2015 (http://www.philosophicalenquiries.com/numero5article3Gautier.html).

3. C'est A. Ryan qui a le plus insisté sur les proximités entre Dewey et le Guild Socialism de G. D. H. Cole, voir *John Dewey and the High Tide of American Liberalism*, *op. cit.*, p. 111-116, 179-180, 309-314, 325-326. Le fait que Dewey doive être considéré comme un « socialiste de guilde », avait déjà été souligné par G. Bullert, *The Politics of John Dewey*, *op. cit.*, chap. II : « John Dewey's Guild Socialism ». Nous avons expliqué ailleurs pourquoi il ne nous semble pas possible de suivre Marc Stears lorsqu'il affirme dans son article « Guild Socialism » (publié dans le volume dirigé par M. Bevir, *Modern Pluralism. Anglo-American Debates Since 1880*, Cambridge, Cambridge University Press, 2012, p. 57) que c'est d'un autre socialiste de guilde, J. N. Figgis, que Dewey doit être rapproché ; voir E. Renault, « Dewey et la démocratie industrielle », *Pragmata* 3, 2020, p. 176-215.

de l'habituation à l'obéissance inintelligente. Inversement, l'expérience du travail peut favoriser la constitution d'habitudes précieuses pour les manières de vivre démocratiques : habitude de participation aux processus de décision collective, habitude de formation du jugement à partir de la discussion et de l'appropriation des connaissances disponibles, habitude de réflexion sur les finalités sociales des activités privées, habitude de mise en question de l'autorité, notamment. Le deuxième argument conférant une importance politique fondamentale au travail est relatif à l'extension des exigences démocratiques. Le concept de démocratie comme « manière de vivre » est porteur de l'idéal d'une démocratisation de l'ensemble des sphères de la vie sociale, or, la sphère sociale du travail reste l'une de celles qui sont les moins démocratiques : s'y déploie en effet une autocratie industrielle. Le troisième argument concerne les modalités de la lutte contre la désaffection pour la politique. Compte tenu du fait que pour de nombreux travailleurs, les problèmes qui sont liés à leurs activités professionnelles comptent parmi ceux qui comptent le plus, on peut considérer que l'absence de représentation politique de ces problèmes explique une bonne part de la désaffection politique.

Ces trois arguments relèvent tantôt d'analyses stratégiques, tantôt de réflexions programmatiques. Dans ce qui suit, nous considérerons successivement l'importance du travail sur les deux plans stratégique et programmatique, et nous nous intéresserons tout particulièrement à ce qui sur ces deux plans relève d'autres thématiques que celle, déjà examinée dans le chapitre précédent, des effets formateurs du travail.

STRATÉGIE

La réflexion stratégique s'est développée chez Dewey principalement dans le cadre de sa défense de la nécessité d'un troisième parti. Ce parti avait pour fonction d'offrir une réponse politique à la crise de 1929 qui ne se contenterait pas, comme Roosevelt, de lutter contre les effets de la crise et de rétablir le fonctionnement économique prévalant antérieurement, mais de transformer radicalement l'ordre économique qui était déjà avant la crise la cause d'injustices et de dominations structurelles. La politique de Roosevelt est doublement critiquée par Dewey. Elle l'est parce qu'elle se propose de soigner les symptômes sans s'attaquer à leurs causes, et parce qu'elle veut rétablir un système qu'il faudrait impérativement transformer. Cette argumentation est développée tout particulièrement dans les articles « Imperative Need : A New Political Party » et « No Half-Way House for

America ». C'est dans ce dernier qu'on trouve les formulations les plus tranchantes. D'une part, Dewey y critique la tentative de rétablir le système économique en vigueur :

> En dépit des critiques des dirigeants économiques, un an et demi de législation et d'efforts administratifs ont eu pour principal but de chercher à sauver le système du profit de lui-même, et ainsi de restaurer les conditions qui sont responsables de l'effondrement de 1929, et de la dépression [1].

D'autre part, Dewey dénonce ce « système du profit » pour les inégalités de richesse dont il était déjà responsable avant la crise :

> Un retour aux conditions de la soi-disant prospérité de 1929, quand seul un treizième de la population bénéficiait un revenu confortable ou mieux, un huitième était dans une situation de confort modéré, un tiers était dans une situation de confort minimum, et environ deux cinquièmes se situaient au niveau de simple subsistance ou de forte pauvreté, est impensable. Et pourtant, tel est précisément le but des intérêts industriels et financiers dominants, et de certains intérêts fonciers urbains et agricoles [2].

La création du troisième parti avait donc pour fonction d'élaborer la seule offre politique vraiment susceptible de répondre aux besoins de l'époque : besoin d'une politique qui ne se contente pas de traiter des symptômes mais qui s'attaque aux causes profondes des problèmes [3], besoin d'une politique qui puisse épouser, « diriger et organiser », les aspirations à des transformations économiques radicales qui ont émergé avec la crise [4].

Nous reviendrons dans la prochaine section sur le rôle que la transformation du travail joue dans le programme de démocratie industrielle associé par Dewey au projet de troisième parti. Examinons pour l'instant l'importance stratégique que ce projet confère aux revendications liées au travail. Elles concernent d'une part une stratégie de lutte contre la désaffection politique, et d'autre part, une stratégie d'unification de différents groupes sociaux opprimés. Dans toutes les situations où ceux qui sont pratiquement intéressés au progrès social et démocratique se désintéressent de la politique (tel est

1. LW 9, p. 289.

2. LW 9, p. 289-290.

3. Sur ce thème, voir aussi « The Jobless – A Job for All of Us » (LW 6, p. 153-156), « Steps to Economic Recovery » (LW 9, p. 61-65) et « America's Public Ownership Program » (LW 9, p. 285-286).

4. En réponse à l'argument suivant lequel le projet d'un troisième parti est destiné à rester minoritaire, Dewey écrit ainsi, dans « Is There Hope for Politics » : « Il y a déjà du mécontentement politique et de l'agitation parmi les masses. Ils ont besoin de direction et d'organisation, et il y a quelque chose ici qu'il faut diriger et organiser » (LW 6, p. 188).

encore le cas aujourd'hui[1]), les politiques progressistes doivent impérativement lutter contre le désinvestissement politique. C'est dans « Is There Hope for Politics », que cette nécessité stratégique est thématisée en détail. Dewey commence par y remarquer que :

> Le trait le plus marquant de la vie politique récente est le désintérêt croissant pour la politique. Ce désintérêt s'exprime dans l'apathie, le cynisme et le mépris. La preuve de cette indifférence est la difficulté qu'on éprouve à faire participer les électeurs aux élections[2].

Cette situation est paradoxale puisque l'Amérique est tout à la fois le pays des plus grandes dépenses électorales et de la plus faible participation électorale. Cela s'explique selon Dewey par plusieurs facteurs : 1) le sentiment que les élections ne changeront rien à la vie de la grande masse des électeurs, 2) le fait que les hommes politiques semblent privilégier leurs intérêts particuliers plutôt que le bien commun, 3) la multiplication des centres d'intérêt qui conduit de nombreux électeurs à préférer s'engager dans des activités à leurs yeux plus intéressantes, 4) le fait que les questions gouvernementales sont plus complexes que jamais, et 5) le fait que les débats sur la prohibition obscurcissent les enjeux politiques. Dans *Le public et ses problèmes*, Dewey traite seulement des deuxième, troisième et quatrième facteurs, car ce sont ceux qui sont mis en exergue par Lippmann. S'en tenir à ce seul texte induit donc une vision baisée de sa conception des causes profondes de la désaffection politique. En effet, dans ses articles politiques, il est surtout question du premier facteur. Dewey y souligne que la création d'un nouveau parti est la manière la plus efficace de lutter contre la désaffection politique 1) en proposant des changements radicaux qui permettraient aux électeurs d'espérer de nouveau que la politique puisse changer leur vie, 2) en s'en prenant aux sources de la corruption politique, qui tient au fait que les hommes politiques sont sous l'influence de groupes de pression industriels et financiers, 3) tout en mettant au cœur du programme la résolution des principaux problèmes qui affectent la vie quotidienne des électeurs potentiels, à savoir le chômage, les conditions de travail et les inégalités de revenu.

En ce qui concerne le premier de ces trois derniers points, Dewey écrit :

1. L'actualité de la théorie deweyenne de la désaffection politique est soulignée par J. Medearis dans *Why Democracy is Oppositional*, Cambridge (Mass.), Harvard University Press, 2015, qui la rapproche de la critique marxienne de « l'aliénation politique ».

2. LW 6, p. 182.

> Une part très considérable de l'apathie que j'ai évoquée est due au sentiment qu'il n'y a pas de différence importante entre les deux vieux partis et que par conséquent, un vote pour l'un ou l'autre n'a pas grande importance[1]. L'apathie est dans une large mesure due au fait que rien de fondamental, rien de suffisamment radical du point de vue des principes, n'a été offert[2].

En proposant des changements économiques radicaux, le troisième parti créera une alternative qui redonnera leur importance aux choix politiques, en même temps qu'il luttera contre l'impression, confortée par le conservatisme des deux grands partis, que les structures économiques actuelles sont trop complexes pour pouvoir être changées[3].

Les formulations deweyennes ne sont pas moins frappantes en ce qui concerne le rapport entre les suspicions d'insincérité, voire la réalité de la corruption, et les intérêts économiques dominants :

> Pour l'exprimer de manière simple et brève, l'indifférence pour la politique est le produit de l'absence de confiance en la sincérité des vieux partis. Rien n'est espéré d'eux en raison du sentiment qu'ils sont l'un et l'autre les serviteurs des mêmes forces dominantes dans les secteurs des transports, de la banque et de l'industrie. Le dégoût pour la politique, l'acceptation cynique de la corruption, sont dus au fait que cette alliance cachée, non avouée, du gouvernement des villes, des États et de la nation avec le « big business » est considérée comme la principale cause de corruption en politique [...]. Le racket politique est le symptôme d'un racket économique sous-jacent. Tant qu'on ne voit pas de moyen de s'en prendre au second, s'en prendre au premier ne peut apparaître que comme une perte de temps et d'énergie[4].

Établissant une analogie avec le fait que le parti républicain est né de la lutte contre l'esclavagisme des plantations du sud, Dewey écrira même dans « The Irrepressible Conflict » (1931) que la fonction du troisième parti ne sera rien moins que de « libérer les hommes, les femmes et les enfants de la mise en esclavage des agences gouvernementales (*enslavement of governmental agencies*) par des intérêts économiques égoïstes et prédateurs »[5].

1. LW 6, p. 185.
2. LW 6, p. 188.
3. « Le rayonnement et les ramifications du régime économique sous lequel nous vivons sont si subtils et étendus qu'ils créent un sentiment d'impuissance générale (*of general helplessness*) et de timidité en ce qui concerne la possibilité d'un quelconque changement important » (LW 6, p. 186).
4. LW 6, p. 186.
5. LW 6, p. 152.

Mais la principale contribution du troisième parti à la lutte contre l'apathie politique concerne sans doute sa capacité à donner une représentation politique aux principaux problèmes rencontrés par les électeurs potentiels dans leur vie quotidienne, tout en offrant un débouché politique aux revendications qui naissent des expériences sociales négatives qui sont liées à ces problèmes. C'est sur ce point précis que les questions spécifiquement liées au travail, et non plus généralement à la base économique de la société, prennent toute leur importance stratégique.

Après avoir développé les analyses que nous venons de résumer, Dewey ajoute dans « Is there Hope for Politics » :

> Je ne peux cependant pas me contenter d'arrêter avant d'avoir souligné que le renouveau d'un espoir intelligent en une vie politique et à partir de la vie politique, est identique à l'adhésion au projet de création d'un nouveau parti politique. Plusieurs conséquences pratiques dérivent de cette identité. L'une concerne le caractère fondamental des principes sur lesquels le nouveau parti doit être créé. Il doit partir du fait que toutes les questions politiques vitales du temps présent ont une origine économique et qu'elles ont une influence là où les humains vivent, industriellement et financièrement, dans les commerces, à la maison et au bureau (*in the shop*, *home*, *and office*). Les principes et les projets de la nouvelle pensée et des nouveaux intérêts politiques ne doivent pas craindre d'emprunter et de développer des mesures qui ont été dénoncées comme socialistes [1].

Ce ne sont certes pas seulement des problèmes de travail qui sont évoqués ici, dans l'énumération « in the shop, home, and office », mais tous ces problèmes sont néanmoins liés au travail, dans la mesure où ils concernent ou bien l'expérience du travail (*in the office*) ou l'expérience des problèmes liés à l'insuffisante rémunération du travail (*in the shop*, *home*), l'espace domestique étant par ailleurs conçu par Dewey comme un espace de travail, comme nous l'avons souligné dans le chapitre précédent. Même si les problèmes économiques, en général, ne sont pas réductibles à des problèmes concernant le travail comme activité ou comme métier, c'est bien néanmoins dans un rapport au travail qu'ils sont expériencés. Ils se rattachent ou bien à l'expérience de l'activité de travail elle-même, ou bien aux attentes de reconnaissance et de rémunération qui sont associées au métier. Dans d'autres textes, par exemple dans l'article « The Jobless – A Job for All of Us », Dewey considère également un autre problème économique qui confirme négativement le fait que c'est en lien avec le travail que les

1. LW 6, p. 187.

problèmes économiques sont expériencés : le chômage[1]. La signification du chômage n'est pas tant en effet celle d'une pauvreté que d'une perte du monde social lié à un emploi (relations sociales, estime de soi, garanties de revenu, capacité à se projeter dans l'avenir, en sont les dimensions principales), comme cela a été souligné ultérieurement notamment par M. Jahoda[2]. Le même raisonnement vaut pour la précarité, comme Dewey le souligne dans *Individualism Old and New* :

> D'un point de vue économique, le trait le plus saillant de la vie actuelle est l'insécurité. Il est tragique que des millions d'hommes désireux de travailler soient rejetés régulièrement dans le chômage ; en plus des récessions cycliques, il existe toujours une armée de réserve permanente dénuée d'emploi. Nous n'avons pas d'information adéquate quant au nombre de ces personnes. Mais l'ignorance quant au nombre n'est rien en comparaison de notre incapacité à saisir les conséquences psychologiques et morales de la précarité dans laquelle vit une multitude de gens. L'insécurité est plus grave et s'étend plus largement que le simple chômage. La peur de la perte de travail, la crainte de l'approche des vieux jours, créent de l'anxiété et consume le respect de soi d'une manière qui affaiblit la dignité personnelle. Plus les peurs sont nombreuses, plus le courage et la résistance de l'individualité sont minés[3].

L'importance stratégique du travail se définit également sur un autre plan, celui de l'unification des différents groupes sociaux pratiquement intéressés à l'avènement d'un monde meilleur. Sur ce point aussi, on peut penser que la pensée deweyenne n'a rien perdu de son actualité, à moins qu'elle ne soit devenue plus actuelle que jamais, car rarement les partis de gauche n'ont autant peiné qu'aujourd'hui à représenter les différentes composantes des classes populaires. On a d'ailleurs pu soutenir que seul un programme politique qui mettrait l'accent sur l'amélioration générale des conditions de travail serait en mesure de mobiliser l'ensemble des ouvriers, des

1. Voir aussi « The Economic Basis of the New Society » : « La première des déficiences dont devrait s'occuper toute véritable réorganisation [...] concerne l'incapacité de l'ordre social du passé à assurer à ses membres un emploi stable et utile. Il serait difficile de prononcer une condamnation plus sévère contre ce qui se désigne comme une civilisation que le fait qu'elle n'est pas capable d'utiliser l'énergie physique, intellectuelle et morale de ses membres pour produire des marchandises utiles et répondant à des besoins ; qu'elle n'ait pas été capable d'offrir à tous ces membres la chance de faire quelque chose » (LW 13, p. 309-310).

2. M. Jahoda, *Employment and Unemployment. A Social-Psychological Analysis*, Cambridge, Cambridge University Press, 1982.

3. EP, p. 295, LW 5, p. 67-68.

employés, et des cadres de niveau inférieur ou intermédiaire[1]. On peut penser que cette perspective stratégique fait d'autant plus sens que les classes populaires sont divisées non pas seulement par des caractéristiques socio-professionnelles (rares sont les convergences spontanées des ouvriers, des paysans, des fonctionnaires, des artisans et des chefs de petites entreprises) mais aussi par des logiques d'exclusion et d'infériorisation ethno-raciale. Il est donc d'autant plus significatif que la stratégie deweyenne d'unification des classes populaires ait cherché dans l'expérience du travail un moyen non pas seulement de mobiliser conjointement différents groupes sociaux professionnels, mais aussi de fonder une alliance entre luttes antiracistes et luttes économiques.

La stratégie d'unification aussi large que possible de groupes sociaux partageant, à partir de leur expérience du travail, une même prise de conscience de la nécessité de changements radicaux dans la base économique de la société est formulée très clairement dans l'article « L'avenir de la politique radicale ». Pour s'opposer à l'idée que le prolétariat est le seul groupe social susceptible de se mobiliser en faveur d'une politique radicale, Dewey souligne l'existence d'une expérience commune de l'injustice sociale dans différents groupes sociaux-professionnels :

> Nos désirs nous portent vers une union des forces plutôt que vers un isolement et des divisions qui, par le passé, ont terriblement affaibli les forces radicales et libérales ; aussi nous opposons-nous aux insultes et aux agressions qui frappent les paysans, les ingénieurs, les enseignants, les travailleurs sociaux, les petits commençants, le clergé, les journalistes, les travailleurs en col blancs de la classe moyenne si méprisée. Car ils constituent une très large part de la nation américaine, sensible aux injustices et aux inégalités de l'ordre économique actuel[2].

C'est dans cet horizon stratégique de construction d'un front large, ou en termes gramsciens d'une hégémonie, que doit être interprétée l'« Address to the National Association for the Advancement of Colored People » (1932) où Dewey souligne que les effets durables de la crise de 1929 peuvent permettre à toutes les fractions opprimées du peuple américain de prendre conscience de leur intérêt commun, au-delà de la « *color line* », afin d'effectuer une transformation radicale des structures économiques de la société. Dewey fut indéniablement, parmi les fondateurs du pragmatisme, l'un de ceux qui se sont le plus employés à dénoncer le racisme, aux États-Unis comme à l'étranger. C'est notamment ce qui lui valut de prononcer

1. C'est l'une des thèses de C. Crouch dans *Post-democratie*, Paris, Diaphane, 2013.
2. EP, p. 384, LW 9, p. 68.

ce discours[1]. Cela n'a pas empêché des commentateurs de lui reprocher de ne pas avoir consacré d'analyses assez approfondies au racisme, et d'avoir tendanciellement réduit la domination raciale soit à des préjugés, soit à l'effet d'une domination économique[2]. Parmi les textes de Dewey portant sur le racisme, on compte pourtant un article substantiel, « Racial Prejudice and Friction » (1922), qui propose une théorie aussi riche que différenciée bien que sans doute discutable. En analysant les rapports complexes, et contextuellement surdéterminés, entre « préjugé racial », aversion pour ce qui est étranger, et formes de domination économique et politique, l'article évite manifestement les deux écueils du réductionnisme psychologique et du réductionnisme économique qu'on a pourtant dénoncé chez lui[3]. Dans la littérature secondaire, il semble tenu pour acquis qu'un réductionnisme économique serait perceptible dans l'« Address to the National Association for the Advancement of Colored People ». Le raisonnement y relève pourtant manifestement de la stratégie politique (la lutte contre le « diviser pour mieux régner ») et non de l'explication unilatéralement économique de la nature du racisme (dont il souligne néanmoins la nature structurelle, liée à l'esclavage, et ceci plus clairement que dans « Racial Prejudice and Friction »). En fait, Dewey propose une analyse intersectionnelle avant la lettre plutôt qu'il ne hiérarchise les formes de domination[4].

1. Il avait déjà prononcé un discours lors du congrès fondateur de la NAACP en 1909 : « Address to National Negro Conference » (MW 4, p. 156-157)

2. Pour une approche synthétique des critiques développées dans cette perspective, voir S. F. Stack, Jr., « John Dewey and the Question of Race : The Fight for Odell Waller », *Education and Culture*, vol. 25, n°1, 2009, p 17-35. Voir également, S. Sullivan, « From the Foreign to the Familiar : Confronting Dewey Confronting Racial Prejudice », *The Journal of Speculative Philosophy*, New Series, vol. 18, n°3, 2004, 193-202 ; F. Margonis, « The Path to Social Amnesia and Dewey's Democratic Commitments », *in* K. Alston (dir.), *Philosophy of Education Society*, Urbana, University of Illinois Press, 2004, p. 296-304 ; W. Feinberg, « Progressive Education and Social Planning », *Teatchers College Record* 72, 1973, p. 492-494. En langue française, une telle approche critique a été développée par F.-X. Inchauspé dans sa thèse *Reconstruire la légitimité démocratique. L'articulation entre public, communauté et* demos *dans la pensée politique de John Dewey*, Paris 1, 2002, https://archipel.uqam.ca/5474/1/D2456.pdf, p. 170-185.

3. Pour une défense des positions de Dewey dans cet article, G. F. Pappas, « Dewey's Philosophical Approach to Racial Prejudice », *Social Theory and Practice*, vol. 22, n°1, 1996, p. 47-65.

4. Comme le suggère à juste titre F. Gregoratto à la fin de son article « Agonist Recognition, Intersections, and the Ambivalence of Family Bonds : John Dewey's Critical Theory Manifesto in China », *Transactions of the Charles S. Peirce Society : A Quarterly Journal in American Philosophy*, vol. 53, n°1, 2017, p. 127-145. Le développement des approches intersectionnelles n'est d'ailleurs pas totalement étranger au pragmatisme, comme

La thèse principale de l'« Address » est que la crise économique a rendu possible une unité de groupes opprimés qui, dans les conditions qui prévalaient antérieurement, n'aurait pas été envisageable. Ce texte n'étant toujours pas traduit en français, il mérite d'être cité longuement :

> La dépression a aussi mis au jour une communauté d'intérêt de toutes les minorités, les groupes opprimés et réprimés du pays. Elle a rendu évident le fait que tous ces groupes qui souffrent, bien qu'ils ne souffrent pas exactement de la même manière, sont en définitive victimes des mêmes causes. Je ne veux pas dire que la leçon de la communauté d'intérêt des différents groupes quelles que soient leur race et leur couleur ait été déjà parfaitement retenue ni qu'elle ait été intériorisée très profondément ou qu'elle ait été largement partagée. Mais je pense que le fait que tous souffrent, plus ou moins fortement, des mêmes causes est devenu évident et qu'à partir de maintenant, la reconnaissance de ce fait va se développer toujours plus vite, tout en s'approfondissant. Il ne fait pas de doute que le groupe que vous représentez a souffert plus que les autres, plus vivement et plus intensément. Il ne fait pas de doute que vous êtes les premiers, parmi tous, à perdre vos emplois et les derniers à les retrouver. [...] Mais néanmoins, les causes dont vous souffrez sont les mêmes. Il peut être dit que tous les groupes de travailleurs (*laboring groups*) des États-Unis sont vraiment sur le même bateau en ce qui concerne le pouvoir dont ils disposent et leur capacité à contrôler les conditions économiques. [...] Il me semble donc que les leçons sont les mêmes pour les différents groupes. Et les choses que je voudrais vous dire ce soir sont donc les mêmes que je dirais aux représentants d'un quelconque groupe blanc qui est défavorisé économiquement, industriellement, financièrement, et tout autant politiquement, par comparaison avec le petit nombre des privilégiés [1].

On remarquera que c'est ici à partir de l'expérience du travail et du chômage que Dewey aborde la question des intérêts communs des différents groupes défavorisés. Le privilège stratégique qui lui est accordé s'exprime également dans l'insistance sur le rôle de l'action syndicale, plus importante selon Dewey que l'action dans le cadre du parti. Il affirme ainsi que si le parti est nécessaire pour que la prise de conscience de la nécessité d'une action politique radicale des différents groupes opprimés trouve un débouché

le souligne P. Hill Collins, « Assembler un puzzle généalogique : l'intersectionnalité et le pragmatisme américain », *in* R. Frega (dir.), *Le pragmatisme comme philosophie sociale et politique*, Lormont, Le Bord de l'eau, 2015, p. 302-316. Pour un examen critique des limites des analyses deweyennes dans une perspective intersectionnelle et pour une discussion de leurs implications, voir C. Point, « Classe, race et genre : est-il utile de lire John Dewey aujourd'hui pour lutter contre ces dominations ? », *Phares*, vol. XIX, n°1, 2019, p. 83-101.

1. LW 6, p. 225-226.

politique, ce débouché politique pourrait bien n'être que « la queue du cerf-volant économique » (c'est-à-dire de la lutte syndicale)[1] :

> L'organisation économique qui réunira les individus pour apprendre, pour s'organiser, et pour l'autogestion dans l'industrie (*for initiation, for organization, for self-management of their own affairs in industry*) est plus importante à l'heure actuelle que l'aspect politique (*than the political angle*). Néanmoins, il me semble que quelque chose doit être dit à propos de l'importance de l'activité et de l'organisation politique ne serait-ce qu'à titre de queue du cerf-volant économique (*if only as a tail to the structure of the economic kite*)[2].

Programme

L'importance donnée au travail sur le plan du programme à mettre en œuvre concerne quant à elle l'ensemble des thèmes qui sont rattachés chez Dewey à l'idée de démocratie industrielle. Sans cesse il l'aura défendue, de l'article « The Ethics of Democratie » (1888), jusqu'aux années 1930-1940, notamment dans l'article « Liberty and Social Control » publié en 1946 dans *Problems of Men*[3], et dans « The Economic Basis of the New Society » (1938). Ce dernier article cite longuement l'article de 1918, « Internal Social Reorganization After the War », qui fut également reproduit dans *Character and Events* en 1928 sous le titre « Elements of Social Reorganization ». C'est à la fin de la première guerre mondiale que Dewey a le plus développé sa conception de la démocratie industrielle, dans l'article qui vient d'être cité, dans « The Need for an Industrial Education in Industrial democracy » (1916), dans « War's Social Result » (1917) et dans « What

1. Après l'échec du troisième parti, la valorisation de l'action syndicale sera plus forte encore. On remarquera qu'on trouve dans des textes ultérieurs une valorisation du socialisme syndical. Comme l'explique Marc Stears, après l'échec du projet de troisième parti, c'est vers le nouveau syndicat CIO que se tournèrent les espoirs des radicaux américains (M. Stears, *Demanding Democracy. American Radicals in Search of a New Politics*, Princeton, Princeton University Press, 2010, p. 105-114). Ainsi, dans *Freedom and Culture*, les « democratic socialists » sont identifiés à ceux qui parient sur des « méthodes démocratiques » et un « processus éducatif » pour arriver à une « société socialiste » et où cette position est référée aux « socialistes syndicaux » (LW 13, p. 113-114).

2. LW 6, p. 226.

3. Cet article résulte en fait d'une fusion de quatre articles parus dans *Social Frontiers* en 1935-1936 : « Liberty and Social Control », « Liberalism and Equality », « Liberalism and Civil Liberties » et « The Meaning of Liberalism ». Le soutien à la démocratie industrielle s'exprime dans le premier et de dernier.

Are We Fighting For » (1918). Cela suffit à réfuter la légende tenace suivant laquelle ce serait sous l'effet de la crise de 1929 que Dewey se serait rapproché du socialisme. Il est tout aussi faux d'affirmer que Dewey aurait ensuite abandonné le projet d'une démocratie industrielle au profit d'une exigence plus générale de « démocratie radicale ». Dans les années 1930 (dans *L'Éthique* de 1932, mais aussi dans les articles « Democracy Joins the Unemployed », « Democracy is Radical », « Education, the Foundation for Social Organization », « A Great American Prophet »), il ne cesse de défendre explicitement le projet d'une démocratie industrielle. La constance de ses prises de positions en faveur de la démocratie industrielle s'exprime également dans son engagement dans la League for industrial democracy [1] dont il fut membre dès sa création [2], en 1921, avant de devenir son vice-président en 1930, et son président en 1939. Il fut également l'auteur de l'un des pamphlets de la League, publié une première fois en 1934 sous le titre « Education and a New Social Order » et une seconde fois en 1949, à l'occasion de son quatre-vingt-dixième anniversaire, toujours par la League, sous le titre « Education and the Social Order » [3]. Mentionnons également que l'article « The Jobless, a Job for All of Us » (1931) parut dans le deuxième numéro du magazine *Unemployed* qui fut publié et distribué dans la rue par la Ligue entre 1930 et 1932. Dewey est aussi l'auteur de cinq introductions, entre 1932 et 1936, à la série de pamphlets intitulés *Looking Forward* [4]. Parmi ses activités dans la League, il faut enfin compter ses interventions dans les programmes radiophoniques [5].

Il ne fait guère de doute que le type de socialisme démocratique et de démocratie industrielle qu'a défendu Dewey était celui de la League for industrial democracy. Elle soutenait que pour promouvoir la démocratie industrielle, il fallait revendiquer la propriété collective [6] et critiquer la thèse suivant laquelle l'activité économique était nécessairement dirigée

1. Sur la League for Industrial Democracy, voir B. K. Johnpoll et M. R. Yerburgh, *The League for Industrial Democracy : A Documentary History*, Westport, Greenwood Press, 1980, en trois volumes.

2. R. B. Westbrook, *John Dewey*, *op. cit.*, p. 277-278.

3. LW 9, p. 175-186.

4. LW 17, p. 44-49.

5. Rien que pour l'année 1934, le rapport anniversaire mentionne la prise en charge par Dewey et C. Wilcox de l'émission radiophonique « The New Deal and Taxation » dans le cadre de la série « Economics of the New Deal » (p. 11), et la discussion avec J. Lee et B. Charney Vladeck dans le cadre des « Lucheon Broadcasts » sur le thème « Liberty and the Totalitarian State » (*Industrial Democracy. Thrithieth Anniversary Report. 1905-1935*, New York, League for industrial democracy, 1934, p. 12).

6. H. W. Laidler, *Public Ownership Here and Abroad*, New York, League for Industrial Democracy, 1924.

par la recherche du profit personnel[1]. On retrouve cette revendication et cette critique chez Dewey notamment dans « America's Public Ownership Program », en 1934, et dans « Industry and Motives », en 1922. La Ligue fondait sa critique du capitalisme et son projet de démocratie industrielle sur une dénonciation de l'autocratisme industriel[2] et du gâchis humain impliqué par la production pour le profit[3]. Comme nous l'avons déjà remarqué, Dewey a repris à Veblen l'idée d'un capitalisme « saboteur » du progrès technique. Il a également dénoncé le gâchis humain impliqué par une éducation professionnelle inadaptée et par la subordination des efforts de travail à la recherche de profit (par exemple dans le syllabus de 1923)[4]. Quant à la critique de l'autocratisme industriel elle est chez lui aussi au centre de la défense de la démocratie industrielle. Enfin, on verra que la devise de la League, « Éducation pour un nouvel ordre social basé sur la production en vue de l'usage et non du profit », trouve des nombreux échos sous sa plume.

L'idée de démocratie industrielle a pu recevoir les sens les plus variés. Si elle a été formulée pour la première fois par Proudhon, et si elle a connu des versions marxistes chez Korsch, c'est tout particulièrement du Guild Socialism (dont il souligne la supériorité sur le socialisme marxiste et le socialisme syndical dans ses *Lectures in China*[5]), et plus précisément encore de la version que D. H. Cole en avait proposée, que Dewey et la League for industrial democracy s'inspirent[6]. Chez Cole, la démocratie industrielle relève d'un projet comportant principalement trois volets : premièrement, un contrôle démocratique de l'organisation économique par l'intermédiaire d'organes représentatifs des travailleurs (à la manière de Guildes ou de syndicats professionnels) et d'organes représentatifs des consommateurs s'assurant que la production ait pour fin le service public ;

1. H. F. Ward, *The Profit Motive*, New York, League for Industrial Democracy, 1924. On notera que ce pamphlet s'appuie notamment sur *Human Nature and Conduct* (p. 32).

2. Voir par exemple N. Thomas, *What is Industrial Democracy*, *op. cit.*, p. 8-10.

3. S. Chase, *Challenge of the Waste*, New York, League for Industrial Democracy, 1922.

4. LW 15, p. 263, 266.

5. LC, p. 123 : « Le socialisme de guilde, un phénomène plus récent [que le socialisme syndical et le socialisme marxiste], est basé sur les intérêts communs d'un ensemble de personnes engagées dans la même profession (*trade*). Ces personnes forment une association volontaire qui gouverne leurs propres activités économiques. Chacun constitue en fait une petite société. Un ensemble de ces groupes, chacun avec des intérêts propres, peut constituer une société associée […]. Aujourd'hui, des socialistes contemporains revendiquent un retour au système des guildes, en faisant valoir qu'en prenant chaque profession comme une unité, il devrait être possible de former des groupes administrant les entreprises communes dans un esprit démocratique. Il est possible, en ayant cette idée à l'esprit, de se référer au système des guildes comme à une sorte de démocratie industrielle ».

6. E. Renault, « Dewey et la démocratie industrielle », *op. cit.*

deuxièmement, un contrôle démocratique de l'exercice du pouvoir sur les lieux de travail; troisièmement, un projet d'articulation de la démocratie au sens politique et de la démocratisation de l'économie et des lieux de travail[1]. Dewey a manifestement été séduit par le projet d'une démocratisation à partir de conseils locaux, constitués sur une base professionnelle et territoriale, plutôt qu'à partir d'un État central.

L'anti-étatisme de Cole a rencontré sinon nourri son propre anti-étatisme. Dewey a probablement été convaincu en outre de la nécessité de penser la démocratie industrielle de manière pluraliste, en tenant compte de la diversité des intérêts devant être pris en compte dans le processus de démocratisation économique. Les indices textuels ne manquent pas sur ces deux points. Concernant le second, un passage de « The Economic Basis of the New Society » exprime clairement la nécessité de penser la démocratisation économique en adoptant le double point de vue du consommateur et du producteur : la démocratie industrielle « ne doit pas seulement être conçue comme on le dit parfois, dans l'intérêt de la consommation, aussi important soit-il, mais aussi de celui des opportunités positives et durables d'activités productives et créatives »[2]. Concernant le premier point, la relativisation du rôle de l'État central, un passage de « What are we Fighting For » est particulièrement significatif :

> Si nous devons vivre dans un monde sûr *pour* la démocratie *et* un monde *dans* lequel la démocratie est sûrement établie (*if we are to have a world safe* for *democracy* and *a world* in *which democracy is safely anchored*), la solution sera celle d'un gouvernement fédéral mondial et une diversité d'autogouvernements expérimentant et coopérant librement dans les groupes locaux, culturels et industriels (*a variety of freely experimenting and freely cooperating self-governing local, cultural and industrial groups*)[3].

On retrouve ici les idées et la terminologie de Cole qui insistait lui aussi sur le fait que la démocratie devait se fonder sur des formes de participation directe à l'exercice du pouvoir administratif à l'échelle locale des quartiers[4], unité de base de la démocratie politique, mais aussi à l'exercice du pouvoir économique à l'échelle locale de l'atelier, unité de base de la guilde[5], ainsi

1. On trouvera une présentation complète et génétique des thèses de Cole dans A. W. Wright, *G. D. H. Cole and Socialist Democracy*, Oxford, Clarendon Press, 1979

2. LW 13, p. 318.

3. MW 11, p. 105.

4. G. D. H. Cole, *Guild Socialism Restated*, London, Leonard Parsons, 1920, p. 126-127.

5. *Ibid.*, p. 194 : « Le gouvernement interne des syndicats doit être démocratisé par la reconnaissance que l'atelier (*workshop*) ou son équivalent, est la base essentielle de l'organisation, sur laquelle des unités administratives plus larges doivent être édifiées ».

qu'à l'échelle locale des coopératives de consommation (s'assurant la subordination de la valeur d'échange à la valeur d'usage) et de « conseils d'utilité collective » (*collective utilities councils*)[1], des « conseils de santé » (*health councils*) et des « conseils culturels » (*cultural councils*) – ces derniers étant destinés à « exprimer le point de vue civique » concernant les finalités de l'éducation et de toutes les activités productrices de biens culturels (musée, bibliothèque, etc.) – ces coopératives et conseils étant destinés à agir en coopération avec les guildes correspondant à ces activités[2]. On trouve également chez Cole des affirmations évoquant l'idée d'un « gouvernement fédéral mondial »[3].

Dewey entend donc par démocratie d'industrielle tout à la fois un projet de démocratisation économique et un programme de démocratisation des lieux de travail. Porté par les espoirs soulevés par la fin de la première guerre mondiale (qui avaient été théorisés par Cole en 1917[4]), il écrit en 1918 dans « Internal Social Reorganization After the War » qu'il serait absurde « de conduire une guerre pour la démocratie politique qui laisse intacte l'autocratie industrielle et économique »[5]. Dans « Individuality, Equality, Superiority » (1922), l'accent porte sur l'antinomie de la démocratie et du « nouveau féodalisme de la vie industrielle »[6]. Dans d'autres textes, c'est la contradiction de la démocratie et de l'« oligarchie économique » qui est soulignée. On lit ainsi dans « Education, the Foundation for Social Organization » (1937) :

1. G. D. H. Cole, *Guild Socialism Restated*, *op. cit.*, chap. V.

2. *Ibid.*, p. 110-111.

3. G. D. H. Cole, *Social Theory*, London, Methuen & Co, 1920, p. 143 : « Les associations fonctionnelles internationales entreprendront à l'échelle la plus étendue le travail engagé à l'échelle plus réduite par l'organisation fonctionnelle nationale et l'entité coordinatrice centrale reproduira internationalement la structure fédérale des entités coordinatrices nationales ».

4. G. D. H. Cole, *Self-Government in Industry*, London, G. Bell and Sons, 1917, chap. I : « The Control of Industry During and After the War ».

5. MW 11, p. 85. Voir aussi, dans « Democracy Joins the Unemployed » (1932) : « La leçon que nous devons enseigner à nos compatriotes est que la démocratie politique est condamnée à l'échec si elle permet à l'autocratie (*economic autocracy*) économique de se développer. Nous avons permis à l'autocratie commerciale et financière (*business and financial autocracy*) d'atteindre un tel point que sa contrepartie politique logique est Mussolini à moins qu'une révolution violente mette en avant un Lénine. La tâche d'un nouveau parti en formation doit être d'éduquer les gens jusqu'à ce que le plus sourd et le plus partisan en vienne à comprendre la connexion entre la vie économique et la politique. Sa tâche est de rendre claire comme le jour la connexion entre la démocratie politique et la démocratie industrielle » (LW 6, p. 244-245).

6. MW 13, p. 293.

> Même en limitant notre conception de la démocratie à une forme de gouvernement, dans quelle mesure un gouvernement démocratique est-il possible avec une grande concentration de richesse d'un côté, et une grande concentration d'insécurité de l'autre? Une oligarchie économique est-elle compatible avec un gouvernement politique démocratique? [1]

La question de la démocratie industrielle est donc plus large que celle de la démocratisation du travail qui seule devrait être étudiée dans cette enquête sur l'importance politique du travail. Mais le fait que les projets de démocratie industrielle qui furent défendus par Cole, par la League for industrial democracy et par Dewey concernent tout à la fois la démocratisation de l'économie et du travail est en soi significatif. Contrairement à une position largement partagée dans les débats contemporains sur la « workplace democracy », Cole et Dewey, ainsi que les auteurs contribuant aux publications de la Ligue for industrial democracy, ont jugé impossible de démocratiser le travail sans démocratiser l'économie[2]. Si l'on souhaite donc comprendre les spécificités de la conception deweyenne de la « workplace democracy », qui seule concerne très directement la question du travail au sens strict, il faut donc analyser également la conception deweyenne de l'« economic democracy ». Nouvelle illustration du fait que l'importance programmatique de la question du travail (en l'occurrence la « workplace democracy ») ne suffit pas à définir une centralité du travail : dans le projet deweyen d'une démocratie industrielle, la démocratisation du travail est subordonnée à une démocratisation de l'économie.

Cette dernière est conçue par Dewey comme un changement radical de l'organisation économique actuelle. Conformément à la devise de la League for industrial democracy, il soutient que les processus économiques devraient être orientés vers la satisfaction des besoins et des désirs humains, ce qu'il appelle le « service » dans « Industry and Motives », alors que le système actuel, commandé par la recherche du profit des possesseurs des moyens de production et d'échange, empêche qu'ils servent cette fin :

> L'accusation légitime est que le flux du service est arrêté, qu'il subit des interférences et des déviations, en raison des facteurs du profit mercantile (*pecuniary profit*), à tel point qu'en résultent des désajustements humains sérieux et toujours plus intolérables[3].

1. LW 11, p. 236.
2. Pour une critique des conceptions contemporaines de la « workplace democracy » sans « economic democracy », voir N. Vrousalis, « Workplace Democracy Implies Economic Democracy » *Journal of Social Philosophy*, vol. 50, n°3, 2019, p. 259-279.
3. MW 13, p. 281.

Cette conception des pathologies sociales propres à ce que Dewey appelle parfois le « pecunary system », en suivant Veblen, s'appuie sur une théorie des processus économiques comme étant des facteurs sociaux dynamiques qui sont toujours soumis à des conditions structurelles, comme les lois, les institutions et les coutumes [1], et à des conditions fonctionnelles : ils doivent remplir des fonctions humaines [2]. Le problème est que les processus économiques actuels sont canalisés par des structures institutionnelles qui ne leur permettent plus de remplir ces fonctions. D'où le projet d'une réflexion collective sur les structures institutionnelles qui canalisent les processus économiques et sur les valeurs qui doivent déterminer les fins auxquelles les processus économiques doivent être subordonnés. Cet objectif relève du programme d'une démocratisation de l'économie. C'est dans *Individualism Old and New* que sont les plus clairement énoncés cet objectif et les moyens qui permettent de l'atteindre, à savoir un « contrôle coopératif » de l'industrie :

> L'établissement d'un contrôle coopératif de l'industrie déboucherait inévitablement sur l'idée que l'usage final ou la consommation constituent le critère essentiel de la valorisation, de la décision et de l'orientation. Quand le point de vue de la consommation dominera dans l'industrie, alors l'industrie sera socialisée. Je ne vois aucun autre moyen d'associer sa socialisation effective que de considérer l'industrie du point de vue de l'usager et de la personne qui jouit des services et des marchandises. Alors les valeurs humaines contrôleront les valeurs économiques. En outre, tant que les moyens sont séparés des fins humaines (des conséquences sur la vie humaine), les « valeurs d'usage » demeurent tellement dominées par les valeurs d'échange ou de vente que l'on interprète les premières à partir des secondes. En d'autres termes, il n'existe aucun critère inhérent aux valeurs de la consommation. [...] Quand l'industrie sera orientée par des valeurs liées à l'usage, ces valeurs feront l'objet d'une attention et d'une analyse critique pour lesquelles aucune base n'existe à l'heure actuelle, à l'exception d'exhortations et d'appels à la moralité [3].

Dans ce texte, les fins auxquelles les processus économiques doivent être subordonnés sont présentées comme relevant de la consommation (de la valeur d'usage). Mais l'économie ne doit être démocratisée non seulement

1. Les coutumes étant elles-mêmes indissociables des institutions, on peut dire que ces conditions structurelles sont les conditions institutionnelles de la canalisation des processus économiques; sur le concept d'institution propre à Dewey et à Mead, voit notamment E. Renault, « Mead et Dewey : une même conception de la société », *SociologieS*, 2021, DOI : https://doi.org/10.4000/sociologies. 16536.

2. MW 15, p. 247-248.

3. EP, p. 338, LW 5, p. 105-106.

du point de vue du citoyen-consommateur (c'est-à-dire du point de vue de l'usage des produits), mais aussi du point de vue du citoyen-producteur (c'est-à-dire du point de vue de la production des produits). En effet, il faut également faire droit à l'exigence générale que tous puissent bénéficier d'un emploi stable (pour sortir de l'insécurité économique) et bien rémunéré[1]. Tel est selon « Internal Social Reorganization After the War », le deuxième objectif de la démocratie industrielle, le troisième relevant des modalités de la planification et de la fixation des régulations collectives à l'échelle de la branche :

> Ces trois choses, par conséquent, me semblent constituer les éléments minimaux et essentiels d'un programme de réorganisation sociale intelligent :
> *Premièrement*, assurer à tous un métier ou un emploi stable.
> *Deuxièmement*, par l'administration par l'État et l'action municipale, l'augmentation et le maintien à un plus haut niveau du niveau de vie général ; et
> *Troisièmement*, la promotion progressive et continue, même si elle est lente, de la démocratie industrielle, de l'auto-gouvernement dans les différentes branches (*trades*) principales de l'activité économique de la société[2].

Conçue comme l'instrument de « contrôle social de l'industrie, de l'argent et du crédit »[3] dont « Liberty and Social Control » souligne la nécessité, la planification est abordée chez Dewey principalement dans deux types de discussion : dans le cadre d'une réflexion sur les rapports entre planification et sciences sociales, dans celui d'une réflexion sur les modalités de la démocratisation de la planification. Commentant en termes positifs le programme travailliste anglais, Dewey souligne, dans « Pour une nouvelle science sociale » (1918) que la planification, nécessaire, exige le développement d'un nouveau type de science sociale[4], alors que dans l'article « Science sociale et contrôle social » (1931), il présente la planification comme un dispositif institutionnel permettant aux sciences sociales de se doter de procédures de mise à l'épreuve expérimentale[5]. Ce lien entre planification et science sociale semble pencher vers une conception technocratique et peu démocratique, de sorte que le moyen semble contradictoire avec la fin poursuivie. L'intention de Dewey est pourtant bien de définir une forme de planification démocratique qu'il distingue de

1. MW 11, p. 83.
2. MW 11, p. 85.
3. LW 11, p. 362.
4. EP, p. 89-90, MW 11, p. 90-91.
5. EP, p. 365-370, LW 6, p. 64-68.

ses formes autoritaires développées en URSS et dans l'Allemagne nazie. On lit à ce propos dans « The Economic Basis of the New Society » :

> Une immense différence distingue une société planifi*ée* d'une société se planifi*ant sans cesse*. La première repose sur les plans imposés d'en haut et exige donc l'usage de la force physique et psychologique pour assurer leur application conforme. La seconde relève d'une libération de l'intelligence par l'intermédiaire d'une forme aussi large que possible d'échange coopératif (*through the widest form of cooperative give-and-take*). La tentative de planifier l'organisation et l'association sociales sans le plus grand jeu possible de l'intelligence contredit l'idée même de planification sociale. Car cette dernière est une méthode opératoire d'activité, non un ensemble prédéterminé de « vérités » définitives[1].

Dans *Liberalism and Social Action*, Dewey souligne également que bien loin de consister en une méthode incompatible avec le développement de la liberté et de l'intelligence sociale, la planification est la seule « méthode d'action sociale » permettant un tel développement :

> La seule forme viable d'organisation sociale désormais envisageable est une organisation où les forces productives seront contrôlées collectivement et utilisées dans l'intérêt de la liberté effective et du développement culturel des individus qui composent la société [...]. Le libéralisme ne peut désormais parvenir à ses fins qu'à cette condition unique qu'il emploie des moyens opposés à ceux qu'il préconisait sous sa première forme. La planification sociale organisée, mise en œuvre dans le but de créer un ordre où l'industrie et la finance seront orientées en faveur d'institutions propres à fournir le socle matériel qui permettra la libération culturelle et le développement des individus, est désormais la seule méthode d'action sociale grâce à laquelle le libéralisme pourra réaliser ses objectifs déclarés[2].

Non moins significatif est le fait que dans l'article « Authority and Social Change » (1936), Dewey souligne que c'est à tort que l'on identifie planification et action autoritaire de l'État car la planification peut tout aussi bien consister en une modalité de développement démocratique de « l'intelligence organisée » :

> [L'argument anti-autoritaire contre la planification] indique que bien que le mouvement en direction d'une économie collective et planifiée puisse soigner les maux dont nous souffrons actuellement, il reconduira finalement dans les ornières de l'organisation du pouvoir autoritaire, à moins que des moyens jusqu'ici inemployés soient mis en œuvre à large échelle pour

1. LW 13, p. 321.
2. LSA, p. 127-128, LW 11, p. 40.

> donner naissance à la coordination économique qui est désirée et désirable. [...] La ressource qui n'a pas été encore été utilisée à large échelle dans le domaine des relations sociales est l'intelligence organisée [1].

L'enjeu du lien entre planification et « intelligence organisée » n'est pas seulement d'éviter les ornières du « pouvoir autoritaire ». Il tient également au fait que la possibilité d'une planification démocratique ne doit pas être mesurée à l'aune des limites de l'intelligence individuelle, ce qui reviendrait à sous-estimer les potentialités d'une appropriation de l'intelligence collective déjà présente. Cette dernière s'est développée à travers l'histoire et s'est incarnée dans les institutions et dans la culture. Elle organise déjà la vie sociale. L'idée de planification participe en ce sens du projet d'une socialisation de l'intelligence collective et d'une transformation radicale d'un ordre social dans lequel elle ne fait encore l'objet que d'une appropriation privative et non coopérative. Un passage déjà partiellement cité de *Liberalism and Social action* donne à ces thèmes des formulations frappantes qui témoignent de l'originalité du rapport établi entre socialisme et coopération chez Dewey [2] :

> Peu d'individus sont doués de l'intelligence requise pour l'invention de la machine à vapeur stationnaire, de la locomotive, de la dynamo ou du téléphone, mais il n'en est aucun d'assez borné pour ne pas pouvoir utiliser intelligemment ces fruits de l'intelligence une fois qu'ils font partie des moyens organisés de la vie en société. Les accusations dirigées contre l'intelligence des individus portent en réalité contre un ordre social qui ne permet pas à l'individu moyen d'avoir accès au riche gisement de trésor de savoirs, d'idées, et de desseins accumulés par l'humanité. [...] Derrière l'appropriation par le petit nombre des ressources matérielles de la société, il y a l'appropriation par les mêmes et à leur profit des ressources culturelles et spirituelles qui sont, non pas le produit des individus qui se les sont accaparées, mais le produit d'un travail de coopération de l'humanité dans son ensemble [3].

Pour continuer à préciser la nature du modèle deweyen de démocratisation économique, qui est donc moins indéterminé qu'on ne l'affirme souvent, il faut ajouter qu'une telle planification démocratique ne pourrait remplir ses fonctions sans instrument de politique monétaire, sans un système d'imposition progressive et différenciée selon les secteurs, et sans propriété

1. LW 11, p. 140-141.
2. Comme l'a souligné F. Fischbach, *Qu'est-ce qu'un gouvernement socialiste ?*, Montréal, Lux, 2017, p. 147-151.
3. LSA, p. 125-126, LW 11, p. 38-39.

collective d'une partie des moyens de production et d'échange. Dans l'article « Is there Hope for Politics » (1931), Dewey souligne ainsi la nécessité d'un contrôle des moyens de crédit, d'une forte taxation des bénéfices liés à l'utilisation des ressources naturelles et d'une propriété collective des moyens d'échange et des activités tendant à devenir monopolistiques :

> Le commerce moderne repose sur l'argent et tout particulièrement sur le crédit. Ceux qui contrôlent l'accord et le refus du crédit gouvernent le pays, quels que soient ceux qui nominalement sont au gouvernement. Le gouvernement doit donc reprendre le contrôle du crédit. La propriété privée, dérégulée, des ressources naturelles terrestres, c'est-à-dire des mines, du pétrole, du bois, et du pouvoir hydraulique – qui est également, aujourd'hui, le pouvoir électrique – doivent faire l'objet d'une taxation drastique [...]. Les activités qui tendent à devenir des monopoles naturels, comme les chemins de fer, les services publics, les moyens de communication, doivent être soumis à une régulation gouvernementale si complète qu'ils ne puissent plus être distingués d'une propriété publique [1].

« No Half-Way House for America » semble énoncer un programme de nationalisation plus radical encore lorsque Dewey écrit :

> Il est impossible d'atteindre un niveau de vie décent pour davantage que pour une fraction de la population sinon par la méthode que défendent le Parti travailliste anglais et les partis sociaux-démocrates européens – la socialisation de toutes les ressources naturelles et de tous les monopoles naturels, de la rente foncière et des industries de base. La classification en républicains et démocrates ne signifie plus rien aujourd'hui : la seule distinction vitale concerne une telle socialisation de toutes les ressources et monopoles naturels, de la rente foncière, et des industries de base [2].

Il n'est pas certain que ces différentes perspectives soient contradictoires dans la mesure où Dewey semble se référer à un processus de socialisation progressive de la production non pas seulement par la transformation de la propriété privée en propriété collective, mais aussi par des taux d'imposition progressifs ayant pour fonction de faire disparaître progressivement l'intérêt de l'usage des moyens de production et d'échange en vue du profit [3]. Comme

1. LW 6, p. 186-187.
2. LW 9, p. 289-290.
3. « La propriété publique se heurte à de plus grandes difficultés en Amérique qu'ailleurs en raison d'une longue habitude de financiarisation frénétique (*long era en frenzied finance*), de capitalisation des eaux, et d'inflation du prix des terres agricoles, et en raison du nombre de personnes détentrices de titres permettant de bénéficier d'une part des profits, mais tout cela peut être surmonté en très peu d'années par l'intermédiaire du système britannique d'impôts » (LW 9, p. 290).

le précise l'article « The Meaning of Liberalism » (repris ensuite dans « Liberty and Social Control »), la transformation de la propriété privée des moyens de production et d'échange n'est pas une fin en soi, mais un moyen de faire en sorte que « le contrôle des moyens de production et de distribution soit retiré des mains de ceux qui exercent en vue de leur pouvoir individuel étroit un pouvoir ayant été créé socialement »[1]. Un système d'imposition fortement progressif peut également remplir cette fonction.

L'originalité du modèle de démocratisation économique esquissé par ces différents textes tient à son caractère pluraliste et non dogmatique. Au lieu d'opposer propriétés collective et privée des moyens de production, Dewey ne propose qu'une socialisation partielle des moyens de production et d'échange, tout en se référant à deux formes distinctes de socialisation : la propriété collective et l'imposition. Par ailleurs, au lieu d'opposer planification et coopératives de consommation ou de production, il envisage une démocratisation des processus économiques qui s'effectuerait tout à la fois à l'échelle d'une planification centrale et de conseils locaux. La planification ne doit pas selon Dewey prendre la forme d'un contrôle autoritaire étatique ou technocratique (comme dans la planification soviétique, ou à la française…) mais celle d'un « contrôle coopératif »[2] de l'économie à l'échelle d'un « gouvernement fédéral mondial », d'un gouvernement national (cessant de jouer un rôle central)[3], et de différents groupes formés sur une base locale[4]. Alors qu'aujourd'hui l'explosion des inégalités rend nécessaire des systèmes d'imposition fortement progressifs[5],

1. LW 11, p. 367.

2. EP, p. 338, LW 5, p. 105.

3. *Individualism Old and New* qui évoque la création d'un « conseil économique permanent » « où les représentants des travailleurs se réuniront sur une base d'égalité » « pour maintenir une réglementation planifiée en vue du bien-être national » (EP, p. 329, LW 5, p. 97).

4. C'est ce même modèle, sans dimension internationale il est vrai, qui est valorisé dans l'article « Psychology and Work » (1930), dans une référence à la planification soviétique (LW 5, p. 237). Cette référence paradoxale s'explique par le fait que dans ses « Impressions from Soviet Russia » (1928), Dewey décrit sa surprise de découvrir que le but supérieur de la révolution russe n'est pas seulement d'assurer une égalité économique mais de réaliser l'idéal qu'il associait au projet d'une démocratie industrielle. Le passage suivant notamment est intéressant : « il s'agit d'une expérimentation destinée à découvrir si les idéaux démocratiques de liberté, d'égalité et de fraternité qui nous sont familiers – familiers en tant que mots, du moins – ne seraient pas complètement réalisés dans un régime social basé sur la coopération volontaire, sur le contrôle et l'administration de l'industrie par les ouvriers, et accompagné de l'abolition de la propriété privée comme institution fixe » (LW 3, p. 244). Sur l'interprétation deweyenne de l'expérimentation soviétique, voir D. C. Engerman., « John Dewey and the Soviet Union : Pragmatism meets Revolution », *Modern Intellectual History*, vol. 3, n°1, 2006, p. 33-63.

5. E. Saez, G. Zucman, *Le triomphe de l'injustice*, Paris, Seuil, 2020 ; T. Piketty, *Une brève histoire de l'égalité*, Paris, Seuil, 2021.

alors l'impérative bifurcation écologique fait resurgir la nécessité tout aussi impérative d'une planification écologique, tandis que cette dernière ne peut être pensée de manière réaliste qu'en articulant des échelles internationales, nationales et locales, alors que par ailleurs le développement d'une épistémocratie aux dépens de la démocratie rend d'autant plus nécessaire la réflexion sur les formes de démocratisation de la planification (réflexion qui n'a d'ailleurs jamais cessé de se développer [1]), ces thèmes deweyens retrouvent toute leur actualité.

L'autre volet du projet de démocratie industrielle concerne la démocratisation des lieux de travail. Nous avons déjà cité l'énumération des trois objectifs formulés dans « Internal reorganization after the war » : « assurer à tous un métier ou un emploi stable »; « l'augmentation » et le maintien à un plus haut niveau du niveau de vie général » ; « la promotion progressive et continue, même si elle est lente, de la démocratie industrielle, de l'auto-gouvernement dans les différentes branches principales de l'activité économique de la société » [2]. Voici comment Dewey décrit ce dernier objectif :

> La troisième phase que je mentionne est celle du besoin d'assurer une plus grande autonomie industrielle, c'est-à-dire une plus grande capacité des travailleurs des différentes branches (*trades*) ou métiers à contrôler l'industrie, au lieu de travailler dans des conditions de contrôle externes où ils n'ont aucun intérêt pour ce qu'ils font et aucune compréhension de ce qu'ils font, aucune perception sociale des conséquences et de la signification de ce qu'ils font [3].

Cette citation fait apparaître les deux objectifs du projet deweyen de démocratisation du travail : lutter contre l'absence d'autonomie des travailleurs, leur permettre de se réapproprier leur propre activité. Il s'agit d'une part de lutter contre la perte de contrôle par les travailleurs sur leur propre activité en leur donnant le pouvoir de participer à l'organisation de cette activité. Il s'agit d'autre part d'engager une dynamique de réflexion collective, à l'échelle du lieu de travail, sur la nature, le sens, la fonction sociale et la valeur de leur activité. Si l'on voulait caractériser la spécificité de cette conception de la démocratisation du travail, du point de vue des débats contemporains sur la « workplace democracy », on devrait dire 1) qu'en plus de connecter « workplace democracy » et « economic

1. Pour un exemple de contribution récente, voir P. Devine, « Participatory Planning Through Negociated Coordination », *Science & Society*, vol. 66, n°1, 2002, p. 72-85 et « Marx, la démocratie et la planification économique », *Actuel Marx* 65, 2019, p. 54-66.

2. MW 11, p. 85.

3. MW 11, p. 84.

democracy » (la démocratisation du travail devant se faire aussi bien à l'échelle du lieu de travail qu'à celle de la branche et de l'articulation production/consommation), elle souligne 2) qu'il ne peut y avoir de véritable démocratisation du travail sans subversion de la division gouvernant-gouverné aux différents échelons de la hiérarchie d'entreprise ou administrative (insuffisante serait une simple représentation des travailleurs dans les organes de décision)[1], et 3) que la participation à l'exercice du pouvoir restera purement formelle et ineffective si les travailleurs n'ont pas le pouvoir de transformer effectivement l'organisation du travail et de modifier le contenu de leur travail pour le rendre plus riche de sens[2] (la simple participation à la rationalisation de l'exploitation, comme dans les versions contemporaines du management participatif, n'est qu'un simulacre de démocratie[3]).

Le projet de démocratisation des lieux de travail est tout d'abord justifié par l'exigence que les droits des citoyens ne soient pas respectés seulement hors des lieux de travail. Les lieux de travail apparaissent comme des sphères sociales où l'arbitraire du pouvoir personnel, en l'occurrence celui des employeurs et de leurs représentants, est institutionnalisé, alors que l'idée de démocratie exige que l'exercice du pouvoir exercé sur autrui fasse l'objet d'un contrôle public. Cette contradiction est pointée par Dewey et Tuft dans le chapitre XIX de l'*Éthique* de 1932, « Négociation collective et syndicats ». La question suivante contient en elle sa réponse : « Est-ce que les règles en vigueur dans un commerce (*shop-rules*), et d'autres régulations nécessaires doivent être déterminées seulement par l'employeur, ou doit-il y avoir citoyenneté aussi dans l'industrie, de même que dans le gouvernement ? »[4]. Dewey et Tuft expriment clairement leur rejet de la forme autocratique d'un pouvoir managérial qui non seulement dépossède

1. Cela signifie notamment qu'elle conduirait à critiquer l'application des conceptions de la démocratie représentative à l'entreprise et l'administration, au nom d'un modèle qui relève d'une conception de la démocratie participative qui serait également en rupture avec les pratiques du management participatif; pour une critique des versions contemporaines de ce modèle et une défense de l'option participative, voir J.-P. Deranty, E. Renault, « Democratizing Workplaces from Below : Beyond Workplace Republicanism », *in* K. Breen, J.-J. Deranty (dir.), *The Politics and Ethics of Contemporary Work : Whither Work ?*, New York, Routledge, 2022, p. 150-165.

2. Dewey peut être rapproché sur ce point des positions qui soulignent l'interdépendance entre démocratisation du travail et « meaningful work » ; voir par exemple R. Yeoman, *Meaningful Work and Workplace Democracy : A Philosophy of Work and a Politics of Meaningfulness*, Basingtoke, Palgrave Macmillan, 2014.

3. Pour un examen des ambivalences des formes actuelles de la démocratie participative au travail, voir *Sociologie du travail*, vol. 57, n°1, 2015.

4. LW 7, p. 386; E. p. 450.

les travailleurs de leur droit démocratique de contrôler les prescriptions qui organisent leur activité, mais en outre les rabaissent au rang d'infra-citoyens, analogues à des esclaves destinés à servir autrui :

> Le travailleur est aussi un humain. Il souhaite avoir son mot à dire à propos des règles qui pèsent sur lui pendant la plus grande partie de la journée. De plus, il vit dans une époque démocratique dans un pays plus ou moins démocratique. Si la citoyenneté est un bon principe dans la vie politique, est-il donc impossible de l'appliquer dans l'industrie ? Être licencié ou embauché selon le bon vouloir d'un supérieur hiérarchique (*at the will of a superior official*) n'est pas rendu plus agréable par l'affirmation que les conditions de marché exigent une réduction de personnel. Être sujet aux caprices d'un contremaître ou à celle d'une autorité impersonnelle ne réduit pas seulement la sécurité mais aussi le respect de soi. Le travailleur n'a probablement jamais lu la classification aristotélicienne de l'humanité en deux classes, l'une étant destinée à commander, et l'autre à seulement obéir à autrui, mais il ne s'en rebelle pas moins contre la conclusion d'Aristote suivant laquelle certains humains sont des « esclaves naturels » [1].

Le principe démocratique exige déjà que le pouvoir soit organisé dans l'entreprise de telle sorte qu'il ne s'exerce plus arbitrairement, ou dans l'intérêt exclusif de ceux qui cherchent à maximiser le profit au détriment des travailleurs, mais selon une définition du bien commun. D'où la nécessité d'un contrôle public de l'usage du pouvoir sur le lieu de travail (c'est-à-dire d'un droit du travail) et de syndicats assez puissants pour parvenir à équilibrer l'asymétrie de pouvoir dont bénéficient les employeurs. Cependant, si un tel contrôle indirect, par la législation publique et par l'action syndicale, est une condition nécessaire de la démocratisation du travail, l'exigence démocratique est plus radicale. Pour le dire en des termes contemporains, Dewey veut plus qu'un « workplace republicanism » relevant d'un simple « workplace constitutionalism » [2] ; c'est une forme d'autogestion qu'il appelle de ses vœux.

1. LW 7, p. 391; E. p. 456-457.
2. On trouve une illustration d'un tel « workplace republicanism » chez E. Anderson, « Equality and Freedom in the Workplace : Recovering Republican Insights », *op. cit.* et *Private Government. How Employers Rule our Lives (and Why We Don't Talk about It)*, *op. cit.* N. Vrousalis propose de distinguer entre « workplace republican constitutionalism » et « workplace republican democracy » (« Workplace Democracy Implies Economic Democracy », *op. cit.*), mais les versions les plus démocratiques du « workplace republicanism » se réfèrent à des définitions de la démocratie d'entreprise qui restent moins exigeantes que celle de Dewey, comme nous avons cherché à le montrer ailleurs (J.-P. Deranty, E. Renault, « Democratizing Workplaces from Below : Beyond Workplace Republicanism », *in* K. Breen, J.-J. Deranty (dir.), *The Politics and Ethics of Contemporary Work : Whither Work ?*, *op. cit.*).

Dans la recension « Creative Industry », datant de 1918, il critique ainsi le fait que le taylorisme consiste en une rationalisation de la production qui dépossède le travailleur de tout contrôle sur son activité : « il n'a jamais perçu l'importance de mobiliser la coopération des travailleurs dans le processus de découverte et de fixation des normes elles-mêmes »[1]. Plus qu'un simple management participatif associant les travailleurs à la définition des normes de production, c'est bien une participation étroite à l'exercice du pouvoir que Dewey revendique quand il mentionne l'« auto-gestion (*autonomous management*) de chaque ligne de production par ceux qui y sont directement impliqués »[2]. On retrouve cette perspective autogestionnaire en 1923 dans le « Syllabus : Social Institutions and the Study of Morals », où Dewey critique la « séparation entre le contrôle, le management (*management*), l'administration, d'une part, et la subordination, la simple réactivité (*responsiveness*) d'autre part »[3].

Cette orientation autogestionnaire a des dimensions égalitaires, antihiérarchiques et antiautoritaires[4]. La première apparaît clairement dans l'article « Freedom of Thought and Work » (1920). Dewey y affirme qu'il n'est pas acceptable que seuls les « cadres, les managers, les scientifiques, et les artistes » bénéficient d'une « véritable liberté d'esprit » en « exerçant leur esprit au sein de leurs activités professionnelles quotidiennes »[5]. Il ajoute même que la défense des libertés d'expression et de pensée ne peut avoir de sens aujourd'hui que si elle est associée à « une lutte pour la liberté de l'esprit dans l'industrie, une liberté de participer à sa planification et à sa direction »[6].

La dimension antihiérarchique de la conception deweyenne de la démocratisation du travail s'exprime tout particulièrement dans l'article « Individuality, Equality, Superiority » (1922) où l'idée d'une hiérarchie entre les positions sociales et les métiers est présentée comme l'une des

1. MW 11, p. 334.

2. MW 11, p. 335.

3. MW 15, p. 254. Ces thèmes sont développés dans le cours ou dans le cours de Philosophie politique de 1926-1927 (CL 2, p. 2694-2695).

4. Ces différentes dimensions autoriseraient à rapprocher Dewey d'un socialisme libertaire (comme chez P. T. Manicas, « John Dewey : Anarchism and the Political State », *Transactions of the Charles S. Peirce Society*, vol. 18, n°2, 1982, p. 133-158) si la défense de la planification ne conduisait pas Dewey à souligner l'importance de l'existence d'un État démocratisé dont l'autorité reposerait notamment sur la science. D'autres rapprochements sont possibles entre Dewey et les traditions libertaires qui sont explorés par I. Pereira dans *Peut-on être radical et pragmatique ?* Paris, Textuel, 2009 et dans *Le pragmatisme critique. Action collective et rapports sociaux*, Paris, L'Harmattan, 2016.

5. MW 12, p. 9-10.

6. MW 12, p. 11.

formes d'autojustification des classes dominantes et dénoncée comme un aristocratisme incompatible avec l'égalité démocratique. Dewey souligne également qu'une telle idée structure profondément l'organisation du travail. Il critique le « nouveau féodalisme de la vie industrielle » qui établit une hiérarchie rigide « du grand financier au travailleur non qualifié en passant par le capitaine d'industrie » et qui de ce fait « revivifie et renforce la disposition féodale à ignorer les capacités individuelles »[1].

Quant à la dimension antiautoritaire de la conception deweyenne de la démocratisation du travail, elle est prégnante dans les textes qui exigent de l'éducation professionnelle qu'elle ne prépare pas les travailleurs à la servilité mais à l'autonomie intellectuelle sur les lieux de travail. Cette exigence s'exprime dans de nombreux articles, mais c'est dans « Learning To Earn : The Place Of Vocational Education In A Comprehensive Scheme Of Public Education » (1917) qu'elle trouve ses formulations les plus frappantes. S'opposant à la vision dominante d'un enseignement professionnel destiné à produire des travailleurs efficaces, Dewey souligne que cet enseignement devrait avoir pour fonction de doter les travailleurs d'une « intelligence industrielle »[2]. Critiquant la vision de l'éducation professionnelle qui limite l'enseignement à « des formes de compétence industrielle qui permettront aux futurs travailleurs d'entrer docilement dans les rangs de l'armée industrielle (*to fall docilely into the subordinate ranks of the industrial army*) »[3], il défend le projet d'une éducation professionnelle qui « favorisera la liberté plutôt que la docilité, l'initiative plutôt que la compétence automatique, la perspicacité et la compréhension plutôt que la capacité à réciter des leçons ou à exécuter des tâches sous le commandement d'autrui » (MW 10 : 150).

Pour parvenir à la démocratisation du travail que Dewey appelle de ses vœux, et sans laquelle « la démocratie sociale (*social democracy*) ne resterait qu'un nom » (MW 11 : 335), des transformations éducatives sont donc requises. Elles supposent déjà que l'éducation professionnelle cesse de chercher seulement à adapter les travailleurs à leurs futurs métiers, et qu'elle s'efforce de les doter d'une confiance en leur capacité à analyser et à critiquer les prescriptions auxquelles leur activité est soumise. L'enjeu est bien de subvertir la division entre gouvernants et gouvernés sur les lieux de travail, comme le souligne également « The Need of an Industrial Education in an Industrial Democracy » :

1. MW 13, p. 293.
2. MW 10, p. 147, 149.
3. MW 10, p. 147.

> Dans la mesure où le travailleur est une partie constitutive d'une société s'autogérant (*self-managing society*), il faut systématiquement veiller à ce qu'au lieu d'être préparé à une tâche pratique particulière et exclusive, son éducation le dote de la capacité à reconnaître et mettre en œuvre ses propres capacités, qu'elle le dote d'une capacité de se commander lui-même, intellectuellement de même que moralement (*is given self-command, intellectual as well as moral*) (MW 10 : 141).

L'éducation professionnelle devrait également avoir pour fin de permettre aux travailleurs de prendre conscience des fins sociales de la production [1], de les doter d'un « authentique respect pour le travail utile, d'une capacité à rendre service, et d'un mépris pour les parasites sociaux, qu'ils soient appelés clochards ou leaders de la "société" » [2]. Ils devraient être rendus capables de participer non pas seulement aux discussions concernant la pertinence des prescriptions et la nature des conditions de travail conciliant le mieux l'intérêt de l'activité productive et l'efficacité technique, mais aussi à des débats portant sur les objectifs sociaux de l'activité productive

Une autre des spécificités de la conception deweyenne de la démocratisation du travail est qu'elle est fortement associée à l'idée d'une transformation du travail de corvée en activité intrinsèquement intéressante. Dewey semble considérer, déjà en 1900 dans *The School and Society* [3], et encore dans *Democracy and Education* [4], qu'une éducation qui permettrait aux travailleurs de prendre conscience de la rationalité technique et des fins sociales de leur travail leur permettrait de transformer le rapport seulement extérieur au travail (le travail comme moyen de survie) en un rapport plus riche de sens, et que des dispositifs démocratiques enrichiraient encore leur expérience de travail dans ses dimensions organisationnelles et relationnelles. C'est en ce sens que la démocratisation du travail est identifiée par Dewey à un processus d'accroissement de l'expérience. La participation des travailleurs à l'organisation du travail, ainsi que la remise en cause de la division entre gouvernants et gouvernés sur le lieu de travail enclenchent des processus de croissance de la communication sociale et

1. C'était déjà l'une des fonctions du potager éducatif de l'école laboratoire de Chicago ; voir à ce propos L. Hickman, « The Edible Schoolyard : Agrarian Ideals and Our Industrial Milieu », *in* P. B. Thompson and T. C. Hilde (dir.), *The Agrarian Roots of Pragmatism*, Nashville, Vanderbilt University Press, 2000, p. 195-207.

2. MW 10, p. 149. Formulation dont peut espérer qu'elle visait moins à justifier le mépris dont les clochards font l'objet, ou à les présenter comme des exploiteurs, que de souligner que les classes sociales bénéficiant de l'exploitation des travailleurs devraient faire l'objet d'un même mépris.

3. MW 1, p. 16.

4. DE, p. 309-310, MW 9, p. 268-269.

du partage de l'expérience. Or, l'idée de « démocratie créative » est synonyme chez Dewey de ces processus de croissance de l'expérience. Telle est la signification de thèse, formulée dans l'*Éthique* de 1908, suivant laquelle « l'industrie doit elle-même devenir une force fondamentalement éducative et culturelle pour ceux qui sont engagés en elle » [1]. C'est en ce sens également que la recension « Creative Industry » soutient que « l'expérience du contrôle administratif du processus de production et de vente [...] est le plus grand domaine pour l'aventure et l'impulsion créatrice » [2]. On retrouve ce même thème lorsque l'article « The Economic Basis of the New Society » affirme que le projet de démocratie industrielle n'est pas seulement celui d'une subordination de la production à la consommation et d'un accès de tous à un « travail socialement productif », mais aussi celui d'une transformation sociale dans « l'intérêt d'une opportunité durable d'activité productive et créative et de tout ce que cela signifie pour le développement des potentialités de la nature humaine » [3].

On voit donc que le projet de démocratie industrielle mobilise chez Dewey des justifications de différents ordres qui sont souvent opposées les unes aux autres dans la littérature contemporaine alors qu'elles sont chez lui coordonnées [4]. Lorsqu'il souligne la nécessité d'une démocratisation du travail pour « le développement des potentialités de la nature humaine », il propose une *justification éthique* de la démocratisation du travail, qui correspond à ce qui est présenté aujourd'hui comme l'une des justifications possibles de la démocratisation du travail : elle conditionnerait la qualité de l'expérience du travail ou le « meaningfull work ». Mais tout aussi

1. MW 5, p. 105.
2. MW 11, p. 335.
3. LW 13, p. 318.
4. Voir par exemple la synthèse propose dans R. Frega, L. Herzog et C. Neuhäuser, « Workplace Democracy – the Recent Debate », *Philosophy Compass*, 2019 (https://doi.org/10.1111/phc3.12574/. Les auteurs y distinguent les justifications par l'analogie État/entreprise, par le « meaningfull work », par l'exigence de liberté comme non domination et par les effets éducatifs de la démocratisation du travail. Chez Dewey, la première et la troisième sont associées, et les deux autres jouent également un rôle. On peut en outre remarquer qu'alors que le risque de perte d'efficacité est usuellement mentionné dans les objections adressées à la démocratisation du travail, Dewey voit au contraire dans la démocratisation des institutions en général, et du travail en particulier, un facteur d'accroissement d'efficacité : « La meilleure garantie d'efficacité collective et de pouvoir est la libération et l'usage d'une diversité de capacités individuelle dans l'initiative, la planification, la prévision, la vigueur et l'endurance. [...] Ce principe vaut tout autant pour des formes d'association comme le commerce et l'industrie que pour le gouvernement » (RP, p. 170, MW 12, p. 199-200). S'agissant du travail, cette thèse doit être rapprochée de la critique vébléenne du « sabotage » capitaliste et du gâchis humain qu'il implique.

importante, sinon plus, est chez Dewey la *justification* proprement *politique* de cette démocratisation. Elle prend deux formes distinctes. La première est fondée sur le fait que les raisons qui justifient la démocratie politique devraient également conduire à justifier la démocratisation des lieux de travail. La seconde concerne les effets éducatifs de la démocratisation du travail : un travail démocratisé conditionne le développement d'habitudes démocratiques hors du travail.

Du premier argument, on trouve une formulation classique chez Robert Dahl : « si la démocratie est justifiée lorsqu'il s'agit de gouverner l'État, alors, elle est également justifiée lorsqu'il s'agit de gouverner les entreprises économiques. De plus, si elle ne peut pas être justifiée dans le gouvernement des entreprises économiques, on ne voit pas bien comment elle pourrait être justifiée dans le gouvernement de l'État »[1]. Cette justification de la démocratisation du travail repose sur ce qu'il est convenu d'appeler le « parallel case argument » : les analogies entre le gouvernement de l'État et le gouvernement de l'entreprise interdisent que les arguments permettant de justifier la démocratisation du premier ne s'appliquent pas également à la démocratisation du second[2]. On trouve un argument analogue chez Dewey, mais il prend une forme assez différente de celle que lui a donnée Dahl. En effet, la comparaison entre gouvernement d'entreprise et gouvernement de l'État n'est pas associée chez Dewey à un concept étroit de gouvernement, comme dans la forme classique du « parallel case argument », où l'analogie tient principalement au fait que ces deux gouvernements appliquent à un groupe des décisions assorties de sanction. Dewey s'appuie sur un concept plus large de gouvernement au sens du contrôle institutionnel d'un ensemble d'interactions. On lit ainsi dans « Democracy and Educational Administration » : « Il y a une sorte de gouvernement, de contrôle, chaque fois qu'une affaire concerne un certain nombre de personnes qui agissent ensemble. C'est une vue superficielle que celle qui situe le gouvernement à Washington et Albany. Il y a un gouvernement dans la famille, dans le commerce, dans l'église et dans

1. R. A. Dahl, *A Preface to Economic Democracy*, Berkeley, University of California Press, 1985, p. 134-135.

2. Pour des defenses du parallel case argument, voir notamment, I. González-Ricoy, « Firms, States, and Democracy : A Qualified Defense of the Parallel Case Argument », *Law, Ethics and Philosophy* [online], 2014, vol. 2, p. 32-57. https://www.raco.cat/index.php/LEAP/article/view/297544 ; H. Landemore et I. Ferreras, « In Defense of Workplace Democracy : Towards a Justification of the Firm-State Analogy », *Political Theory*, 2016, vol. 44, n°1, p. 53-81.

chaque groupe social »[1]. L'ensemble de ces gouvernements doivent être démocratisés, ce qui signifie que tous doivent participer non seulement à cette activité de contrôle social mais aussi à la formation des valeurs sur laquelle elle se fonde :

> Le point fondamental de la démocratie comme manière de vivre peut être présenté, il me semble, comme la nécessité d'une participation de tous les êtres humains adultes à la formation des valeurs qui régulent la vie ensemble des hommes[2].
> Aucun humain ou ensemble d'humains n'est assez sage ou bon pour diriger (*rule*) d'autres humains sans leur consentement ; la signification positive de cette affirmation est que tous ceux qui sont affectés pas des institutions doivent participer à sa production et à sa direction (*must have a share in producing and managing them*)[3].

Le second type de justification proprement politique de la démocratisation du travail concerne ses effets éducatifs. Cette justification a elle aussi été mobilisée de différentes manières dans les débats contemporains. C'est chez C. Pateman, dans *Participation and Democratic Theory*, qu'on trouve sa version la plus classique et la plus significative pour nous puisque la présentation des idées de Cole y occupait une place de choix. En s'appuyant sur différentes études empiriques, Pateman y soutenait que la démocratisation des entreprises s'accompagne d'un sentiment accru d'« efficacité politique », c'est-à-dire d'une croyance plus affirmée en la possibilité de changer le cours des choses par une participation aux processus démocratiques institutionnalisés[4]. Elle formulait ainsi un argument qui a ensuite été désigné comme la « spillover thesis » : la démocratisation de l'entreprise produit des effets éducatifs qui « rejaillissent » sur la démocratisation du reste de la société, et notamment sur celle du gouvernement étatique[5].

L'idée d'un tel rejaillissement est centrale chez Cole tout comme chez Dewey. L'une des principales justifications de l'idée de démocratie comme manière de vivre est en effet que le cadre institutionnel propre à la démocratie politique ne peut par lui-même produire les habitudes qui lui permettent de remplir adéquatement sa fonction, de sorte que la démocratisation

1. LW 11, p. 221.
2. LW 11, p. 217.
3. LW 11, p. 218.
4. C. Pateman, *Participation and Democratic Theory*, *op. cit.*, chap. III et IV.
5. Pour un examen critique de cette thèse sur le plan empirique, voir notamment N. Carter, « Political Participation and the Workplace : The Spillover Thesis Revisited », *The British Journal of Politics & International Relations* 8, 2006, p. 410-426 (doi : 10.1111/j. 1467-856X. 2006.00218.x).

d'autres institutions, et tout particulièrement de celles du travail, est la condition *sine qua non* de la production de ces habitudes. Selon Dewey, les effets éducatifs du travail démocratisé seraient doubles. D'une part, comme nous l'avons déjà remarqué, il considère que la servilité dans la vie professionnelle est incompatible avec la démocratie comme forme de vie. On lit ainsi dans l'*Éthique* de 1932 :

> Le contrôle dans l'industrie s'effectue du haut vers le bas, et non du bas vers le haut : la plupart des personnes qui travaillent dans les boutiques et les usines sont des « subordonnées ». Elles sont habituées à recevoir des ordres et à agir en tant qu'organes passifs de transmission et d'exécution. Elles ne prennent aucune part activité à l'élaboration des politiques, ni à la définition des projets – l'équivalent de la branche législative des institutions –, ni à la résolution des conflits quand ils se présentent. Bref, leurs habitudes mentales se forment dans des conditions qui rendent leur esprit totalement inadapté à la prise de responsabilité inhérente à la politique dans un régime autogouverné [1].

D'autre part, il souligne, notamment dans « Democracy and Educational Administration », que l'absence de participation aux prises de décision relatives à l'organisation de la vie commune, à l'échelle des institutions particulières, tend à produire « la plus grande indifférence à l'égard des questions d'intérêt général par opposition aux questions relatives à l'intérêt personnel » [2]. L'*Éthique* de 1932 avance également que les relations de domination entraînent un « affaiblissement » du sens moral [3]. Inversement, nous l'avons également remarqué, le propre des activités de travail, aussi bien à l'école que dans l'industrie, est qu'elles peuvent être accompagnées d'une réflexion sur les fins sociales des activités professionnelles, de sorte que le travail offre l'occasion de développer l'habitude de considérer les activités sociales dans lesquels un individu est engagé du double point de vue de l'intérêt particulier et de l'intérêt général.

Telles sont les différentes dimensions du projet deweyen de démocratie industrielle dont on pourra difficilement contester l'orientation spécifiquement socialiste. Dans l'histoire du socialisme, on ne trouve pas une mais deux définitions du socialisme : l'une retenant principalement l'exigence de socialisation de la production, l'autre considérant comme toute aussi

1. E, p. 412, LW 7, p. 353.
2. LW 11, p. 223.
3. E, p. 265, LW 7, p. 226 : « Si une minorité concentre une soi-disant autorité morale, on assiste du côté de la majorité à un affaiblissement à un affaiblissement du discernement et de la capacité à prendre des responsabilités. Des ordres sont donnés, on obéit à des ordres : la « morale » se réduit à cela ».

essentielle l'exigence d'une démocratisation de la vie sociale. C'est cette seconde définition que défendent Cole, les membres de la League for industrial democracy et Dewey lui-même. Si l'idée de démocratie ne désigne pas chez eux un aspect particulier du projet socialiste mais son orientation fondamentale, c'est parce qu'elle implique un processus de démocratisation tout à la fois 1) des lieux de travail, 2) de l'État (par l'intermédiaire de la démocratisation de la planification), 3) des rapports entre ce qui relève du travail et du non travail (par l'intermédiaire de l'articulation entre les conseils de producteurs et d'une part de consommateurs, d'autre part les conseils civiques). Les modèles de socialisme s'opposent également suivant qu'ils laissent ou non une place à la propriété privée, suivant qu'ils conçoivent la socialisation de la production suivant le modèle de la coopérative ou celui de la propriété publique à l'échelle nationale, et suivant qu'ils conçoivent la coordination des activités économiques suivant le modèle décentré du marché ou suivant un schème de planification centralisé. La League for industrial democracy, suivie par son intellectuel organique Dewey, promeut quant à elle un modèle de socialisme relevant d'une économie mixte combinant 1) propriété privée et propriété socialisée, 2) socialisation de la production par l'intermédiaire de coopératives et d'administrations ou entreprises publiques, 3) coordination des activités économiques par l'intermédiaire de mécanismes marchands régulés aussi bien que par une planification démocratique centralisée. Il est bien possible qu'un tel modèle de socialisme reste aujourd'hui encore le plus pertinent parmi les différents modèles disponibles.

Comme l'a remarqué E. O. Wright[1], de même qu'un « socialisme de marché » sans propriété collective des moyens de production et sans planification, tel qu'il a été envisagé par J. Roemer[2], est profondément insatisfaisant notamment parce qu'il ne répond qu'imparfaitement aux exigences de démocratisation de l'économie, de même, un socialisme fondé sur une suppression de toute propriété privée et par un remplacement de tous les mécanismes marchands par une planification démocratique intégrale, tel qu'il est envisagé dans le modèle d'« économie participaliste » de M. Albert[3], fait naître de sérieux doutes sur sa faisabilité et son caractère désirable. Ce qui est requis relève donc d'une « hybridation » de ces deux modèles qui retienne du premier d'une part qu'il n'est pas nécessaire de

1. E. O. Wright, *Utopies réelles*, Paris, La Découverte, 2017, p. 182-239, 399-429.

2. J. Roemer, *A Future for Socialism*, Cambridge (Mass.), Harvard University Press, 1994.

3. M. Albert, *Après le capitalisme*, Marseille, Agone, 2003.

supprimer la propriété privée quand elle n'implique pas d'injustice distributive et d'inégalité de statut, d'autre part que le problème n'est pas dans le marché en tant que tel mais dans sa forme capitaliste. Du second modèle, il convient par ailleurs de retenir que la démocratisation des lieux de travail et de l'organisation économique d'ensemble, y compris par la planification, doit être pensée selon un modèle de démocratie participative. On peut en conclure que l'actualité de la pensée politique de Dewey se trouve aussi dans sa définition et dans son modèle de socialisme [1].

MODÈLES DE DÉMOCRATIE

Le projet de démocratisation du travail qui vient d'être décrit permet de comprendre le sens général des références à la démocratie et au socialisme qui constituent le cœur de la philosophie sociale et politique de Dewey. Nous venons de situer sa défense de la démocratie industrielle dans les débats contemporains sur les modèles de socialisme. Comment la situer dans les débats contemporains sur les modèles de démocratie ?

Si l'identification de Dewey à un précurseur des théories délibératives de la démocratie a été défendue [2], différents auteurs en ont fait apparaître les limites, soit en soulignant que Dewey n'a jamais adhéré aux présupposés qui sont ceux des théories de la démocratie délibérative [3], soit en montrant qu'il s'en est approché à l'époque du *Public et de ses problèmes* avant de s'en éloigner dans les années 1930 [4]. À l'image d'un Dewey comptant sur la délibération pour démocratiser la démocratie, ils ont opposé celle d'un Dewey affirmant, dans *Libéralisme et action sociale*, que « la discussion

1. Aussi n'est-il pas si étonnant que dans la revue *Jacobin*, qui constitue l'un des principaux lieux de défense et de renouvellement du projet socialiste aujourd'hui et qui défend un socialisme démocratique et pluraliste analogue à celui que Dewey avait en vue (voir notamment B. Sunkara (dir.), *The ABC of Socialism*, London, Verso, 2016 et *The Socialist Manifesto. The Case for Radical Politics in an Era of Extreme Inequality*, London, Verso, 2019), ce dernier ait droit de cité précisément pour son socialisme ; voir A. Livingston, E. Quish, « John Dewey's Experiments in Democratic Socialism », *Jacobin Magazine*, 2018 (https://jacobinmag.com/2018/01/john-dewey-democratic-socialism-liberalism).

2. C. Misak, *Truth, Politics, and Morality : Pragmatism and Deliberation*, New York, Routledge, 2000 ; Robert B. Talisse, *Democracy after Liberalism : Pragmatism and Deliberative Politics*, London-New York, Routledge, 2005.

3. Voir notamment G. F. Pappas, « What Would John Dewey Say About Deliberative Democracy and Democratic Experimentalism ? », *op. cit.* ; J. Medearis, *Why Democracy is Oppositional*, *op. cit.*, p. 67-80.

4. M. Stears, *Demanding Democracy. American Radicals in Search of a New Politics*, *op. cit.*, p. 87-104.

et la dialectique ne sont que des roseaux chancelants (*week reeds*) quand il s'agit de produire de façon systématique les vastes programmes synthétiques nécessaires à la résolution du problème de l'organisation sociale »[1]. Conscient du fait que le pouvoir des classes dominantes et leur intérêt à tout conserver en l'état étaient incompatibles avec l'élaboration de consensus délibératifs concernant les questions les plus fondamentales, Dewey a souligné que l'action coercitive, par exemple la grève, était pleinement légitime. Il a par conséquent pu être présenté comme un théoricien de la démocratie agonistique[2]. Une autre manière de contester le portait de Dewey en démocrate délibératif avant la lettre consiste à l'inscrire dans la tradition des théories de la démocratie participative, soit en considérant qu'il a proposé une conception de la démocratie participative contrastant fortement avec les manières de penser la démocratie participative qui sont propres aux approches délibérative[3], soit au contraire en considérant qu'il combine des conceptions propres aux théories de la démocratie participative avec celles de la démocratie délibérative[4]. Penchons-nous sur ce dernier débat que le modèle deweyen de démocratie industrielle est susceptible d'éclairer quelque peu.

Lorsqu'elle explicitait les caractéristiques des théories de la démocratie participative dans *Participation and Democratic*, C. Pateman était guidée principalement par l'opposition des modèles représentatifs et participatifs de la démocratie. Alors que les premiers conçoivent la participation démocratique comme une participation égale au choix des dirigeants, et la démocratie comme un dispositif institutionnel fondé sur les principes de la représentation et de la conformité de l'exercice du pouvoir aux droits des représentés, les théories de la démocratie participative conditionnent

1. LSA, p. 146, LW 11, p. 50.

2. Cette interprétation est développée notamment par A. Livingston, « Between Means and Ends : Reconstructing Coercion in Dewey's Democratic Theory », *American Political Science Review*, art. cit. Voir également G. Garreta, « Présentation », *in* J. Dewey, *Après le libéralisme*, *op. cit.*, p. 45-54 qui se réfère notamment à ce propos à l'article « The Irreducible Conflict » (LW 6, p. 149-153).

3. J. Medearis, *Why Democracy is Oppositional*, *op. cit.*, p. 152-158 ; D. Jörke, « John Dewey's Kritik der deliberativen Demokratietheorie », *in* A. Hetzel, J. Kertzcher, M. Rölli (dir.), *Pragmatismus Philosophie der Zukunft ?*, Göttingen, Velbrück Wissenschaft, 2008, p. 284-298 ; J. Zask, *Participer. Essai sur les formes démocratiques de la participation*, Lormont, Le Bord de l'eau, 2011 ; S. Laugier, A. Ogien, *Le Principe démocratie*, Paris, La Découverte, 2014.

4. W. Caspary, *Dewey on Democracy*, Ithaca, Cornell University Press, 2000 ; R. W. Hildreth, « Word and Deed : A Deweyan Integration of Deliberative and Participatory Democracy », *New Political Science* 34, 2012, p. 295-320 ; A. Le Goff, *Pragmatisme et démocratie radicale*, *op. cit.*, chap. III.

le bon fonctionnement des institutions politique à des processus éducatifs qui sont produits par la démocratisation de l'ensemble des institutions sociales, ce qu'elle appelle une « participatory society »[1]. Dans le modèle de démocratie participative qu'elle construisait à partir de Rousseau, Mill et Cole, l'idée de démocratie participative implique une transformation sociale radicale soumettant l'exercice du pouvoir dans l'ensemble des institutions au contrôle des gouvernés, ce qui revient également à remettre en cause l'ensemble des hiérarchies de statut dont s'autorise l'exercice oligarchique du pouvoir[2]. Quant à la justification de cette conception de la démocratie, elle tient au fait, comme nous l'avons déjà indiqué, que c'est la démocratisation des différentes formes de notre participation à la vie sociale qui permet aux institutions politiques démocratiques de remplir leur fonction. Pateman écrit en ce sens que « l'on peut caractériser le modèle participatif comme un modèle dans lequel l'*input* maximal (la participation) est requis et dans lequel l'*output* inclut non pas seulement des politiques justes (des décisions) mais aussi le développement des capacités sociales et politiques de chaque individu, de telle sorte qu'un effet de "feedback" se produise de l'*output* sur l'*input* »[3]. En résumant, on peut dire que l'idée de démocratie participative est celle d'une démocratisation de la démocratie qui repose sur un projet de « réforme des structures de pouvoir non démocratiques » qui permettrait aux individus « d'apprendre à participer en participant »[4]. Dewey, plus encore que Rousseau et Mill, et peut-être autant que Cole, aurait mérité d'être considéré par Pateman comme l'un des grands représentants de cette conception participative de la démocratie[5]. Son concept de « démocratie radicale » est bien celui d'une démocratisation de l'ensemble des formes de notre participation à la vie sociale, et cette démocratisation est bien conçue chez lui également comme une transformation des formes de pouvoir (de « gouvernement » ou de « contrôle ») non démocratisés qui président au fonctionnement des institutions non politiques. Nous avons déjà remarqué que cette transformation est requise notamment

1. C. Parteman, *Participation and Democratic Theory*, *op. cit.*, p. 20-21.

2. *Ibid.*, p. 43 : « Dans la théorie participative, "participation" renvoie à la participation (égale) à la prise de décision, et "l'égalité politique" renvoie à une égalité de pouvoir dans la détermination du résultat des décisions ».

3. *Ibid.*

4. C. Pateman, « Participatory Democracy Revisited », *Perspective on Politics*, vol. 10, n°1, 2012, p. 10. (doi : 10.1017/S1537592711004877)

5. Chez les théoriciens classiques de la démocratie participative, c'est chez B. R. Barber (*Strong Democracy. Participatory Democracy for a New Age*, Berkeley, Berkeley University Press, 1984) qui a attiré l'attention sur Dewey, mais, chez lui, l'importance du travail, soulignée par Pateman à la suite de Cole, disparaît.

pour produire les habitudes démocratiques qui permettront aux institutions politiques déjà démocratisées, mais seulement imparfaitement, de remplir adéquatement leurs fonctions.

S'il ne fait pas de doute que Dewey a développé un type de critique de la conception représentative de la démocratie analogue à celle que Pateman a ultérieurement associée à l'idée de démocratie participative, il est plus difficile de déterminer si le projet de démocratie participative qui peut lui être attribué est compatible avec un modèle de démocratie délibérative ou s'il lui est irréductible. Cette question est embrouillée par au moins trois difficultés. D'une part, les théories de la démocratie délibérative ont initialement critiqué les conceptions de la démocratie participative [1] alors qu'elles ont tendance aujourd'hui à se concevoir comme des théories de la démocratie participative. Elles reconnaissent en effet que la qualité de la délibération dépend de la participation d'un point de vue quantitatif (elle dépend du nombre de ceux qui participent) comme qualitatif (du type de motivation qui les conduit à participer). D'autre part, les théoriciens de la démocratie participative admettent que la délibération joue un rôle essentiel dans les processus démocratiques [2], de sorte que l'opposition des approches délibérative et participative n'a plus rien d'évident chez ceux non plus. Enfin, ce que l'on entend aujourd'hui par dispositifs participatifs (par exemple les « budgets participatifs », les « conventions citoyennes » et les « jurys citoyens ») consiste en des arènes délibératives. Ce dernier point n'étant pas susceptible d'aider à identifier les orientations fondamentales de la théorie deweyenne de la démocratie, il suffira d'examiner les deux premières difficultés. Le problème est alors de déterminer si la participation aux processus démocratiques doit être conçue seulement, ou fondamentalement, comme une participation à des arènes délibératives, ou si elle doit également être conçue comme étant essentiellement aussi une participation d'un autre type.

Un premier point de divergence entre théories délibératives et participatives tient aux modalités de participation démocratique dans l'espace public. Alors que les théories de la démocratie délibérative tendent à

1. Pour une critique de ces critiques, voir E. Hauptmann, « Can Less Be More? Leftist Deliberative Democrats'Critique of Participatory Democracy », *Polity*, vol. 33, n°3, 2001, p. 397-421.

2. C. Pateman, « Participatory Democracy Revisited », art. cit., p. 8 : « La délibération, la discussion et le débat sont centraux dans toutes les formes de démocratie, y compris dans la démocratie participative, mais si la délibération est nécessaire, elle n'est pas suffisante ». Dans cet article, C. Pateman s'oppose à la thèse suivant laquelle la démocratie participative ne peut être défendue de manière convaincante que comme une forme de démocratie délibérative.

concevoir les formes légitimes de cette participation comme étant essentiellement discursives et fondées sur l'argumentation rationnelle, de nombreux auteurs ont souligné d'une part la multiplicité des formes d'expression démocratique irréductibles à la délibération (la grève, la manifestation, etc.)[1], et d'autre part que l'inclusion démocratique est impossible sans un ensemble de vertus épistémiques plus large que celui qui conduit à privilégier la discussion rationnelle[2]. Un deuxième point de divergence tient à l'extension légitime de la démocratisation. La plupart des théories de la démocratie délibérative ont repris l'argument habermassien suivant lequel la distinction du système et du monde vécu rendait illégitime l'ambition, propre aux théories de la démocratie participative, d'une démocratisation de l'ensemble des institutions. Ces dernières théories ont été accusées de sous-estimer les dynamiques de différenciation sociale propres à la modernité en présupposant que les logiques de la démocratisation politique pourraient être étendues à l'ensemble des institutions. Cependant, elles peuvent aisément répliquer qu'elles sont au contraire fondées sur une analyse des effets éducatifs spécifiques qui sont susceptibles d'être produits par exemple par des institutions aussi différentes que la famille et l'entreprise capitaliste[3]. Un troisième point de divergence tient à la radicalité de l'exigence d'une démocratisation de la démocratie : les théories de la démocratie délibérative visent une démocratisation des prises de décisions qui n'impliquent pas de transformation profonde et conjointe des institutions et des individus[4]. Or, de telles transformations institutionnelles et personnelles étaient au cœur du projet de la démocratie participative[5].

Si Dewey accorde en effet une grande importance à la construction publique des problèmes sociaux, il ne réduit pas pour autant leur résolution à une démarche intellectuelle : en pragmatiste, il ne sépare pas le « dire » du « faire », et il accorde tout autant d'importance au second qu'au premier[6].

1. Cette critique des théories de la démocratie délibérative est développée notamment par M. Walzer dans le deuxième chapitre de *Raison et passion. Pour une critique du libéralisme*, Belval, Circé, 2003.

2. Voir par exemple J. Medina, *The Epistemology of Resistance*, Oxford, Oxford University Press, 2013.

3. Comme le souligne à juste titre J. Medearis, *Why Democracy is Oppositional*, *op. cit.*, p. 155-156.

4. Même si la discussion rationnelle a bien pour fonction, selon les délibérativistes, de résoudre les conflits en changeant la manière dont les individus et les groupes perçoivent leurs intérêts.

5. Comme le soulignent E. Hauptmann, « Can Less Be More? Leftist Deliberative Democrats'Critique of Participatory Democracy », art. cit., et C. Pateman, « Participatory Democracy Revisited », art. cit.

6. R. W. Hildreth, « Word and Deed : A Deweyan Integration of Deliberative and Participatory Democracy », *op. cit.*

Par ailleurs, s'il conçoit la démocratie comme une méthode de résolution des problèmes fondée sur l'intelligence collective, il ne la réduit pas pour autant à une procédure de résolution rationnelle des problèmes : en pragmatiste, il ne sépare pas l'intelligence de l'émotion [1]. En outre, le projet deweyen d'une démocratisation de la démocratie pense conjointement une transformation radicale des institutions et des habitudes produites par les institutions existantes. Cette transformation doit concerner l'ensemble des institutions, et tout particulièrement les institutions du travail qui sont généralement exclues du périmètre de la démocratisation légitime dans le cadre des théories de la démocratie délibérative. On retrouve donc chez Dewey les différentes caractéristiques distinctives des théories de la démocratie participative.

Faut-il alors présenter sa conception de la démocratie comme relevant d'une synthèse des théories participatives et délibératives de la démocratie, ou comme une théorie résolument participative, ravalant le moment de la délibération démocratique à un facteur de démocratisation parmi d'autres ? Alors que les théories délibératives font de la délibération rationnelle le principal facteur, les théories participatives sont compatibles avec la prise en compte des multiples facteurs de démocratisation : la participation directe à la délibération collective ; la représentation (pour les fonctions dont on peut déterminer collectivement qu'elles doivent être déléguées [2]) quand l'exercice du pouvoir est déjà démocratisé ; la mobilisation collective sous différentes formes quand une oligarchie tente de préserver un monopole dans l'exercice du pouvoir. Nous avons constaté que les théories de la démocratie délibérative reprochent aux théories de la démocratie participative de sous-estimer les effets de différenciation sociale, mais dans une perspective deweyenne, les premières sont sans doute moins pluralistes que les secondes dans leur théorie des facteurs de démocratisation. Les théories participatives sont également plus pluralistes que les théories délibératives du point de vue de la théorie sociale car elles ne réduisent pas la démocratisation à l'institutionnalisation de la délibération, que ce soit sous la forme de l'espace public politique ou de « mini-publics délibératifs » (comme par exemple ceux des budgets participatifs) [3]. Elles tiennent compte des

1. G. F. Pappas, « What would John Dewey say about Deliberative Democracy and Democratic Experimentalism ? », *op. cit.*

2. Rappelons que la délégation des tâches supposant des compétences techniques non partagées et la représentation politique au sein de l'entreprise, de la branche, et au niveau national sont un principe du modèle de démocratie industrielle de Cole, et de bien d'autres. Rien ne permet de penser que Dewey avait d'autres idées à l'esprit en parlant de démocratie industrielle.

3. Nous reprenons cet argument à C. Pateman dans « Participatory Democracy Revisited », art. cit.

spécificités des logiques sociales et des effets éducatifs propres à chaque institution, sans plaquer sur ces dernières des schèmes de démocratisation homogènes (comment la famille, l'école et l'entreprise ou l'administration pourraient-elles être démocratisées de la même manière ?).

Néanmoins, la raison principale pour laquelle Dewey mérite d'être conçu comme un théoricien de la démocratie participative fondamentalement irrécupérable par les théories de la démocratie délibérative se trouve encore ailleurs. Elle tient au fait que la démocratisation n'a pas pour fonction seulement de transformer notre rapport aux pouvoirs, mais de produire des dynamiques de coopération sociale et de partage d'expérience qui nous permettent de participer davantage à la vie sociale et de le faire de telle sorte que cette participation devienne plus intrinsèquement satisfaisante. *Démocratie et éducation* définit la démocratie comme « un mode de vie associée, d'expérience conjointe communiquée » (*a mode of associated living, of conjoint communicated experience*) [1]. « Creative Democracy : a Task before Us » affirme que « la tache de la démocratie est pour toujours celle de la création d'une expérience plus libre et plus humaine que tous puissent partager et à laquelle tous puissent contribuer » [2].

Ce qui est le plus étranger à l'esprit des théories de la démocratie délibérative tient sans doute à ce que nous avons présenté, à propos de la démocratisation du travail, comme sa justification éthique. Dans « Democracy and Educational Administration », qui a pu être considéré comme le meilleur résumé de sa conception de la démocratie participative [3], Dewey écrivait que la « participation de tous les êtres humains adultes à la formation des valeurs qui régulent la vie collective des hommes » est « nécessaire tout à la fois du point de vue du bien-être social général (*general social welfare*) et de celui du développement complet des êtres humains en tant qu'individus » [4]. Or, si les théories de la démocratie délibérative sont compatibles avec une justification morale [5] et épistémique [6] de la démocratie,

1. DE, p. 169, MW 9, p. 93.

2. EP, p. 431, LW 14, p. 230. L'idée de partage d'une expérience conjointe conduit à un concept de participation que l'on peut entendre, comme J. Zask, au triple sens de « prendre part » et « donner sa part » et « recevoir sa part » ; voir J. Zask, *Participer. Essai sur les formes démocratiques de la participation*, *op. cit.*

3. W. Caspary, *Dewey on Democracy*, *op. cit.*, p. 4.

4. LW 11, p. 217-218.

5. J. Habermas, *Droit et démocratie*, trad. fr. Chr. Bouchindhomme et R. Rochlitz, Paris, Gallimard, 1997.

6. H. et R. A. Putnam, « Dewey's Logic : Epistemology as Hypothesis », *in* H. Putnam, *Words and Life*, Cambridge (Mass.), Harvard University Press, p. 198-220 ; H. Putnam, « A Reconsideration of Deweyan Democracy », *Southern California Law Review*, vol. 63, n°6, 1990, p. 1671-1689.

elles ne peuvent faire jouer de rôle déterminant à une justification éthique de ce type. La démocratie est pour Dewey un « idéal »[1] non pas seulement parce que les institutions démocratiques permettent une résolution plus intelligente et plus juste des problèmes internes aux institutions et aux interactions quotidiennes[2], mais aussi parce qu'elles produisent des manières de vivre qui sont intrinsèquement supérieures d'une part parce qu'elles suscitent des interactions coopératives qui permettent un développement mutuel des capacités pratiques, affectives et cognitives, d'autre part parce qu'elles favorisent un partage d'expérience, facteur d'enrichissement réciproque. C'est ce sens que Dewey peut affirmer de la démocratie qu'elle a pour fin ultime la croissance de l'expérience. Pour le dire dans les termes de l'article « Creative Democracy : a Task before Us » :

> La démocratie repose sur la croyance en la capacité de l'expérience humaine de générer les moyens et les méthodes par lesquelles l'expérience ultérieure pourra croître et s'enrichir de façon ordonnée[3].

À l'aune des conceptions délibératives de la démocratie, ces affirmations apparaîtront sans doute injustifiables. Mais dès lors que la question de la démocratie est posée à partir des défis que représente la démocratisation des institutions, elles prennent tout leur sens. L'exemple des institutions du travail est parlant. Qui pourrait nier que la démocratisation des lieux de travail, moins ségrégés que les autres lieux sociaux, sera impossible tant que des barrières de classe, de sexe, de race et de statut bloqueront la communication sociale, saperont la confiance et distordront la délibération ? Qui pourrait nier que les conduites déloyales et le refus de partager les informations entre collègues constituent des obstacles tout aussi insurmontables. Qui pourrait nier, inversement, que les pratiques professionnelles sont plus satisfaisantes quand elles sont basées sur la coopération plutôt que sur la concurrence, et sur le partage de l'expérience professionnelle plutôt que sur l'isolement et la solitude ? N'est-il pas probable qu'une coopération accrue et un partage d'expérience intensifié seraient des facteurs favorisant des processus de démocratisation qui, s'ils s'enclenchaient, seraient susceptibles de développer en retour les processus de communication sociale et de coopération qui peuvent rétroagir sur les dynamiques de

1. DE, p. 168, MW 9, p. 93.

2. Comme le soulignent les interprétations de Dewey comme un « expérimentaliste démocratique » : E. Anderson, « L'épistémologie de la démocratie », *in* R. Frega, *Le pragmatisme comme philosophie sociale et politique*, *op. cit.*, p. 337-367 ; C. Sabel, « Dewey, la démocratie et l'expérimentalisme démocratique », *ibid.*, p. 370-408.

3. EP, p. 430, LW 14, p. 229.

démocratisation, et ainsi de suite ? Ce en quoi pourrait consister la démocratisation du travail illustre ainsi, du point de vue de l'analyse de ses conditions de possibilité aussi bien que de celui de l'examen de ses obstacles, le lien intrinsèque entre démocratisation, partage et croissance de l'expérience. C'est précisément ce lien qui, selon Dewey, fait la valeur éthique de la démocratie comme mode de vie.

Conclusion

ARENDT OU DEWEY ?

Nous annoncions dans l'introduction que dans l'ensemble de l'histoire de la philosophie, il est difficile de trouver un auteur s'étant employé avec autant de constance que Dewey à valoriser le travail, à lutter les préjugés dépréciatifs dont il a fait l'objet et le manque de considération dont les philosophes lui ont témoigné. On peut en conclure que Dewey a poursuivi des objectifs qui semblent en tous points opposés à ceux d'Arendt puisque l'auteure de *La Condition de l'homme moderne* a cherché quant à elle à développer une critique systématique des différentes manières de valoriser le travail plus qu'il ne le doit. Elle ne s'en est pas seulement prise à ce qu'elle dénonçait comme les préjugés de ses contemporains, mais aussi aux différentes théories philosophiques ayant conféré une centralité au travail. Parmi ces dernières, elle a brocardé non pas seulement Hegel et Marx, mais aussi le pragmatisme américain dont elle a attaqué également les théories éducatives, l'instrumentalisme et la valorisation de l'essor technique moderne. Elle s'en est certes prise moins explicitement à Dewey qu'à Hegel et Marx, mais son silence relatif est peut-être lié à un rejet plus radical. Elle a sans doute vu dans le pragmatisme l'expression des préjugés contemporains ainsi qu'une rupture avec la tradition philosophique plutôt qu'un prolongement digne d'intérêt d'une tradition à laquelle Hegel et Marx appartiennent encore [1].

1. Même s'il est par ailleurs possible de les rapprocher sur certains points, comme par exemple en comparant la lutte deweyenne contre l'éclipse du public et la défense arendtienne de la politique ; à ce propos, R. Weiss « Arendt and the American Pragmatists : Her Debate with Dewey and Some American Strains in Her Thought », *Philosophical Topics*, vol. 39, n°2, 2011, p. 183-205 et C. Calhoun, « The Problematic Public : Revisiting Dewey, Arendt, and Habermas », *The Tanners Lectures*, 2013 (https://tannerlectures.utah.edu/Calhoun%20 Tanner%20Lecture.pdf). On a également proposé de rapprocher les conceptions arendtienne et deweyenne de la responsabilité ; voir G. Truc, *Assumer l'humanité. Hannah Arendt : la responsabilité face à la pluralité*, Bruxelles, Éditions de l'Université de Bruxelles, 2008.

De même qu'Arendt peut être lue comme une anti-Dewey, ce dernier peut être lu comme un anti-Arendt. On trouve en effet chez lui des moyens de répondre efficacement aux arguments qu'elle a ultérieurement formulés contre l'importance que le travail aurait acquis dans la modernité. Trois thèmes peuvent alors retenir l'attention qui concernent d'une part la question épistémologique de l'extension du concept de travail, d'autre part les questions anthropologique, psychologique et sociologique de l'importance des activités de travail, et enfin le diagnostic historique portant sur la place du travail dans les sociétés contemporaines. Chacun de ces thèmes correspond à l'une des dimensions du problème de la centralité du travail, problème qui, aujourd'hui encore, est souvent jugé dénué de sens ou indigne d'intérêt philosophique notamment au nom d'arguments arendtiens.

Le problème de la centralité du travail possède, comme on l'a déjà évoqué dans l'introduction, des dimensions épistémologiques, anthropologiques, psychologiques et sociologiques, et il convient également d'ajouter qu'une autre de ses dimensions relève du diagnostic historique[1]. Sur le plan proprement épistémologique, il est évident que plus le concept de travail est étroit, plus il est difficile de considérer que les activités de travail méritent d'occuper une place importante dans nos existences[2]. Les conceptions étroites du travail se fondent sur les dualismes traditionnels

1. D'où la possibilité d'arguments historiques contre la thèse de la centralité du travail. Ils font l'objet d'une analyse critique chez J.-P. Deranty, « Cartographie critique des objections historicistes à la centralité du travail », *Travailler* 30, 2013, p. 17-47.

2. Cette thèse est contestée par J. A. Noguera dans son article « Le concept de travail et la théorie sociale critique », *Travailler* 26, 2011, p. 127-160. Il y distingue des théories de la centralité du travail fondées sur un concept étroit de travail (par exemple chez Smith) et sur un concept large de travail. Mais le concept de division du travail propre à Smith lui confère une extension plus large que celle qu'il reçoit chez Aristote. On trouve également dans cet article une distinction des théories de la centralité du travail suivant un critère supplémentaire : l'orientation productiviste et non productiviste de leur concept de travail. Selon J. A. Noguera, il y a productivisme si l'une des trois conditions suivantes est remplie : « a) Considérer la production de biens économiques comme une finalité en soi ou comme étant prioritaire sur tout autre chose, c'est-à-dire soutenir « la production pour la production ». b) Assimiler toute activité humaine à la production économique ou considérer que celle-ci est le « modèle » ou « paradigme » pour comprendre la première. c) Ou bien considérer les activités marchandes comme seul modèle possible ou souhaitable de production de biens et de services. Le problème est alors que la notion de productivisme peut être définie de différentes manières. Du point de vue du premier et du troisième critère, il ne fait pas de doute que la version deweyenne de la thèse de la centralité du travail n'est pas productiviste. Même si Dewey semble se rapprocher de la seconde condition lorsqu'il affirme que « la manière dont les hommes résolvent leurs problèmes économiques détermine dans une large mesure ce qu'ils entreprennent concernant leurs autres problèmes sociaux » (LC, p. 99), le terme de productivisme évoque trop de thèmes incompatibles avec sa philosophie pour lui être appliqué.

de la théorie de l'action, travail/jeu, travail/art, travail/loisir, qu'Arendt reprend à son compte alors que Dewey les récuse.

Il est clair par ailleurs que si l'idée de centralité est entendue en un sens fort, au sens d'une centralité de droit et non pas seulement de fait, elle implique que le travail mérite d'occuper une place centrale dans nos existences, ce qui suppose qu'il définisse l'une des dimensions fondamentales de la vie humaine. On peut l'établir ou bien en s'appuyant sur des arguments anthropologiques, ou bien sur des arguments psychologiques et sociologiques. Nous avons vu que ces arguments sont mobilisés conjointement par Dewey. Chez Arendt, la centralité de fait du travail dans la modernité critiquée sur le plan anthropologique : elle se solderait par une atrophie de ces dimensions essentielles de la condition humaine que sont l'action et la pensée. Ce qui conduit à la troisième dimension du problème de la centralité du travail, relevant du diagnostic historique. Selon Arendt, les Grecs étaient conscients de la nécessaire subordination du travail au loisir, alors que la période moderne serait marquée par l'oubli de cette nécessité. Selon Dewey, au contraire, il existe une continuité fondamentale entre les rapports grecs et contemporains au travail. Les processus sociaux qui conduisaient dans l'antiquité à dévaloriser le travail et faisaient obstacle à la réorganisation intelligente de la base économique de la vie sociale continuent à produire des effets analogues. Le rapport au travail propre au monde contemporain relève donc de l'un des nombreux aspects par lesquels la modernité reste non-moderne aussi bien théoriquement, ou philosophiquement, que pratiquement, ou socialement et politiquement [1].

Arendt ou Dewey ? Cette question récapitule donc en elle un ensemble d'alternatives philosophiques significatives, et dans la mesure où les préjugés philosophiques contemporains conduisant à dévaloriser le travail restent largement arendtiens, cette question formule également les principaux enjeux philosophiques d'une prise au sérieux de l'importance conférée au travail par Dewey.

DÉFINITION EXTENSIVE OU RESTRICTIVE DU TRAVAIL ?

Arendt inscrit sa théorie des formes de la vie active dans le prolongement des conceptions restrictives du travail qui ont prédominé dans l'histoire de la philosophie depuis l'opposition aristotélicienne de la *praxis* et de la *poèsis*. Elle surenchérit en distinguant deux concepts restrictifs du travail : le travail comme « work » (le travail producteur d'œuvre : celui de l'artisan

1. J. Dewey, *Unmodern Philosophy and Modern Philosophy*, *op. cit.*

et de l'artiste), et le travail comme « labor » (le travail comme simple labeur : celui de l'esclave et du travailleur d'usine) [1]. Comme nous l'avons remarqué dans le premier chapitre, Dewey s'engage dans la direction opposée. Il critique l'ensemble des dualismes traditionnels de la théorie de l'action : travail/action, travail/loisir, travail/jeu, travail/art, de même qu'il s'oppose à l'idée suivant laquelle il n'y aurait rien de commun entre le travail de l'artiste ou de l'artisan et le travail comme pur labeur.

Pour situer les enjeux généraux d'une confrontation de leurs positions, il n'est sans doute pas inutile de rappeler qu'il existe deux manières divergentes de définir le travail qui ont des conséquences opposées quant à l'extension conférée au concept de travail. La première adopte le point de vue la théorie de l'action. Il s'agit alors d'identifier les caractéristiques spécifiques de l'activité de travail dans le cadre de comparaisons entre ce qui en relève et ce qui n'en relève pas. Disons, en parlant de manière arendtienne, que cette démarche fut celle de la tradition philosophique. Elle s'est fixée notamment dans les couples conceptuels aristotéliciens de la *praxis* et de la *poèsis*, de la *technè* et de l'*épistemè*, et elle a généralement conduit à des conceptions restrictives du travail. C'est dans cette perspective que le travail est abordé chez Arendt qui non seulement distingue à la manière d'Aristote *poèsis* et *praxis* mais en outre, toujours sous inspiration aristotélicienne, distingue la *poèsis* accompagnée de *technè*, celle des artisans et des artistes, et celle qui n'est pas accompagnée de *technè* mais est simple labeur, celle des esclaves et des travailleurs d'usine [2].

Il existe également une autre manière de définir le travail qui ne tire pas son origine des sources antiques de la tradition philosophique mais de l'économie politique écossaise et participe des ruptures constitutives de la modernité. Elle consiste à définir le travail non plus du point de vue de la théorie de l'action mais de celui de la théorie sociale, en l'occurrence, d'une théorie de la division sociale du travail. Cette approche conduit à

1. Rappelons que l'ouvrage intitulé dans la traduction française *La condition de l'homme moderne* fut rédigé tout d'abord en anglais, et publié sous le titre *Human Condition*. Les trois formes d'engagement actif dans les affaires du monde que l'auteure s'emploie à distinguer sont le « travail » (qui traduit « labor »), l'« œuvre » (qui traduit « work), et l'« action » (qui traduit « action »). Rappelons également que ces trois formes d'engagements actifs dans le monde sont constitutives de la condition humaine mais que seule l'action donne son sens à ce qui relève du *labor* et du *work*; d'où la critique des définitions de l'homme à partir du *labor* (comme « animal laborans ») et du *work* (comme « homo faber »). Sur ces différents points, voir K. Genel, *Arendt - L'expérience de la liberté*, Paris, Belin, 2016, 2ᵉpartie.

2. On peut en ce sens présenter Arendt en discipline conséquente d'Aristote, comme dans l'article de T. Angier, « Aristotle on Work », *Revue internationale de philosophie*, vol. 278, n°4, 2016, p. 435-449.

relativiser les distinctions effectuées sur le terrain de la théorie de l'action à partir d'un concept large de travail comme activité productive remplissant une fonction sociale. Cette approche fut développée chez Smith et Ferguson qui firent entrer sous le concept de division du travail toutes les fonctions sociales productrices de biens et de services socialement utiles. Elle fut ensuite reformulée philosophiquement par Hegel (dans sa théorie des « états »[1]) et par Marx (qui dans *L'idéologie allemande* suit étroitement Ferguson[2]). L'un et l'autre fondent leurs conceptions extensives du travail sur une théorie de la division du travail qui conduit le premier à faire entrer les fonctions étatiques dans la division du travail, et le second à l'étendre aux activités philosophiques et religieuses[3].

Arendt reproche précisément à Hegel et à Marx d'avoir rompu avec la tradition philosophique sur ce point, et d'avoir défendu des conceptions intenables du point de vue de la théorie de l'action. Marx se voit en outre accusé de ne pas avoir compris que le travail comme *labor* et le travail comme *work* relèvent de deux régimes d'action hétérogènes. Selon Arendt, ces deux types d'activités se distinguent triplement : d'une part du point de vue du sujet de l'activité, d'autre part du point de vue de la logique de l'activité, et enfin du point de vue du produit de l'activité. Le travail comme *labor* est une activité dont le sujet est le corps biologique : c'est le travail comme pure dépense d'énergie, comme « force de travail au sens physiologique du terme » comme l'écrit Marx dans *Le Capital*[4]. Au contraire, le travail comme *work* est une activité structurée par les compétences proprement humaines et culturelles de la *technè* : un savoir-faire spécifique, issu d'un apprentissage, y est à l'œuvre. Du point de vue de la logique de l'activité, nous n'aurions dans le *labor* qu'une logique mécanique d'adaptation de l'organisme à son environnement pour satisfaire ses besoins vitaux. À l'époque moderne, cette logique serait modifiée en réaction quasiment mécanique de l'activité du travailleur au rythme de la machine. Au contraire, dans le travail comme *work*, la logique de l'activité est celle de l'usage d'outils, c'est-à-dire du rapport entre des moyens et des fins, non plus celle de la réponse à des *stimuli*. Enfin, l'ontologie des produits de ces deux types d'activité diffère par leur temporalité propre : le travail

1. Hegel, *Principes de la philosophie du droit*, § 199-208.

2. D. Vileisis, « Der unbekannte Beitrag Adam Fergusons zum materialistischen Geschichtsverständnis von Karl Marx », *Beiträge zur Marx-Engels-Forschung. Neue Folge*, 2009, p. 7-60.

3. Sur la conception extensive du travail qui en résulte chez Hegel, et dont Marx n'a fait qu'hériter, voir E. Renault, « Hegel et le paradigme du travail », *op. cit.*

4. K. Marx, *Le Capital*, *op. cit.*, p. 53.

comme *labor* produit des objets de consommation, qui viennent au monde pour être détruits, d'où le caractère cyclique et répétitif du travail comme *labor*, alors que le travail comme *work* produit des œuvres, c'est-à-dire des objets d'usage et non de consommation, durables et non destinés à la destruction à court terme.

Nous avons souligné dans les deuxième, troisième et quatrième chapitres que Dewey accorde un rôle central à la question de la division du travail. Mais nous avons également monté dans le premier chapitre, que contrairement à Hegel et Marx, c'est bien sur le plan de la théorie de l'action qu'il défend une théorie extensive de l'action. Sa critique des dualismes traditionnels de la théorie de l'action consiste à montrer qu'ils reposent sur des conceptions simplistes et trop dévalorisantes du travail. Elles sont simplistes parce qu'elles négligent ce qui peut rapprocher le travail du jeu ainsi que le fait qu'il peut y avoir des moments dans le travail analogues à ce qui relève du loisir. Elles sont par trop dévalorisantes parce que le fait que les activités de travail puissent devenir riches de sens et sources de satisfaction intrinsèque conduit à relativiser aussi bien la valorisation de la *praxis* au détriment de la *poèsis* que celle de l'art au détriment du travail. C'est pourquoi Dewey souligne, dans un texte déjà commenté, non seulement que tout travail (*work*) ne relève pas de ce qu'Arendt définit comme « labour », à savoir que ce Dewey désigne quant à lui comme *toil* (le travail où l'on se tue à la tâche, le travail de tâcheron) ou *drudgery* (la corvée). Là où Arendt souligne que la philosophie antique a eu le mérite de comprendre la différence entre *labor* et *work*, en y voyant deux *espèces* distinctes, Dewey entend cette différence comme celle d'un *genre* et d'une *espèce* et il souligne que les conceptions modernes du travail restent parasitées par la dévalorisation antique du travail qui a consisté à penser le travail au sens générique (*work* dans sa terminologie) à partir des sous-espèces *toil* et *drudgery*, c'est-à-dire des activités de travail réduites au pur labeur.

On peut également mobiliser Dewey pour critiquer les arguments sur lesquels Arendt fonde sa triple opposition du *labor* et du *work*. Comme nous l'avons constaté dans le deuxième chapitre, d'un point de vue deweyen, il est tout aussi absurde de penser que l'organisme s'ajuste mécaniquement à son environnement (il sélectionne au contraire les éléments de l'environnement auxquels il réagit) que de croire que certaines activités de travail relèveraient d'un niveau d'activité régi par des réactions mécaniques non médiatisées par des habitudes incorporées dans un processus de socialisation. Il n'est pas moins absurde de penser que certaines activités de travail se réduiraient à une pure dépense d'énergie non médiatisée par l'usage d'instruments et par le savoir-faire associé à leur usage. Enfin, l'opposition entre bien de consommation et objet d'usage, si elle présente une pertinence descriptive, ne permet pas d'inférer quoi que ce soit de philosophiquement significatif concernant la nature de l'activité : on peut en effet produire des biens de consommation avec art, qu'il s'agisse d'agriculture ou de cuisine (les techniques de vinification, de même que l'art culinaire, ne sont-ils pas reconnus comme des arts dans différentes cultures ?).

C'est donc sous différents rapports que la comparaison avec Arendt fait apparaître l'intérêt de la conception extensive du travail de Dewey. D'une part, ce dernier fonde la conception extensive du travail qui est propre à la modernité sur une théorie de l'action et non sur une théorie sociale (comme dans l'économie politique écossaise dont Hegel et Marx héritent), alors qu'Arendt reproche précisément à cette conception élargie d'être incompatible avec les exigences philosophiques de la réflexion sur l'action. D'autre part, la comparaison avec Arendt fait ressortir la force des arguments deweyens. Est-il vraiment contestable que sur le strict plan de ce qu'on appelle aujourd'hui la théorie de l'action, les analyses deweyennes sont plus complexes, précises et convaincantes que celles d'Arendt ? Est-il discutable par ailleurs qu'une philosophie du travail permettant d'articuler une théorie de l'action, une psychologie et une théorie sociale (dont nous avons examiné les principes dans le troisième chapitre) est épistémologiquement plus pertinente qu'une philosophie du travail se contentant de déployer ses arguments sur le plan de la théorie de l'action (comme chez Arendt) ou sur le seul plan de la théorie sociale (comme chez Smith et Ferguson) ?

Quelle place réserver au travail ?

Le problème de la centralité du travail pose aussi celui de la place que les activités relevant du travail occupent dans notre existence. De nouveau, le problème peut être abordé de différents points de vue. Il peut l'être anthropologiquement, en affirmant ou en niant que le travail définisse une caractéristique fondamentale de la condition humaine. Il peut l'être d'un point de vue psychologique, en soulignant ou en contestant que les activités de travail produisent des effets structurants sur la vie psychique et le caractère des individus. Enfin, la discussion peut se développer du point de vue de la théorie sociale en avançant que les pratiques sociales directement liées au travail ont des effets déterminants sur d'autres pratiques sociales, ou en objectant à cette thèse.

Chez Arendt, ces questions sont abordées principalement sur le plan d'une anthropologie philosophique qui substitue la problématique de la condition humaine à celle de la nature humaine. C'est dans le cadre d'une critique de l'idée de nature ou d'essence humaine qu'elle polémique avec les définitions de l'homme comme « animal laborans » et « homo faber ». Elle reconnaît cependant à ces définitions le mérite d'identifier deux formes constitutives de la condition humaine. Contrairement à ce que l'on affirme trop souvent, elle accorde donc au travail une grande importance puisque l'idée de travail recouvre deux des trois formes de la vie active : le travail comme *labor* et le travail comme *work*. Notre condition humaine nous condamne à satisfaire nos besoins par des activités laborieuses, de même que le propre de la condition humaine est de pouvoir par le travail produire un monde proprement humain d'œuvres durables et dotées de sens (ce qui pour Dewey constitue « l'éternelle dignité du travail »). Il n'en reste pas moins que c'est dans l'action que se définissent les finalités de l'usage des œuvres produites par le travail, de sorte que l'importance quantitative du travail (deux des trois formes de la vie active) ne doit pas faire oublier son infériorité qualitative. Il doit rester une dimension subordonnée de l'existence humaine parce que le sens et la valeur de cette dernière se jouent ailleurs, dans l'action et dans la pensée libérée de ses finalités instrumentales.

À ces arguments anthropologiques se superposent des arguments psychologiques, comme dans la polémique avec l'humanisme du travail défendu par G. Friedmann [1]. Ce dernier soulignait que c'est un être humain total qui est engagé dans l'activité de travail et qu'on ne peut séparer les dimensions physiologiques et techniques du travail de ses dimensions psychologiques et sociales. Arendt oppose à cet argument une vision compartimentée de la vie subjective. Elle reproche à Friedmann de croire que les satisfactions propres au travail comme *work*, celles d'un travail susceptible d'être riche de sens par les compétences qu'il permet de développer et les fonctions sociales qu'il remplit, sont de même nature que celles du travail comme *labor* qui relèvent seulement d'un type de plaisir lié au cycle de la vie naturelle : plaisir procuré par l'assouvissement des besoins et la dépense d'énergie. En outre, Arendt souligne que c'est à tort que l'artisan ou l'artiste croient qu'ils expriment ce qu'ils sont vraiment dans leurs œuvres ; c'est seulement dans l'action que l'individu révèle « qui » il est. Nous aboutissons donc à la distinction de trois types de vie subjective hétérogènes, liés à trois types de satisfactions subjectives distinctes.

1. Pour une analyse de cette polémique, voir N. H. Smith, « Arendt's Anti-Humanism of Labour », *European Journal of Social Theory*, vol. 22, issue 2, 2019, p. 175-190.

Sur ces différents points, Dewey défend de nouveau des positions opposées. Abordant la question de la nature humaine du point de vue d'un naturalisme non réductionniste inspiré de Darwin, il critique toute séparation étanche entre ce qui dans le travail relèverait de *l'animal* (*laborans*) et de l'*homo* (*faber*). Nous avons remarqué dans le deuxième chapitre que d'un point de vue biologique, la spécificité de la vie humaine tient au fait que l'adaptation des humains à leurs environnements s'effectue par l'intermédiaire d'une transformation de ces derniers par le travail qui, tout à la fois, satisfait des besoins biologiques et créé un environnement artificiel et susceptible de transformation volontaire. Que la spécificité biologique des humains tienne au fait que plus que tout autre espèce animale ils sont des constructeurs de niche, comme l'entrée dans un processus de réchauffement climatique irréversible à moyen terme vient nous le rappeler, ne suffit-il pas à ruiner la distinction entre ce qui relève du travail assujetti aux cycles de la vie biologique et de la production d'œuvre ?

C'est bien sur le fondement naturaliste et évolutionniste d'une interprétation du travail comme mode de régulation avec l'environnement que Dewey en vient à affirmer 1) que les effets formateurs du travail sont absolument décisifs (centralité psychologique), 2) que la division du travail est l'un des fondements du lien social et 3) que la structure technique et les modalités d'institutionnalisation de la division du travail conditionnent l'ensemble de la vie sociale (centralité sociale). Nous avons remarqué dans le troisième chapitre que sur le plan psychologique, Dewey ne se contente pas d'affirmer abstraitement l'importance de l'effet formateur des activités de travail, mais qu'il analyse le rôle que joue le travail dans l'intégration des différentes phases affectives, cognitives et volitives de la vie subjective, ainsi que l'influence des habitudes formées au travail sur différentes sphères de notre existence. Il est ainsi conduit, dans *Démocratie et éducation*, à avancer qu'un métier « agit à la fois comme un aimant qui attire et une colle qui assure la cohésion »[1]. Dans sa théorie sociale, on retrouve une même conception dynamique des rapports entre ce qui relève directement du travail et ce qui n'en relève pas. C'est en ce sens que, dans ses *Lectures in China*, il dénonce « la futilité consistant à essayer de comprendre les problèmes politiques et culturels sans examiner d'abord l'infrastructure économique (*the economic substructure*) sur laquelle d'autres institutions sont érigées »[2].

1. DE, p. 403, MW 9, p. 318.
2. LC, p. 101.

S'agissant de l'importance du travail, Dewey et Arendt se contredisent donc systématiquement tout en adoptant des perspectives philosophiques opposées. C'est en dévalorisant tout ce qui dans la condition humaine relève de la vie biologique et de la finitude de notre existence qu'Arendt valorise le travail comme production d'œuvres durables au détriment du travail comme production de biens de consommation non durables, et qu'elle valorise l'action, site de la politique, permettant d'accéder à l'immortalité d'une postérité, au détriment des œuvres nécessairement soumises à l'usure du temps. Au contraire, naturaliste, Dewey souligne l'importance du travail comme activité tout à la fois et indissociablement biologique et sociale. La valorisation de l'action au détriment du travail ne peut pas davantage faire sens pour lui. D'une part, c'est notamment par l'intermédiaire de ses activités productives qu'un individu s'approprie sa propre existence et devient ce qu'il est. D'autre part, une politique démocratique est conduite à l'échec si elle ne confère pas un rôle décisif au travail d'un point de vue stratégique et programmatique. Enfin, compte tenu de sa métaphysique présentiste, on peut penser que l'attrait de la postérité était moindre pour Dewey qu'il ne l'était pour Arendt.

Nous avons relevé que c'est en compartimentant la vie subjective et la vie sociale qu'Arendt croit pouvoir récuser par principe les théories mettant en relief les effets psychologiquement formateurs du travail et les conditionnements économiques de la vie sociale et politique. Sur point également l'approche interactionnelle, ou transactionnelle, et processuelle de Dewey semble plus convaincante. Elle le conduit à une conception du caractère comme totalité intégrée, de manière plus ou moins harmonieuse et plus ou moins durable, d'un ensemble d'habitudes. Il souligne à ce propos l'importance des effets formateurs des métiers aussi bien sur les habitudes que sur le type d'unification qu'elles trouvent dans le caractère de chacun, et il attire l'attention sur les effets profondément déstabilisateurs du chômage et de la précarité. Sur ce point également les analyses deweyennes ne sont pas seulement épistémologiquement pertinentes, mais aussi dotées d'une actualité indéniable.

OÙ EN SOMMES-NOUS ?

Sur le plan du diagnostic historique, de nouveau, Arendt et Dewey sont à front renversé. Rappelons le contraste établit par *La condition de l'homme moderne*. La Grèce aurait fondé son organisation sociale sur une vérité anthropologique : le travail doit rester une activité subordonnée. À l'inverse, la modernité en serait venue à lui conférer une place centrale, alors même que les transformations du capitalisme conduisaient à réduire la forme proprement humaine du travail, le travail comme *work*, au travail mécanique de l'« animal laborans », sous la forme du *labor* propre à l'industrie taylorienne.

S'inspirant de Veblen, Dewey souligne quant à lui que les préjugés dépréciatifs dont le travail fait l'objet s'expliquent par le fait que les classes supérieures ont voulu s'accaparer les activités jugées les plus dignes, comme celles qui sont liées à la guerre et au culte, tout en justifiant leur domination de classe par un mépris pour les activités liées au travail. L'émergence d'une classe de loisir est l'origine de la tendance des classes dominantes à ne plus voir dans le travail manuel que pure corvée, de même que de la tendance à opposer le travail des classes inférieures aux activités contemplatives ou politiques, jugées seules dignes d'une existence proprement humaine. La dévalorisation antique du travail qui s'exprime chez les philosophes grecs ne résulte donc pas en premier lieu d'une analyse lucide de la valeur des différentes formes d'engagement actif dans le monde, comme l'affirme Arendt, mais plutôt de l'émergence des sociétés de classes, c'est-à-dire d'une forme d'inégalité structurelle qui doit être critiquée en tant que telle, de même que doivent l'être ses différentes justifications dont celles qui passent précisément par la dévalorisation du travail et qui induisent tout à la fois mépris pour le travail manuel et les classes qui l'exécutent, ignorance quant à la nature du travail en général, et conceptions inadéquates de l'activité intellectuelle. D'où notamment cet objectif de la philosophie deweyenne du travail : contribuer à créer chez « les représentants de la section privilégiée de la société [...] une sympathie accrue pour le travail » [1].

Concernant l'explication de la dévalorisation du travail, Dewey ne se contente cependant pas de suivre Veblen. Non seulement il propose une explication sociologique plus complexe, mais en outre, il la complète par une explication psychologique. Dans un cours de théorie sociale de 1907 [2],

1. DE, p. 413, MW 9, p. 329.

2. Box 69. Folder 13 : « Reports [steno ?] from Class Social Theory » TMs (carbon), 189 pages numérotées de 26 à 215, ici, p. 114-115.

dont les notes d'élèves seulement ont été conservées, il pose ainsi la question de Veblen : comment se fait-il que l'instinct du travail bien fait (*instinct of workmanship*) se soit transformé en aversion pour le travail (*irksomeness of labor*) ? Il rappelle que Veblen explique cette inversion par l'émergence d'une classe de loisir qui a associé son prestige social à la consommation ostentatoire tout en dévalorisant le travail. Il ajoute ensuite, et il s'agit d'une critique, que le contenu des activités de travail est responsable, davantage encore que les préjugés sociaux, de l'étouffement de l'instinct du travail bien fait :

> Il y a beaucoup de vérité dans cela. Beaucoup de l'aversion pour le travail est indubitablement due à une infériorité de statut social et de privilège. Mais il semble à Dewey qu'il s'agit là d'un principe d'explication secondaire, car le principal est que dans la division du travail, certains effectuent un travail émotionnellement et intellectuellement intéressant alors que d'autres font les corvées mécaniques [1].

On retrouvera la même argumentation dans *Human Nature and Conduct*. Le problème, y explique Dewey, est de comprendre comment le « travail (*work*) devient l'activité professionnelle dénuée d'intérêt (*labor*) » [2], et cette question « invite à considérer les conditions sociales dans lesquelles le travail productif est rendu inintéressant et laborieux » (*toilsome*) :

> Les conditions sociales dans lesquelles l'activité professionnelle dénuée d'intérêt (*labor*) est effectuée sont tellement contraires à la nature humaine que cette activité n'est pas entreprise du fait de sa signification intrinsèque. Elle est effectuée dans des conditions qui la rendent immédiatement pénible (*irksome*) [3].

En d'autres termes, l'aversion pour le travail n'a pas seulement et principalement une origine culturelle. Elle s'explique davantage encore par le fait que la plupart des activités de travail sont organisées de telle sorte qu'elles sont dénuées d'intérêt intrinsèque. Il en résulte notamment qu'afin que les activités de travail retrouvent leur intérêt, il ne suffit pas de lutter contre les préjugés sociaux dépréciatifs portant sur les métiers exercés par les classes populaires. Il ne suffit pas davantage de fournir à chaque individu l'éducation qui est adaptée au métier qu'il devra exercer si celui-ci reste dénué d'intérêt intrinsèque et ne peut être exercé que dans des conditions d'obéissance inintelligente. On lit ainsi dans « The Economic Basis of the New Society » :

1. Box 69. Folder 13 : « Reports [steno?] from Class Social Theory » TMs (carbon), 189 pages numérotées de 26 à 215, ici, p. 115.
2. MW 14, p. 87.
3. MW 14, p. 86.

> Le problème de l'ajustement des capacités individuelles et de leur développement aux professions existant actuellement n'est pas un problème unilatéral. Il est bilatéral et réciproque. Il concerne l'état actuel des métiers, de l'organisation d'ensemble du travail productif – de la structure du système industriel. Même si l'on se souciait davantage des capacités des individus et si on s'en occupait en prenant mieux en compte leurs potentialités et leurs besoins, quelle assurance aurions-nous que dans le système existant, ils trouveraient l'opportunité d'user de leurs dons et de l'éducation qu'ils auraient reçus ? Pour autant que la masse est concernée, nous plaçons actuellement la charrue éducative devant le cheval social [1].

À cette explication sociologique de la dévalorisation du travail, Dewey ajoute également une explication psychologique, inspirée de Freud. L'origine psychologique du mépris pour le travail s'explique par une dévalorisation plus générale des activités pratiques qui est solidaire d'une tendance à fuir les difficultés pratiques dans la contemplation du devoir-être, en générant ainsi une séparation du réel et de l'idéal alors que l'idéal devrait être conçu comme une méthode de résolution des problèmes réels [2], de même qu'une tendance à la séparation entre la théorie et la pratique alors que la théorie devrait être conçue comme un instrument de résolution des problèmes pratiques :

> Selon la psychologie moderne, de nombreux délires systématisés, des troubles mentaux et même probablement l'hystérie elle-même sont, à l'origine, des manières de se libérer de facteurs contradictoires et dérangeants [...]. Toutes les pensées qui répondent à ces caractéristiques participent de la stratégie d'évitement et d'aveuglement dont on vient de parler. À une enquête portant sur la situation qui est à l'origine du trouble, elles substituent un enchaînement de significations ordonnées rationnellement s'accompagnant d'affects agréables. Elles conduisent à un idéalisme particulier qu'on a qualifié – à juste titre – de somnambulisme intellectuel. Elles permettent l'émergence d'un type de « penseurs » sans contact avec la pratique et donc sans contact avec l'épreuve que son application pratique impose à la pensée, une classe irresponsable et socialement supérieure. Telles sont les circonstances qui sont à l'origine de la tragique séparation

1. LW 13, p. 319.

2. Le fait que Dewey propose une théorie de la genèse sociale (inspirée de Marx) et psychique (inspirée de Freud) de l'opposition de l'idéal et du réel, notamment dans le chapitre v de *Reconstruction dans la philosophie*, peut être rapproché de la manière dont Max Eastman, ancien élève et ami de Dewey, figure de la gauche américaine se réclamant de Marx, comparait le concept marxien d'« idéologie » et les concepts freudiens de « rationalisation » et de « sublimation » ; voir notamment l'article « Marx Anticipated Freud », *New Masses* 3, juillet 1927, p. 11-12 ; voir à ce propos C. Phelps, *Young Sidney Hook. Marxist and Pragmatist*, Ithaca, Cornell University Press, 1997, p. 38-44.

> de la théorie et de la pratique, qui conduit à mettre la théorie sur un piédestal et d'autre part à tenir la pratique en piètre estime [1].

Il est donc doublement faux, selon Dewey, d'opposer l'incompréhension moderne de la véritable nature et valeur du travail à une vérité que les Grecs auraient saisie. D'une part, c'est une idéologie de la dévalorisation du travail, liée à une position de classe et à un processus psychique d'évitement et de compensation, qui se formule philosophiquement dans l'antiquité, non une vérité philosophique. D'autre part, le diagnostic arendtien est faux parce que l'idéologie de la dévalorisation du travail et les processus psychiques qui poussent à fuir la pratique dans des théorisations compensatoires continuent à produire leurs effets dans la modernité qui, sous ce rapport, ne rompt pas avec la tradition philosophique.

Dans le dix-neuvième chapitre de *Démocratie et éducation*, Dewey décrit en ces termes la persistance de long terme de la justification idéologique de la classe de loisir :

> C'est seulement quand la séparation de ces activités et de ces intérêts [liés au travail et au loisir] coïncide avec la division de la société en deux classes dont l'une est supérieure à l'autre, que la préparation à un travail utile est une chose méprisable [...]. La théorie pédagogique de cette situation sociale, élaborée il y a plus de deux mille ans, a exercé une influence si grande et donne une idée si claire et logique des implications de cette division de la société en classe laborieuse et en classe oisive qu'elle mérite qu'on s'y arrête [2].

Dans le chapitre VI de *Reconstruction en philosophie*, il souligne également les effets à long terme de l'impuissance politique propre à l'époque de la naissance de la philosophie antique et des oppositions compensatrices entre idéal et réel, théorie et pratique, qui en ont résulté. Il suggère également que la tradition philosophique a entretenu, de manière quasiment idéologique, cette impuissance :

> Dans la mesure où cette séparation fait de la pensée et de la théorie une sphère séparée et plus noble, elle conforte la pratique actuelle dans toute sa brutalité et dans sa stérilité routinière, l'idéalisme a conspiré avec le matérialisme pour maintenir la vie réelle dans un état de pauvreté et d'injustice [3].

1. RP, p. 126, MW 12, p. 151.
2. DE, p. 342, MW 9, p. 260.
3. RP, p. 126, MW 12, p. 161.

C'est donc un tout autre diagnostic historique qu'il convient selon Dewey de poser sur la place du travail dans la modernité. Alors que cette dernière se caractérise par une prise de conscience du fait que la raison n'est pas tant un moyen de contemplation des vérités éternelles et du devoir être qu'un instrument de résolution des problèmes pratiques que rencontrent les hommes, aucun effort de résolution intelligente des problèmes psychologiques, éthiques et politiques liés au travail n'y est véritablement entrepris. Cela résulte notamment des conceptions étroites et dévalorisantes du travail qui ne permettent pas d'envisager qu'il puisse être rendu conforme aux normes immanentes dont il est porteur. Cela s'explique également, comme le suggère Dewey, par des structures économiques et des intérêts sociaux faisant obstacle à une expérimentation à large échelle de la démocratisation de l'économie et des lieux de travail.

Dans le diagnostic sur les problèmes de la modernité, chez Dewey aussi bien que chez Arendt, le travail joue donc un rôle central mais pour des raisons opposées : dans un cas parce que la modernité rompt avec la conception traditionnelle du travail, dans l'autre parce que la modernité reste non-moderne car tributaire de l'idéologie du mépris du travail qui est propre aux sociétés de classes. Non seulement les classes dominantes continuent aujourd'hui encore à affirmer la supériorité de leurs loisirs et de leurs emplois, mais en outre, le travail est organisé de telle sorte qu'il relève largement de la corvée pour les moins qualifiés, qui en plus de souffrir d'un travail généralement moins pourvoyeur de satisfactions intrinsèques, voient leurs conditions de travail détériorées par la précarisation et sont pénalisés par de faibles rémunérations. Dans de telles conditions, comme le savait Dewey, la solution n'est pas seulement la critique théorique de ce qui reste non moderne dans la modernité, à savoir la perpétuation sous différentes formes de l'idéologie de la classe de loisir, mais aussi et tout aussi essentiellement la transformation des structures économiques qui réduisent le travail à un facteur de production de profit tout en soustrayant les lieux de travail aux exigences démocratiques.

Si la confrontation avec Arendt nous a conduits à poser le problème sur le plan de la théorie de la modernité, il ne fait pas de doute que l'actualité des positions deweyennes tient surtout au fait que la conjoncture présente, celle de la combinaison d'une crise environnementale, d'une crise sanitaire, d'une crise de la démocratie et d'une explosion des inégalités en matière de conditions de travail et de rémunération[1], fournit des raisons plus

1. Sur cette conjonction, voir par exemple N. Fraser, « Climates of Capital », *New Left Review* 127, 2021, p. 94-127.

impérieuses de penser que le projet d'une réorganisation intelligente du travail est chargé d'enjeux politiquement décisifs [1]. La crise environnementale devrait en effet nous pousser à inventer des manières de travailler moins dépensières en ressources naturelles, moins polluantes, et davantage axées sur la réparation et le recyclage. Les crises sanitaires, accompagnées de leurs conséquences sociales et éducatives, devraient nous inciter à réévaluer l'importance des différentes formes du travail contribuant à la reproduction de la vie et à son maintien en bonne santé, ainsi qu'à l'éducation et au soin des personnes vulnérables. Elles devraient nous conduire à repenser les modalités de la division du travail pour que le travail de reproduction sociale, dans toute sa variété, puisse véritablement remplir sa fonction. Par ailleurs, comme nous l'avons déjà remarqué, des projets politiques qui conféreraient l'importance qu'ils méritent aux problèmes liés à la dégradation des conditions de travail des plus précaires et à la sous-rémunération des emplois les moins qualifiés pourraient contribuer à lutter plus efficacement contre la désaffection politique des classes populaires. Or, elle constitue aujourd'hui l'un des principaux obstacles à la démocratisation de la société. Sur ces différents chantiers du temps présent, quoi de plus utile, philosophiquement parlant, qu'une théorisation du travail resituant l'histoire des sociétés dans celle de la nature, luttant contre les hiérarchies de prestige entre professions, et proposant une réflexion approfondie sur les rapports entre expérience du travail, démocratisation des lieux de travail et radicalisation de la démocratie ? Dewey a proposé cette philosophie du travail. Elle devrait donc retenir davantage l'attention.

1. Ces enjeux sont analysés voir notamment dans I. Ferreras, J. Battilana, D. Méda (dir.), *Manifeste travail. Démocratiser, démarchandiser, dépolluer*, Paris, Seuil, 2020 et E. Renault, « Repenser le travail (et son avenir) à l'époque des manifestes », à paraitre dans la revue *Anthropologie et société*.

TABLE DES MATIÈRES

Achevé d'imprimer en octobre 2022
sur les presses de
La Manufacture - Imprimeur – 52200 Langres
Tél. : (33) 325 845 892

N° imprimeur : 220881 - Dépôt légal : octobre 2022
Imprimé en France